卒業設計で考えたこと。そしていま 3

内藤 廣
坂 茂
山梨知彦
島田 陽
藤野高志
永山祐子
藤村龍至
稲垣淳哉
大西麻貴
増田信吾+大坪克亘

五十嵐太郎+市川紘司 編

彰国社

装丁　板倉敬子

目次

006 はじめに　卒業設計ブームを超えて　五十嵐太郎

卒業設計で
考えたこと。3
そしていま
インタビュー　聞き手　五十嵐太郎　市川紘司

010 内藤廣
030 坂茂
050 山梨知彦
070 島田陽
086 藤野高志

110 永山祐子
128 藤村龍至
148 稲垣淳哉
166 大西麻貴
184 増田信吾+大坪克亘
203 座談会 2020年代の建築表現に向けて
門脇耕三×古澤大輔×五十嵐太郎×市川紘司
220 あとがき 市川紘司
222 略歴

卒業設計ブームを超えて

五十嵐太郎

本書は『卒業設計で考えたこと。そしていま』の第三弾となるが、このシリーズとしては、およそ一〇年ぶりの刊行である。活躍している建築家の卒業設計を見たいという学生の声を拾ったことから、もともと『卒業設計で考えたこと。そしていま』は誕生した。が、一〇年のブランクのあいだに新しい世代の建築家が登場しているから続編を出したらよいのではないかと、共編者の市川紘司が提案し、続編が制作されることになった。実際、本書でインタビューを収録した増田信吾＋大坪克亘のユニットや稲垣淳哉は期待の若手建築家である。また大西麻貴は、まさに二〇〇六年の卒業設計のイベントを契機に注目を集めたが、筆者もその審査の現場に立ち会っていた。むろん、今回も新人だけを紹介しているわけではない。内藤廣や坂茂のように、上の世代、あるいは海外の教育を体験した建築家も入っている。また藤村龍至は社会工学科を経て、建築を学んだ。藤野高志は、なんとマンガだけで卒業設計を提出し、島田陽は阪神・淡路大震災を受けて、セルフビルドに取り組んでいる。すなわち、手法も経験もさまざまだ。そうすることで、より広い視点から卒業設計の意味をとらえなおすことは、本書のねらいである。

基本的に学部生は、いま目の前にある状況しかわからない。それがすべてになりがちである。卒業設計ならば、専門教育を受けて始めてから、せいぜい三年ちょっと、大学によっては、一年目が教養課程となる場合、二年半くらいの期間しか学んでいない段階で向き合うことになる。かくいう筆者もバブルの絶頂期に卒業設計に取り組んでいたが、当然、その時代の特殊性を完全に理解していたわけではない。ゆえに、先人たちがそれぞれの時代に全力で設計したプロジェクトを知ることは、近視眼的にならずに、卒業設計を考えるヒントになるだろう。また日進月歩で発展を続けるテクノロジーと違い、建築のデザインは流行や表現の方法こそ変化するものの、昔よりいまの学生のほうが設計が巧くなっているわけではない。だからこそ、先達の建築から学ぶことが多いのだ。インタビューを読んでいただけるとわかるが、例えば、山梨知彦や永山祐子が学生時代に手がけた設計や論文の根本的な考え方は、たしかに現在の仕事につながっている。

ところで、以前、東京湾に原子力発電所を設置し、使用期限を過ぎたら、地下の高レベル廃棄物貯蔵庫とあわせて、全体を石棺化する筆者の卒業設計を、学生のイベントで話したことがある(*)。そのとき流行に敏感な学生から、現在はもう情報化の時代だから、そんな大仰な物語の卒業設計は通用しないのではと批判された。が、東日本大震災が発生し、福島の原発事故を受けて、メディアが石棺という言葉を日常的に使うようになったのは、その二、三年後のことである。なるほど、三・一一直後の卒業設計は、被災地に関連するプロジェクトが増えたし、建築界の動向から影響を受けて、コミュニティ志向の作品が目立つようになった。以前の卒業設計では考えられないが、おばちゃんの家のような小さいリノベーションがテーマになるのも、震災後の学生のリアルなのだろう。ともあれ、時流に関係なく、本人にとってずっと思考を持続できるようなテーマを見つけられるかどうかは、とても大事なことだろう。

この一〇年で卒業設計イベントをめぐる状況も変容した。毎年、右肩上がりで参加者が増え、一時は出展者が五五四人に到達し、トップを走っていた仙台の卒業設計日本一決定戦も、さすがにピークを過ぎ、現在は三〇〇人台で落ち着いている(それでも他に比べて、多い数字だが)。代わりに、日本各地でさまざまなタイプの卒業設計イベントが発生し、一強から多極化にシフトしたといえるだろう。もっとも、ほとんどのイベントは企業からのお金で運営されているが、これ自体が昔はなかった慣習なので、もし一斉に引き上げれば、果たしていくつ残るのか心許ない。しかし、建築教育のプログラムから卒業設計がなくなることはないだろう。むしろ、大学ではデザイン系の教員が手厚くエスキスや講評を行い、学校によっては立派な作品集も制作されている。いかなる状況であろうとも、卒業設計がそれまでに学んだ知識と経験を総動員しながら、自分と向き合い、社会に広く問いかける最初のチャンスであることは変わらない。

* 筆者の卒業設計については、『卒業設計で考えたこと。そしていま』(二〇〇五年)の巻末に収録した本江正茂との対談を参照。

卒業設計で考えたこと。そしていま 3

五十嵐太郎＋市川紘司　編

内藤廣

卒業設計

オメガ計画

1974

聞き手　五十嵐太郎、市川紘司

LIBRARY(図書館)
MEETING PLACE(集会場)
AUDI
GARBAGE PLANT(清掃工場)
MEDITATION PLAZA(瞑想広場)
SPORT CENTER(体育施設)
RESEARCH INSTITUTE(研究所)

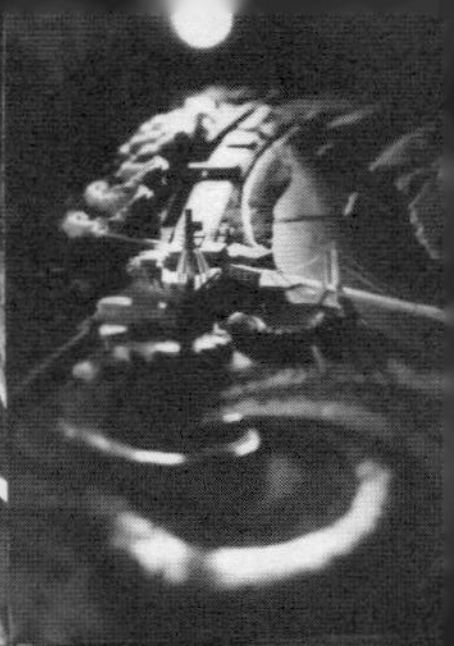

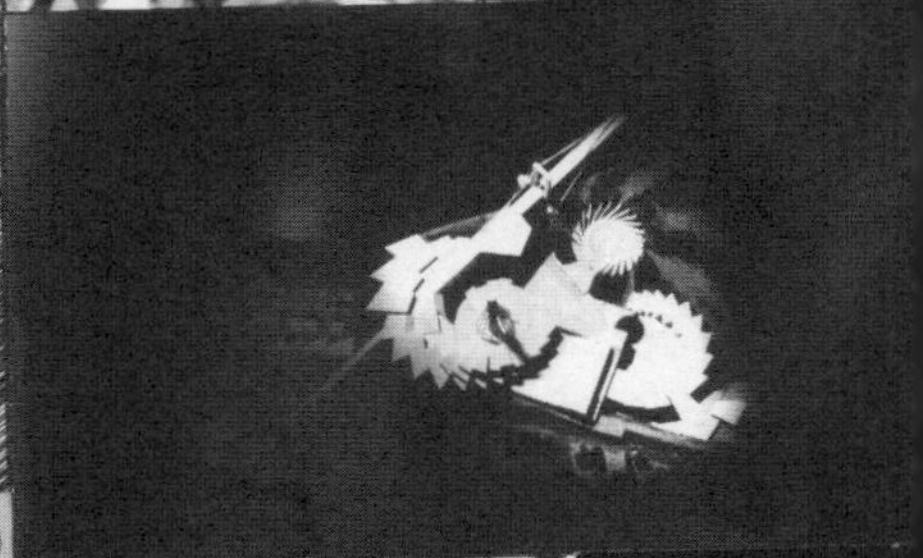

◈人間の生きる場所から墓地へ◈

五十嵐　内藤さんの卒業設計は、全部で何枚あるのですか?

内藤　三〇枚です。当時の早稲田大学では、最優秀の村野賞を受賞するには一〇〇枚ぐらい描かないとダメだ、という変な風潮がありました。実際、一〇〇枚も描く先輩たちがいたんですよ。僕はそういうのは嫌いだから、できるだけ少ない枚数でやろうと思いました。

五十嵐　敷地はどこを想定したのでしょうか。

内藤　多摩川沿いの二子玉川のあたり。でも、場所はどこでもよかったんです。先輩たちは、巨大で立派な建物に取り組んでいたけれど、僕は自分の考え方が形になればいいや、という程度の気持ちでしたから。

五十嵐　(卒業設計のコピーを見ながら)人間が暮らしている集合住宅から墓地まで、らせん状に構成されていますね。

内藤　渦を巻くように、形をとどめず連続的に何かが変化していく、非常にヴァナキュラーなものをつくろうと考えたんです。要するに、生命の形から人間の死の形までの生々流転を流れるように表現したかったんですね。

　人間が生きている場所でさまざまなことが起こり、最後は死に至る。「死」に与える形と「生」に与える形は当然違うだろう。そんなことを考えていたから、これは建築のようで建築ではないんですよ。こんなことをやったら卒業させてもらえないんじゃないかという気持ちもあったけれど、それならそれでもいいや、と思っていました(笑)。

市川　集合住宅と墓地の間にある中間地帯には、どういうプログラムがあったんですか。

内藤　なんだったろう、覚えてない(笑)。おそらく公共施設とか、当時考えられるものは入れ込んだはずだけど、時間が足りなかったからすべてはつくりきれませんでしたね。唯一はっきり覚えているのは、汚水処理施設。

市川　生から死へ、らせん状に連続していくというのは、非常に特徴的な構成だと思うんですが、当時、影響を受けた本などありますか?

内藤　いまの学生はあまり知らないかもしれないけれど、神学者であり科学者でもあったティヤール・ド・シャルダンという人が言っていた「生命圏」という考え方には、すごく興味がありました。彼の著書『自然のなかの人間の位置』（島崎通夫訳、春秋社）はよく読んでいましたね。それから、レフ・シェストフの『哲学千一夜』（植野修司訳、雄渾社）。読んでいたと言っても、二三、二四歳であの内容を理解していたとはとても思えません。でも、かぶれていたところはあるかな（笑）。

当時、環境問題が非常にクローズアップされていました。そしてちょっと左寄りの学生運動をやっていた建築の連中は、建築というのはしょせん資本や体制側の道具のひとつだ、という自己否定の意識を強く持っていた。僕はそっちの方向には行かなかったけれど、それまでの人たちがつくっていた建築的なものを否定したいという思いはありましたね。

たぶん僕は、まともな建築学科の学生じゃなかったんですよ。当時は大学紛争の名残りがあったから、大学はロックアウトされていて校門には椅子や机がバリケードで積みあげられているような状況。あんな場所に行きたいとは思わなかったから、大学には課題を出しに行く程度で、出席率は低かったですね。先生方も逃げちゃって、授業もあまりなかったし。唯一よかったのは、吉阪隆正先生に出会ったこと。早稲田に行かなきゃ先生に会えなかった。僕にとって、それは本当に救いでした。

◈ 吉阪隆正によるエスキス ◈

五十嵐　吉阪先生に出会ったのは大学四年生のときですか。

内藤　そう。まさに卒業設計にとりかかったときですね。大学院進学はすでに決まっていて、卒業設計について考え始めたころが最初の接点。いまでは想像がつかないかもしれないけれど、当時の学生の間には、大学そのものを解体しようという気分がありました。そういうなかで、なぜ先生たちに評価されなくてはならないのか、卒業設計はなんのためにやるのか、吉阪先生と対話したいと思っていました。

市川　週に一度、月に一度とか、定期的に吉阪先生とエスキスする場があったんでしょうか。

内藤　ない、ない。僕は人生で一番影響を受けた師匠だと思っているけれど、大学と大学院にいる間、吉阪先生と向き合って話した延べ時間は二時間に満たないと思います。酒を飲んでいる時間は別ですが（笑）。当時、先生はとても忙しくて大学にもほとんど来ないから、めったに会えない。大学にいても慌ただしくて、校内を移動する間、歩きながら学生の相談を受けているような状態だったので、エスキスをまともに受けたことはほとんどありませんね。

大学四年の一一月だったか一二月初旬ごろだったと思います。同級生たちは、バリバリ卒業設計の図面を描いているようなときに、僕はどうしようかと考えているばかりで、敷地のまわりの家を描くだけ（笑）。そんなとき、先生と話をしたんですが、それが二〇分ぐらい。それは僕にとって、非常に大事な瞬間であり、唯一のエスキスです。

五十嵐　内藤さんは、吉阪先生と人間の生と死について話をしたと聞いたことがありますが、それがこのときですか。

内藤　はい。

五十嵐　それ以前は、全然違うことを考えていたんですか。

内藤　大学の中も外も騒然としているし、政治はメチャクチャ。でも経済的なエネルギーだけは伸びてきている。そんな社会のなかで、自分は何を考えたらいいのか。建築というものをどうとらえたらよいのか、頭の中がグチャグチャでした。

そのころ、交通事故で人の死に立ち会うことになってしまった親友と「死」について徹夜で話をしたことがあるんです。その徹夜明けの朝です、吉阪先生と会う時間がわずかに取れたのは。「君、何をやりたいんだ？」と先生に聞かれたので、当時、僕がよく描いていた、ちょっとバロック的な模様を描いて、多摩川のあたりにこんなことをやろうと思っていると卒業設計の話をしました。そして、前夜に親友と語り合った問題を投げかけた

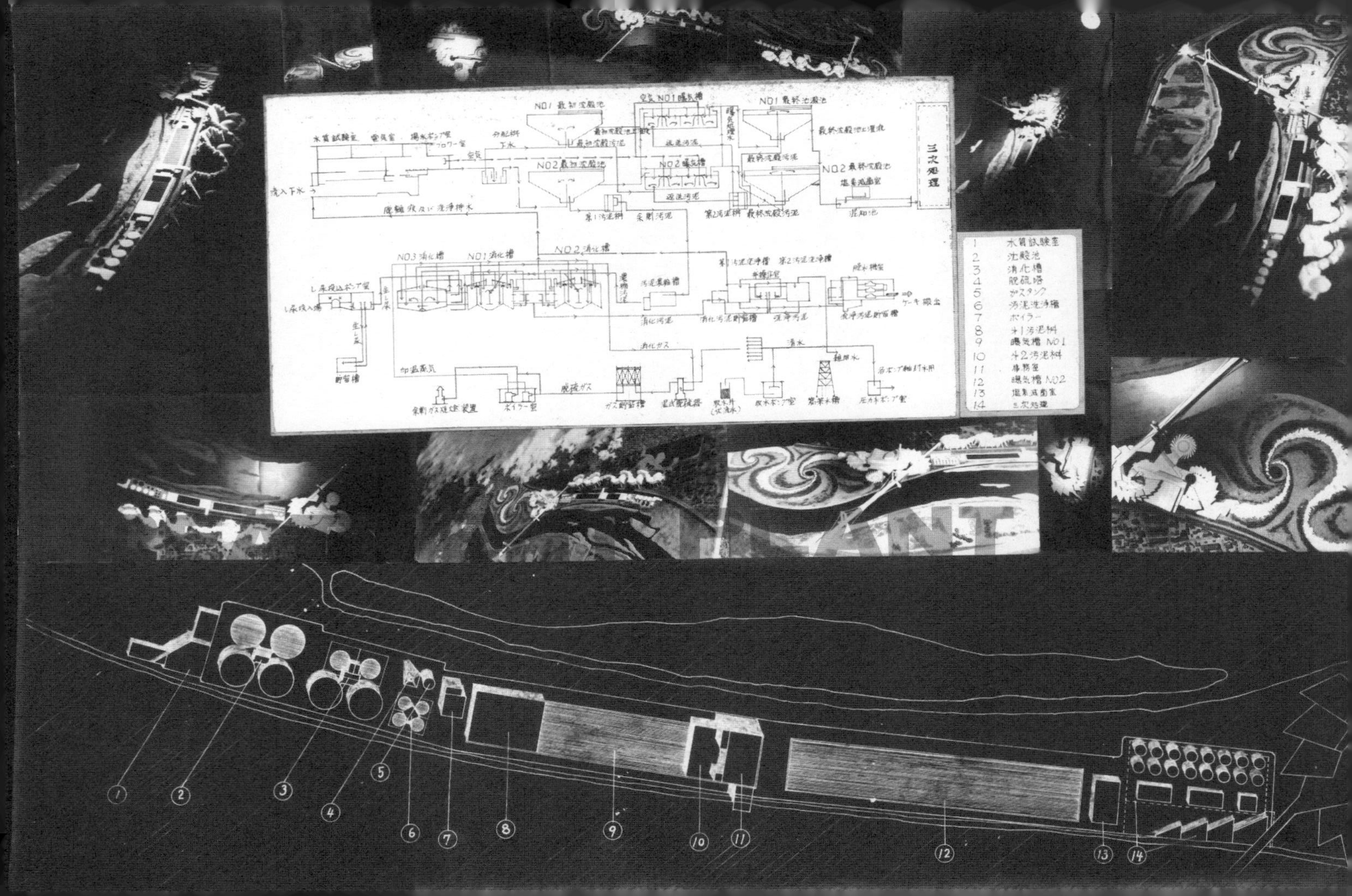

1 水質試験室
2 沈殿池
3 消化槽
4 脱硫塔
5 ガスタンク
6 汚泥洗浄槽
7 ボイラー
8 オ1汚泥桝
9 曝気槽 NO1
10 オ2汚泥桝
11 事務室
12 曝気槽 NO2
13 塩素滅菌室
14 三次処理
流入下水
水質試験室
揚水ポンプ室
ブロワー室
分配桝
下水
空気
NO1 最初沈殿池
NO2 最初沈殿池
最初沈殿汚泥
空気 NO1 曝気槽
NO2 曝気槽
返送汚泥
NO1 最終沈殿池
NO2 最終沈殿池
最終沈殿汚泥
塩素滅菌室
混和池
三次処理
第1汚泥桝
余剰汚泥
第2汚泥桝
脱離液及び洗浄排水
NO3 消化槽
NO1 消化槽
NO2 消化槽
濃縮汚泥
汚泥濃縮槽
消化汚泥
消化汚泥貯留槽
第1汚泥洗浄槽
第2汚泥洗浄槽
洗浄汚泥
脱水機室
洗浄汚泥貯留槽
ケーキ搬出
し尿投入ポンプ室
し尿投入槽
生し尿
貯留槽
加温蒸気
消化ガス
清水
余剰ガス燃焼装置
ボイラー室
脱硫ガス
ガス貯留槽
湿式脱硫器
取水井
(伏流水)
取水ポンプ室
高架水槽
圧力水ポンプ室

んです。「人は人を殺すことができると思いますか?」と。そうしたら、先生は天井を向いちゃって、黙ったわけですよ。五分だったか一〇分だったか、あの沈黙は、永遠に続くかと思うような時間でしたね。

そして、「道具があればできると思う」とおっしゃった。先生は第二次世界大戦中、中国大陸に出征していますから、戦争のさまを思い出して「できる」と言ったんだと思うんですよ。あれほど中国が好きだった先生が中国に出征して、現地で何があったのか。それは一切語られていません。奥さんにも語ってない。道具というのは武器ということですよね。そうならない社会をどうやってつくったらいいか、ということを言いたかったんだと思う。

そして、「君の考えは、死というものを対立概念として置かないと、形にならないよ」と言われた。その一言でエスキスは終わり。大変ですよね、そんなことを言われたら。すばらしいエスキスでした。いまの若いヤツが相談に来ても、僕はそんなことを言えないね(笑)。

建築家や都市計画家としてどうなのかはよくわからないけれど、吉阪隆正は本当の教育者です。すばらしい先生だったと思う。学生と向き合ったときに、絶対に嘘は言わないと決めていたんでしょう。短い時間だったけれど、すごく感化されました。

◈ 時間と空間の流れのなかで建築を考える ◈

内藤　先生と話をした後、人が生活する集合住宅から墓地に流れていくようなものをつくろうと決めたものの、その間に何を埋めたらいいかよくわからない。年末になってもほとんど何もなかった(笑)。だから、卒業設計を描き切るまで二カ月かかっていないんじゃないかと思います。

五十嵐　手伝ってくれる人はいたんですか。

内藤　ひとりでやるつもりだったんだけど、とても間に合わなくて、最後のひと月は、五人ぐらいに手伝ってもらったと思います。

LIFE
NATURE
MAN
DEATH

恥ずかしいけれど、オリジナルの図面を見せようか。ほとんど崩壊寸前ですが（笑）。

五十嵐　（図面を見て）すごい迫力ですね！

内藤　（一枚の図面を指して）僕の卒業設計は、この一枚でほとんど説明できると思います（二〇頁）。ほかの図面は、当時はデジタルの時代ではないから、ロットリングで一生懸命描いて、いろいろ切り貼りしている（笑）。友人にスクリーントーンを貼ってもらったりしたけれど、この図面だけはほとんど自分で描きました。僕に限らず、当時はみんなゴリゴリ描いていましたね。

五十嵐　この渦は水なんですか。

内藤　処理水です。汚水処理施設を通した水を再利用しているんです。

五十嵐　汚水処理施設や墓地など、どちらかというと隠されているというか、住宅地から離して見えなくしているものを住宅とセットにしているということですね。

内藤　ええ。たしか、ゴミ焼却場や火葬場も入れこんであると思います。

市川　墓地を集約させていくような計画なんでしょうか。

内藤　抽象的な形としてお墓を普遍的で完結的な正四面体に設定して、全体としてはそれぞれが完結しないように、水の流れのようにバロック的な動きを与えた。できるだけ、渦を巻くような動きのなかで全体を考えようとしたんです。

お墓を挿入した卒業設計なんて、当時はなかったと思いますね。僕は、建築を固定的なものとしてではなく、流動的な考え方のなかで考えてみたいという希望がありました。空間的にも時間的にも、その重層的な流れの表れとして建築を考えたい。三次元的なものを固定させたくないという気分が、このなかに出ているんだと思います。

僕の記憶では、ティヤールは、地球がモノとして誕生し、そこに柔らかな生命圏が誕生して、それが行き着く先を「オメガポイント」と言っていた。当時、僕はティヤールにかぶれていたから、この卒業設計に「オメガ計画」というタイトルをつけました。

ティヤールは、レヴィ＝ストロースやボーヴォ

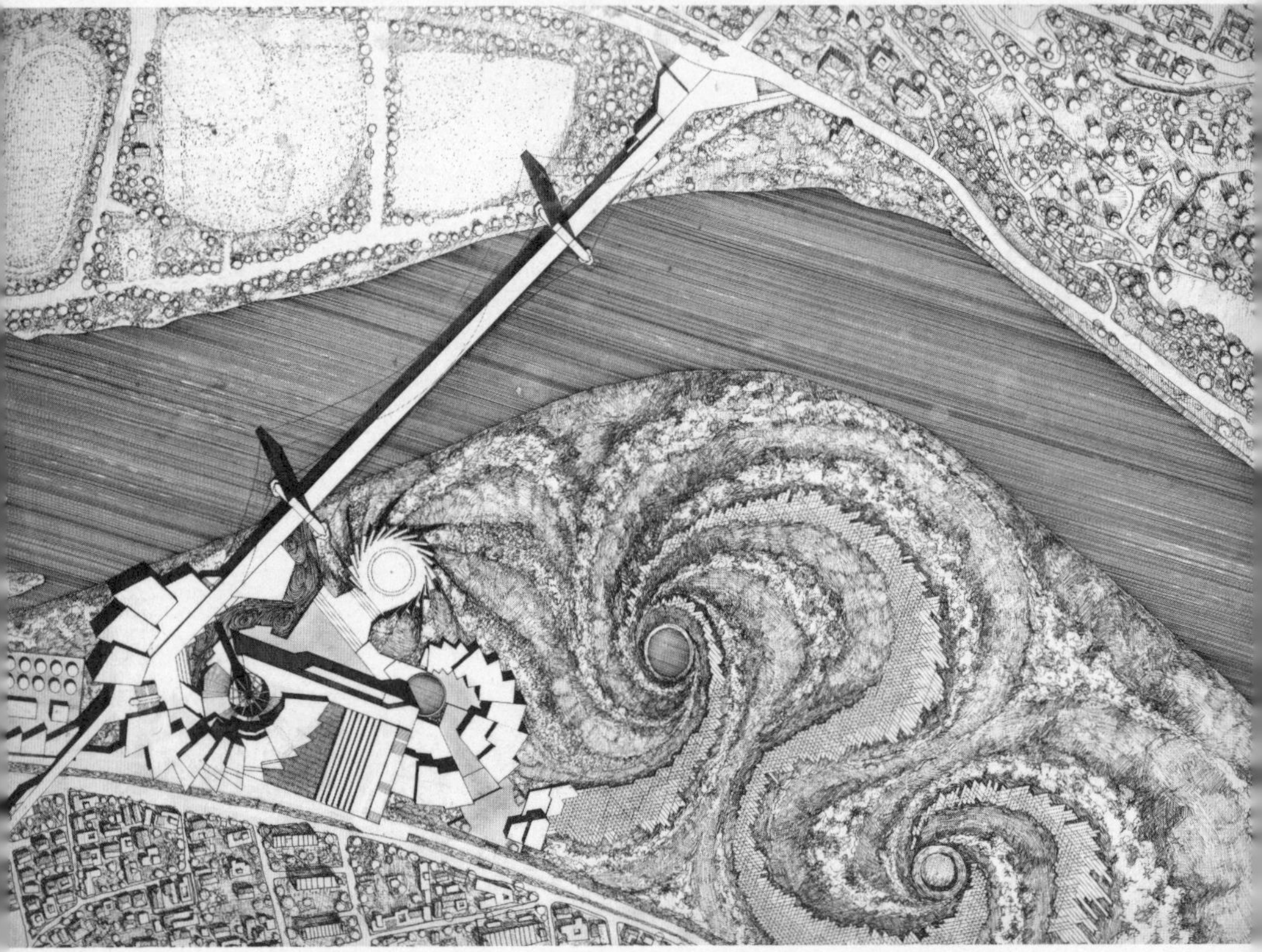

BLOCK PLAN
S 1:1000

ワールと同級生で、フランスではけっこう有名な存在でした。いまでもティヤールの考え方はいい線いっていると思う。地球をおおっている非常に薄い皮膜のような生命圏というもののなかで、われわれはどうするべきか、かなり有効な考え方を示していると思います。

市川　建築やバロックのような芸術の造形言語と、生命圏という概念が合体したような卒業設計ということでしょうか。

内藤　そんな高級なものではないですよ（笑）。いまからすれば、かぶれていただけです。本を読んではいたけれど、そこまで深く考えていなかったと思うな。でも、なつかしいですね。当時に戻って、もう一度読んでみたくなってきた（笑）。

五十嵐　卒業設計の講評会はあったんですか。

内藤　卒業設計を机にバーッと並べて、先生方が点数をつけて審査するだけです。僕らの年は村野賞がなかなか決まらなくて教授会が長引いたんですよ。例年、朝から始めて午後には決まるのに、夜まで持ち越しても決まらず、翌日もう一度会議をやって決めたらしい。

当時の先生はえらいと思うんですが、建築にとって何が大事かということを真剣に議論したみたいなんですね。結果的に、村野賞は僕と青柳剛君の二人が取りました。青柳君の卒業設計は、早稲田らしい一〇〇枚描いたような立派な作品です。一方、僕のように三〇枚しかないうえ、建築なのかどうかもわからないものに対しても、何をどう評価すべきか延々と議論していただいたようです。

五十嵐　内藤さんの卒業設計は生と死のはざま、つまり人間が生まれる場所から墓場までという時間や概念が表現されている点が評価されたのでしょうか。

内藤　たぶんそうなんでしょうね。建築はコンテクストが大事なのか、もしくは、結果として表れた形、つまり建築的なものが大事なのか、という議論だったんだと思います。僕はまっとうな建築とは全然違うことをやろうとしていたので、僕のような卒業設計を評価してくれた先生方は本当にすごい。そういう議論を真剣にやった当時の先生方はえらいと思います。

◈ 大学院、そしてスペインへ ◈

五十嵐　内藤さんは大学院生のときに『新建築』の月評を書かれていましたが（一九七五年一～一二月号）、それはどういうきっかけで？

内藤　新建築社が主催する吉岡文庫育英会から奨学金をもらうために、応募の文章を書かなきゃいけなかったんですよ。でも、その奨学金だってもらえるかどうかわからないし、好きにやろうと思って、磯崎新さんに対する批判文を書きました。そうしたら、編集長の馬場璋造さん（当時）から電話がかかってきて、「月評を書いてみないか」と言われたんです。

五十嵐　それはすごい。

内藤　早稲田の講師だった渡邊洋治さんにその話をしたら、「何も知らないヤツが批評なんて書くべきじゃない」とかなり強く反対されました。仕方なく、吉阪先生のところに行って相談したら、「いいんじゃない。出る杭は打たれるから出てみれば」と言われた（笑）。でも、ひとつだけ条件をつけられました。「本当に思ったことを書くように」と。その通りにしましたが、大変な目に遭いました（笑）。

僕は本当に生意気だったから、月評ではずいぶん失礼なことを書きました。磯崎さん、石井和紘さん、白井晟一さんに対して、ガキが書くべきではない稚拙なことを書いたと思います。でもそれによって、同年に月評を書いていた西澤文隆さん、高橋靗一さん、宮脇檀さん、彼らの親しい友人だった林昌二さんに知り合えたことは大きかった。贅沢ですよ、大学院生が最前線の建築家の仲間に入って、あちこち連れていってもらうなんて。あの経験はすごく貴重な勉強になったと思っています。

五十嵐　大学院生に月評を書かせるというのは、編集者も大胆でしたね。スペインのフェルナンド・イゲーラスの事務所に行ったのはそのあとですか。

内藤　大学院を修了してからです。当時、僕らのまわりでは、ピレネー山脈から南はアフリカだと言われていたから、みんなに「やめろ」と言われました（笑）。なんでそんなところに行くんだ、どうせ行くのだったらロンドンとかニューヨーク、パリ、ほかにいっぱいあるだろうと。でもいやだったんですよ。僕にはそういう偏屈なところがあるんです。

当時のスペインは、一九七五年にフランコが死んで右翼政権から左翼政権に変わるという、政治的に動乱の時期でした。テロもあった。母の実家の隣に住んでいて、小さいころからかわいがってもらっていた山口文象さんのところに行って相談したら、「それは面白いから、ヒロちゃん、スペインに行くべきだよ。僕がグロピウスのところに行ったときは、広場で銃撃戦をやっていたからね。そういうときのほうが面白いんだよ。価値観が変わるときだから」と言ってくれた（笑）。

それでもまだ建築に対する根深い疑問が、心の中に渦巻いていました。建築家になるより充実した人生の過ごし方があるかもしれない。建築家になることは単なる希望で、スペインに行ってそれを見つけられなかったら建築をやめることになるかもしれない。ギャンブルにコマを張るみたいな気分でスペインに行ったことはたしかです。でも、一度しか生きられないのだから、賭ける価値もない人生、賭けたこともない人生、なんて使い方はもったいないでしょう。自分という小さなコマをダメもとでそこに賭けたのです。

◇建築が求心力を失う時代のなかで◇

内藤　建築をやろうと思っていたけれど、当時、磯崎さんが『空間へ』（美術出版社）を書いて古典的な建築概念を解体しようとしていた。それはかなり周到で威力のある仕掛けで、建築そのものが求心力を失っていたというか、失いかけていた時代です。建築は組織や建設会社が担うもので、個人が建築家として立って建築をやる時代じゃない、建築は終わりだ、とよく言われていました。同級生の中で、僕より才能のあるヤツは少なくとも五人はいたと思うけれど、みな建築をあきらめたり組織に就職したりしました。

だからいま考えると「建築」というテリトリーが、よく生き延びてきたと思っているんです。それが実感です。やっぱり、建築には何かあるんでしょうね。先日『JIA建築年鑑』を見ていたら、いいものがたくさんできていて若い人たちはすごいと思った。ページをめくるたびに自信がなくなっていくんですよ。このなかで生き延びていくのは大変だと（笑）。

五十嵐さんがどう評するかわからないけど、いまはある種の成熟と多様性の臨界点かもしれませんね。部材を供給する側のテクノロジーも成熟してきているから、昔はできなかったことを成立させる可能性も広がっている。たいていのものは構造解析できるから、前衛的かどうかは別として、いろんな形のヴァリエーションが成立するでしょう。でもそれが飽和して、どこかでバーストするかもしれない。いまはその前夜なのかもしれないという思いもあります。

五十嵐　たしかに、若い建築家はいろいろ取り組んでいるけれど、その先の仕事がなかなかない。しかも、新国立競技場のようなナショナルプロジェクトがガタガタになっているのを見て、この先建築家はさらにきつくなりそうだと思っているんですが。

内藤　新国立競技場の推移に関しては僕にも責任の一端があります。しんどい話ですね。ある種、建築的価値の敗北だと思っています。あれを契機に建築の価値が分断されていくのかもしれませんね。エンジニアリングから一気通貫で姿形まで担うというプロセスがプツッと切られ、デザインアーキテクトとして「ここだけ設計してください」と言われてしまう。若い人にとって、建築家はそういうものだと映っているかもしれません。

でも、僕はそれをひっくり返したい。まだリベンジの可能性はあると思っています。歴史を変えてきたのは、必ずしも大きな建物ではありません。小さくてもいいから、それを証明すればいいんですよ。建築というのは面白いことに、ひとつの特異点があると、状況が全部ひっくり返るんですね。

それがつくれたら、みんな気づく。「あ、こういうものだったんだ」と目からウロコが落ちる。そんなものができるといいなと思っています。

◈ 死を連続的にとらえる ◈

内藤　しかし恥ずかしいね。自分の卒業設計をこうして見ると、なつかしい気持ちもあるけれど、よくこんな子どもじみたことをやったなあと思う（笑）。

五十嵐　いま考えていることにつながっていることもあるのではないでしょうか。時間の流れのなかで建築を考えるということとか。

内藤　たしかにそうかもしれません。東京大学に着任したとき、さて何をやろうかと考えて始めたのは「墓地研究会」ですから（笑）。当時、博士課程にいた川添善行君と一緒に研究会を立ち上げて、さらには研究室で墓地の設計をしたりしました。

その一環で、建築史家の伊藤毅さんの講演を催したりしたんですが、その内容がとても印象に残った。近代的な「死」というのは突然起こるものなので、いわば不連続な切断なんだけれど、日本の中世の「死」の概念というのは徐々に死んでいくという考え方だ、と言われたのは興味深かったですね。僕らは近代を生きているので、その辺に関しては機能主義的というか、死を不連続なものとしてとらえるから、そこにカタストロフがある。でも、それ以前の社会における死生観というのは、人間は通過儀礼を繰り返し、ゆるやかなカーブを描きながら、徐々に死んでいくもの。つまり、生と死を連続的にとらえているんですね。そういうプロセスで考えるなら、僕はもはやだいぶ死んでいるみたいな状態かもしれません（笑）。

卒業設計をやっていた当時といまでは、全然違うことをやっているような気分でいたけど、よく考えてみるとあの卒業設計に自分がからめとられるようなところがありますね。当時、ローマクラブという団体が地球環境には限界があると警鐘を鳴らし、日本でも環境問題が出てきていた時代のなかで、真面目に考える価値があるのは、唯一、人間が生きること、そして死ぬ、ということではないか。僕はそういう気持ちで卒業設計に向き合っていたんだと思います。こうして振り返ると、学生のころに考えたことが、伏流水のように僕のなかに存在していて、ずっと考え続けているのかもしれません。

◈誰も歩いていないところを目指す◈

五十嵐　内藤さんは、卒業設計イベントで審査員に呼ばれることも多いと思うんですが、最近の卒業設計に対してどんな印象を受けていますか。

内藤　手法的だと思いますね。学生も勝ち抜かなきゃいけないから仕方ないのかもしれないけれど、一方で若者が問うべき大事な問いを脇に置いているかもしれないと思うこともあります。本来、勝ち抜くことが目的ではないのに、勝ち抜かないといいところに就職できないとか、大学に残れないと思っている。事実、残念ながら世の中はそういう仕組みになってしまっている。

いろんな学生がいるわけですよ。急カーブで進化する学生、ゆるやかなカーブで進化する学生、どちらがいいかなんて評価できない。でも、みんなの前でさらされると、上位に残った人以外のほとんどの学生は、ある種のコンプレックスを持ったまま建築の道を歩み始めるんじゃないかな。そんな懸念はありますね。

ものすごくやる気があって全力投球するんだけれど、BとかCの評価しか得られない学生が、その後才能が花開き、すごい建築家になっていくというケースがあってほしいという気がするんですよ。そうするとみんなが励まされる。

五十嵐　いまは、同世代の人たちが何をつくっているか、圧倒的に可視化されていますが、内藤さんの学生時代、例えば東大にはあんなやつがいるということが情報として伝わってきましたか。

内藤　ないですね。東大や東京工業大学の学生が何をやっているか、ほとんどわかりませんでした。強いて言うと、僕より少し年上ですが、東京藝術大学に元倉眞琴というおそろしくスケッチがうまい学生がいて、ヴァナキュラーなファサードを観察して、『都市住宅』で特集されるというのがわかる程度。でも、それがよかったのかもしれないね。いろいろ知ってしまったら、あれほど真剣に自分自身を見つめられなかったかもしれない。

五十嵐　これから卒業設計に向かう学生に対して、メッセージをお願いします。

内藤　自信がなければ人の歩いた道を行け、でも、自分のことが本当に優れていると思ったら、誰も歩いていないところを行け、ということですね。これは、以前『東大新聞』からインタビューを受けたときに話したことなんだけれど、自分がそこそこ優れていると思ったら、役人になるとか、大手企業に勤めるとか、人の歩いた道を行けばいいんですよ。でも、本当に優れていると思ったら、これまで人の歩いていないところを歩くべきだと思うんです。志はあるけれど、社会秩序とはズレていて、それでいて優れているような、そんなわけのわからない元気な若者が巷にあふれたら、けっこう面白い世の中になるかもしれない。

建築の学生諸君も、自分が優れていると思ったら、誰もやっていないことをやるべきだと思う。設計でも論文でも、誰かがやったことをやるというのは、そこそこ優れている人のやることです。誰もやっていないことをやろうという人が、たくさん出てきてほしい。そこに、これまで見たことのない新しい建築の在り方や未来の価値観の兆しのようなものが生まれてくると、まだまだ若い世代に希望が持てるような気がしています。卒業設計というのはそういう挑戦の場所であってほしいと思うんです。

模型

坂 茂

卒業設計

grafting（継木）

トライベッカの彫刻倉庫ミュージアム

1984

聞き手　市川紘司

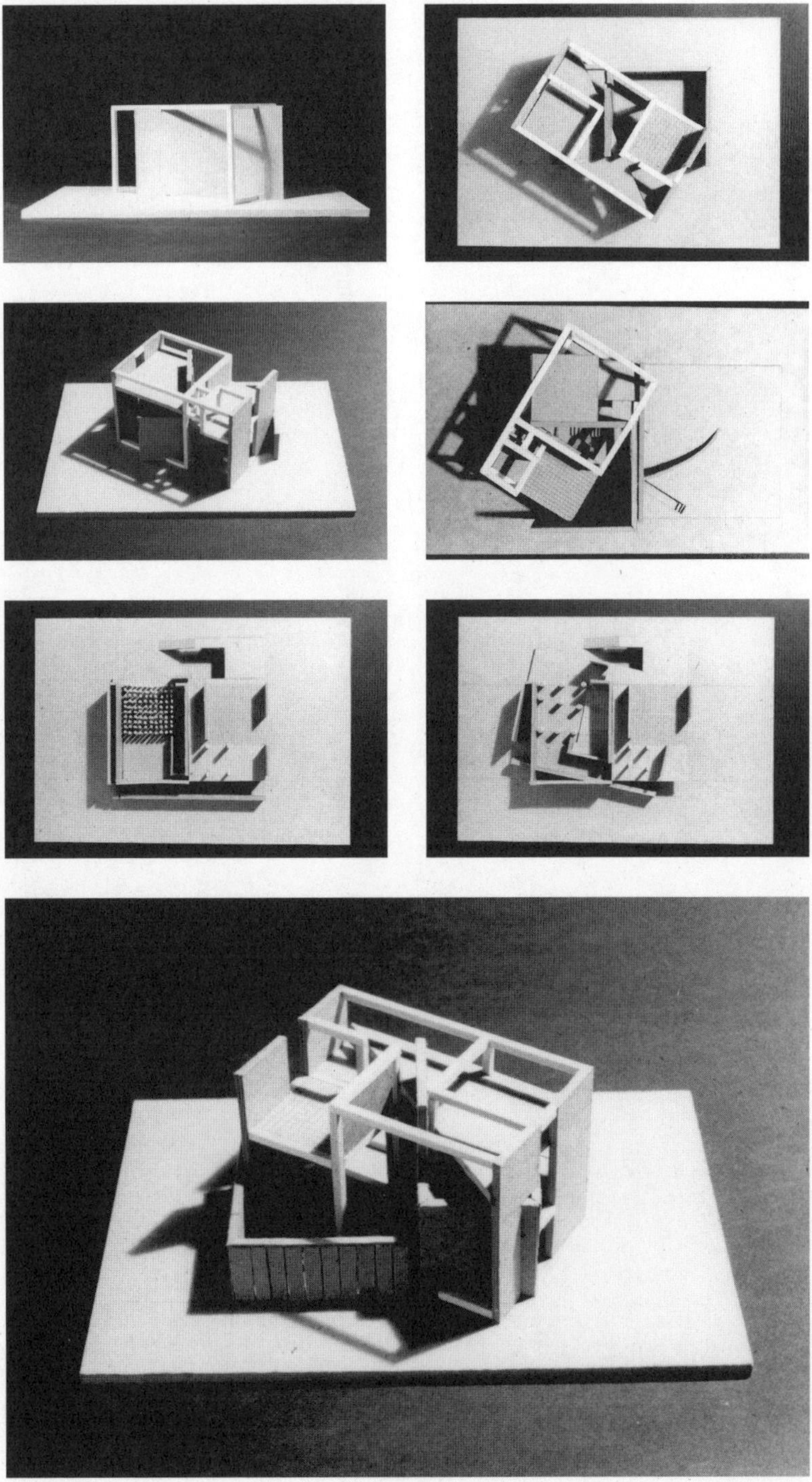

grafting

◈ガルシュの家とダンテウムを継木する◈

市川　坂さんは、アメリカの大学を卒業されているので、日本とは違うお話をうかがえると楽しみにしてきました。坂さんの卒業設計はどのようなものだったのでしょうか。

坂　アメリカの大学で建築を学ぶには、五年間の課程を修めるのが一般的です。五年生のときに卒業設計に取り組むわけですが、僕は前期にピーター・アイゼンマン、後期にジョン・ヘイダックに見てもらいました。二つの作品が卒業設計としてカウントされるんです。

アイゼンマンの課題は「grafting（継木）」というもので、二つの建築を選び、これらの優性な特性をかけ合わせて成長させていくことが求められました。

市川　坂さんはどのような作品をつくったんですか。

坂　ル・コルビュジエの「ガルシュの家」（一九二七年）とジュゼッペ・テラーニの「ダンテウム計画」（一九三八〜一九四〇年）を選び、かけ合わせてみました。使われ方は異なる建築ですが、ともに黄金比が重要な役割を果たしていることに着目したんです。

ガルシュの家は平面も立面も黄金比に支配されているので、三次元的な視点で黄金比を見ることができる。ダンテウムの平面も黄金比で分割されていますね。これらの壁やフレームを操作して、いろんなアーティキュレーション（接合）を考えながら、徐々に進化させていくんです。壁、列柱、フレームの変化を見ると、ガルシュの家とダンテウムの両方の要素がうかがえると思います（三一頁）。

市川　なるほど。何かプログラムは想定されているんでしょうか。

坂　特に考えていません。

市川　建築の意味や機能を剝ぎ取り、形態や構成に特化して設計されているのですね。

坂　そうですね。幾何学的な形態や黄金比に興味があったので、二つの建築を分析し、それぞれの要素というか遺伝子を抜き出して、優性同士を

かけ合わせていこうと考えました。何を優性とするかについては、主観的に判断しています。ガルシュの家はパラディオのヴィラ・マルコンテンタからの影響もありますが、それは劣性として考えました。

市川　ガルシュの家におけるパラディオの影響については、コーリン・ロウの「理想的ヴィラの数学」でも言及されています。ガルシュの家を選択されたということは、当時の坂さんはロウの影響も受けていたんでしょうか。

坂　ご存知の通り、アイゼンマンもヘイダックもロウの影響を強く受けていて、クーパー・ユニオンでは、コルビュジエとミースが神様でしたからね。

市川　坂さんの作品に対するアイゼンマンの反応は？

坂　すごく面白い課題だったんですが、僕は授業のたびにアイゼンマンとケンカしていたんです（笑）。というのも、彼の言うgraftingというのは、例えて言うなら、ミッキーマウスとドナルドダックをバサッと切り、それらをくっつけて別のものをつくるようなやり方。つまり、コラージュなんですね。でも、僕がやろうとしていたのは、目に見えない黄金比を分析して、二つの建築の要素をオーバーラップさせ違うイメージをつくること。コラージュではなくモンタージュなんです。

市川　要素を衝突させるアイゼンマンに対して、坂さんは要素を重ね合わせようとしていた。

坂　そうです。毎週模型と図面をつくることが義務づけられた、とてもハードな授業なんですが、僕は彼の期待とは全然違うことをやっていたから、気に入らなかったんでしょう。いろんなことを言われましたが、最後はいつも「おまえは日本人だから、こういう考え方がわからないんだな」と結論づけられてしまうんです。

市川　民族的な違いに落ち着いてしまうんですね……。

坂　ええ、いまでいうパワハラですよ（笑）。われわれユダヤ人がいかに優秀かということを、授業中も自慢げに話していました。アジア人に対する偏見があるんだと思います。アメリカではファーストネームで呼び合うのが普通ですが、アイゼンマンは「『シゲル』は覚えにくい」と言って、僕のことを「シュガーベア」と呼んでいました。僕の名前を覚えようともしない。とにかく、ソリが合わなかったんです（笑）。

◈リチャード・セラの作品に面した倉庫兼美術館◈

市川　後期はジョン・ヘイダックの指導のもとで、卒業設計に取り組んだということですが。

坂　はい。彫刻の倉庫としてのミュージアムを計画しました。倉庫に預けられた彫刻を鑑賞できる施設です。

市川　敷地はどこに設定したんですか。

坂　ニューヨークのトライベッカの一角です。当時、ニュージャージーに渡るホーランド・トンネルに続くロータリーのところにリチャード・セラの代表作「Arc」があり、僕はその作品がとても好きだったので、そこに面した敷地に倉庫兼ミュージアムを設計しました。

実は五年生になる前、大学を一年休学して磯崎アトリエに勤めていたんですが、ちょうどそのころリチャード・セラの展覧会が開催されていたんです（アキラ イケダ ギャラリー）。そのとき僕はすごく感動して、たまたま会場にいた彼に話しかけたら、「ニューヨークに戻ったら、トライベッカのアトリエに遊びにおいで」とお愛想を言ってくれたので、僕は本当に訪ねて行ったんですよ（笑）。トライベッカはもともと倉庫街なんですが、アーティストが移り住みアトリエにしたりしていて、その雰囲気がすごく気に入ったんです。

市川　これらの一連の模型写真はスタディのプロセスを意味しているんでしょうか。一つひとつ形態が違いますね（三六頁）。

坂　そうですね。単純な箱状のものが少しずつ進化していく。

市川　線的に設計が進められていて興味深いです。キューブを基本にしながら、真ん中に円筒が挿入されているものもありますね。

坂　実は、クーパー・ユニオンに円筒のエレベータがあるんです。大学が創立された一八五九年には、まだエレベータは発明されてなかったけれど、創

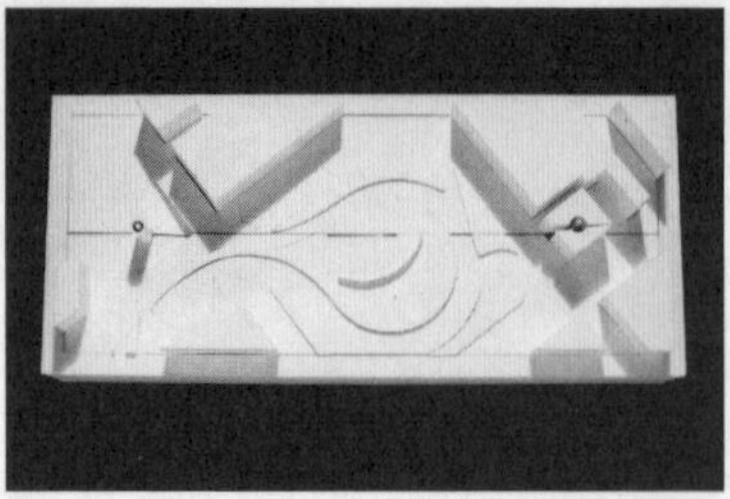

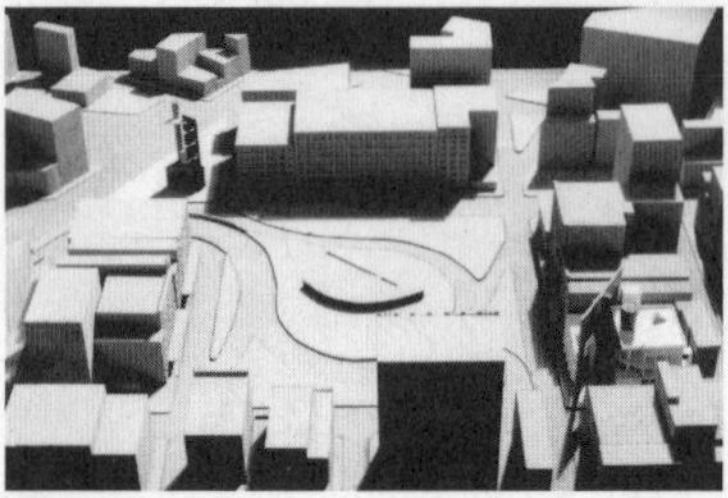
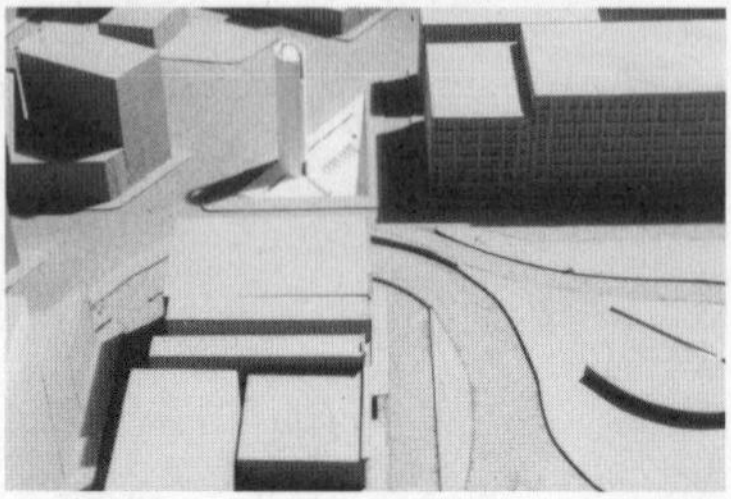
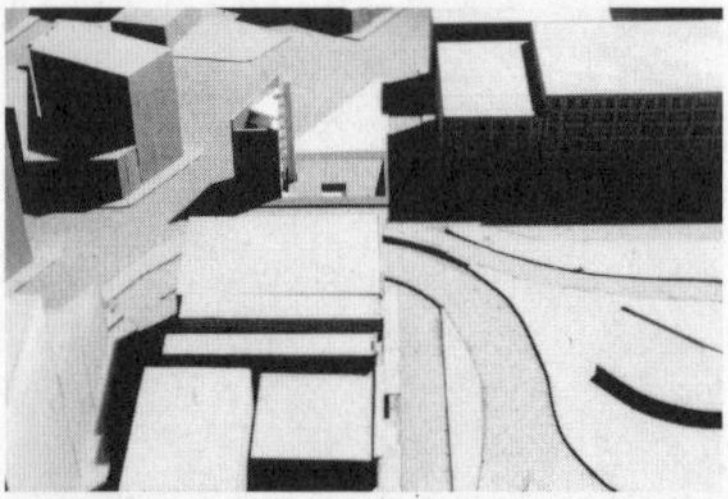
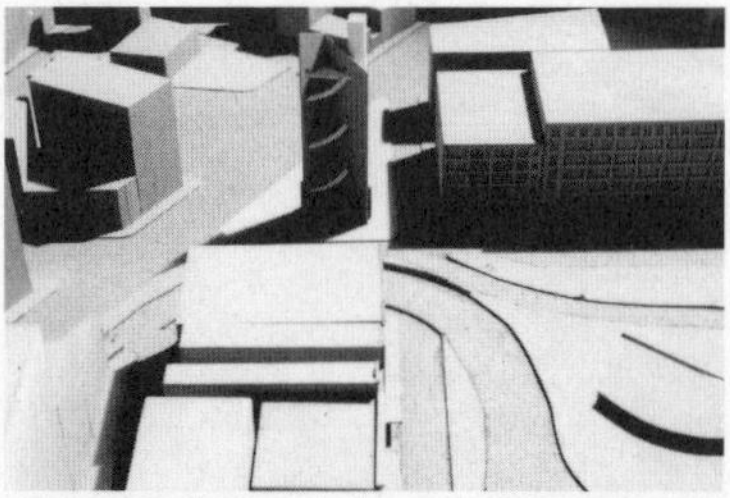
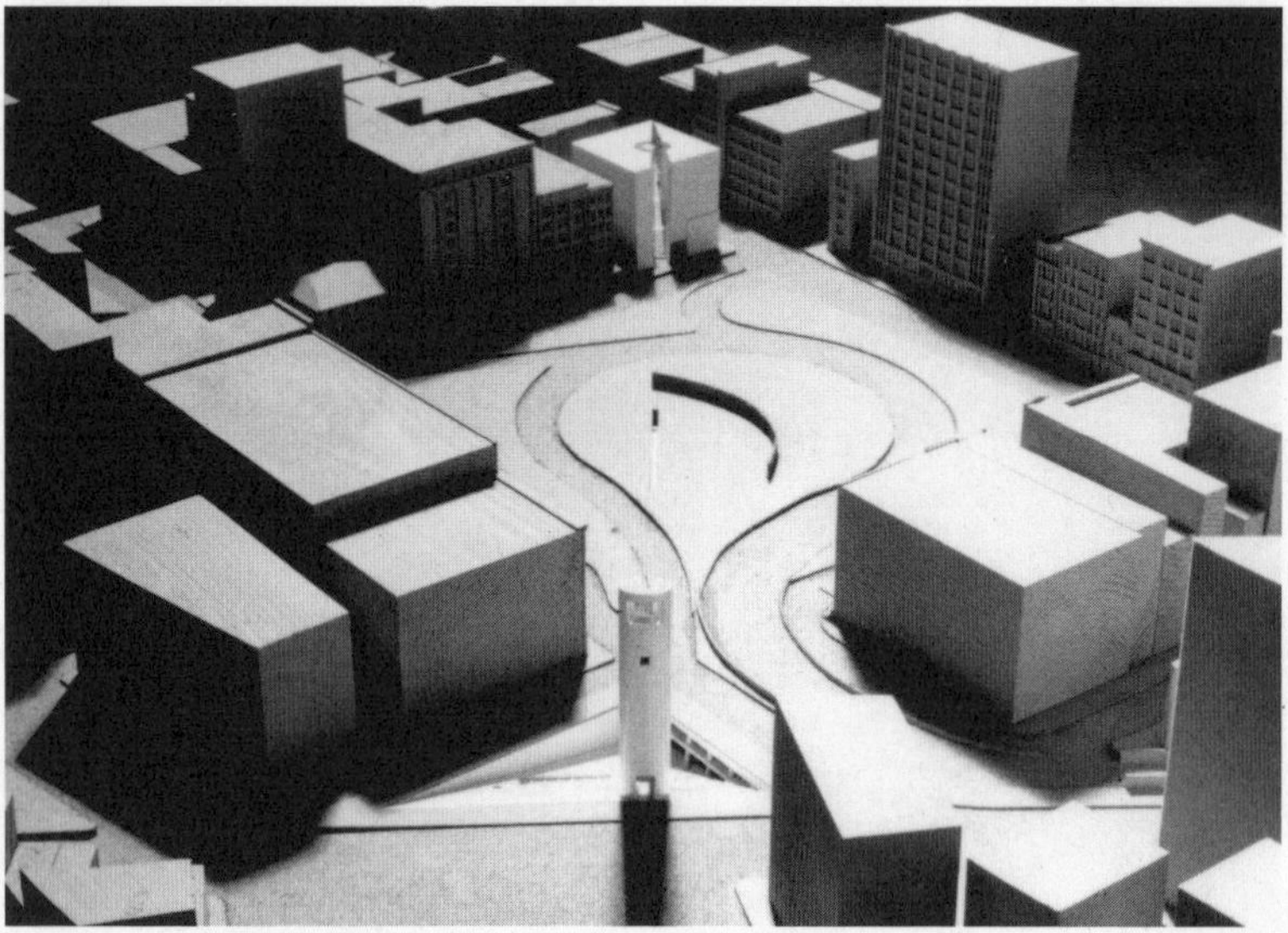

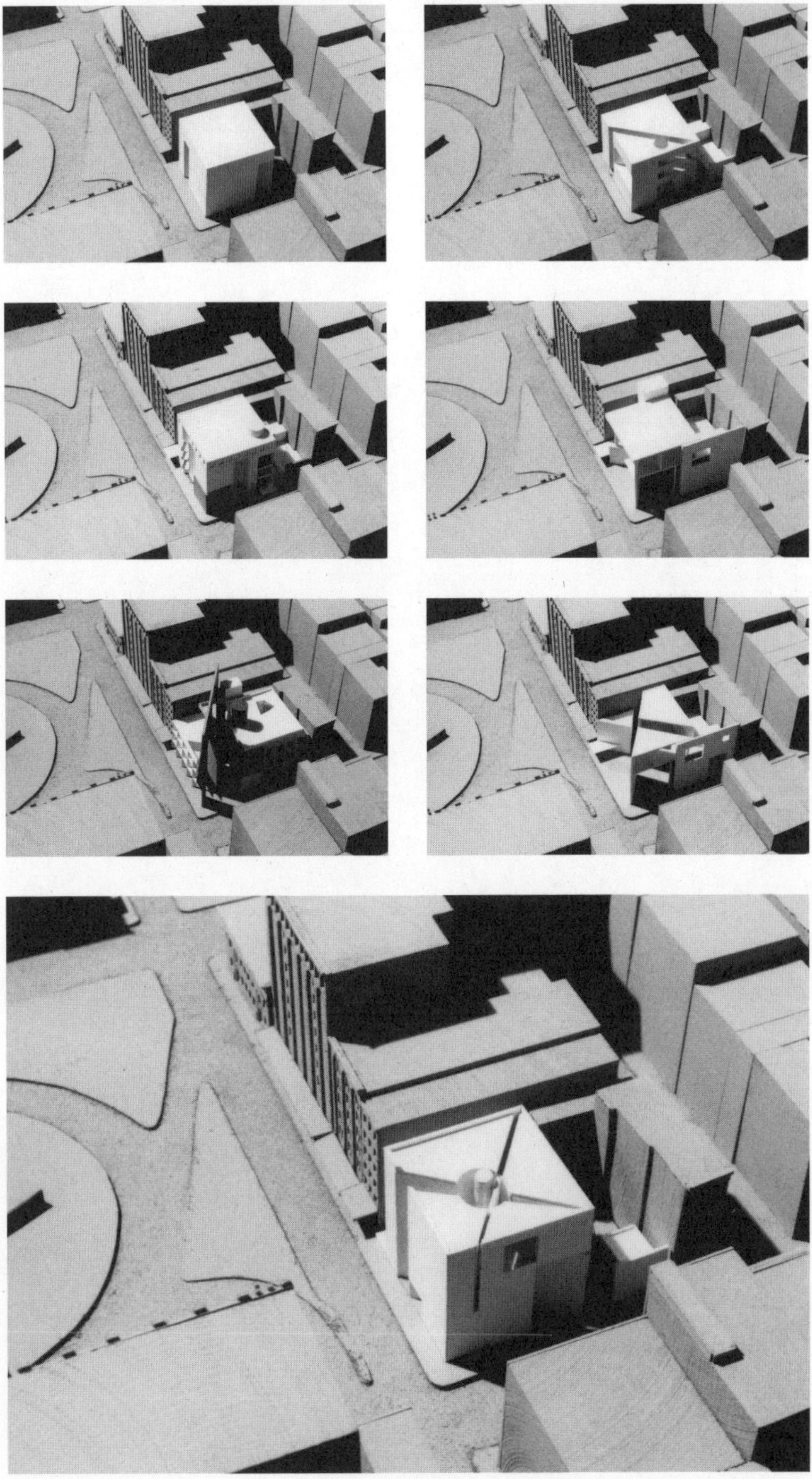

トライベッカの彫刻倉庫ミュージアム

立者であるピーター・クーパーは近い将来に縦に移動できる乗り物が開発されると見込んで、建物に丸い穴を空けておいたそうなんです。その後、一九七〇年代にヘイダックが全面改装をしたとき、そこに丸いエレベータが設置されました。僕らは毎日朝から晩まで、そのシリンダー状のエレベータホールで課題のプレゼンをやっていたので、その形態に取り憑かれていたのかもしれません（笑）。

市川　記憶にこびりついていた形なんですね（笑）。このキューブの対角線上に、もうひとつの建物が計画されていますね。

坂　はい。ちょうど三角形の広場があったので、リコーダーのように風が入ると音が鳴る塔を設計して、これら二つの建築を軸線で結びました。

市川　先生方からの評価はいかがでしたか。

坂　実は、プレゼンテーションのとき、アイゼンマンにひどい扱いを受けて、僕は「failure（落第）」になったんです。

市川　やっぱりアイゼンマン……。どんなコメントがあったんですか。

坂　コメントもなにも、プレゼンテーションのときに外国人にはわからないような言い回しで悪い評価をワーッと言われて、わけがわからなかったですね。ほかの先生は何も言えませんよ、彼ほど弁が立つ人はいませんから。もうひとり、僕がいつもケンカしていた先生もアイゼンマンと結託するから、僕は売り言葉に買い言葉で（笑）、「あなたには五年生を教える資格がない」と彼女に言ったら、「あなたは卒業させません！」とドアをバーンと閉めて出ていってしまった。

市川　坂さんからも仕掛けている（笑）。

坂　自分の考えを曲げたくなかっただけです。そうはいっても、failureになってしまいましたから、仕方なく卒業設計をやり直して、ヘイダックに見てもらって卒業しました。半年間、卒業が延びたんです。

市川　ヘイダックに評価され卒業したということですね。

坂　評価してくれたかどうかわかりませんが、failureは取り消しになり卒業できました。

◈ 詩を学ぶことは建築に通じる ◈

市川　ヘイダックにはどのような指導を受けたのか、お聞きしたいです。

坂　よく覚えていないけれど、五年生の必修として詩の授業がありました。デイヴィッド・シャピロという有名な詩人が来て、毎週、詩を書かされるんです。日本語でも詩を書いたことがないのに、へたくそな英語で詩を書くことに非常に劣等感がありましたね。建築家になるのになぜ詩を勉強しなきゃいけないんだろうと思っていました。

　ところが、そんな僕の詩がいつも評価されて、みんなの前で読まされたんです。そのときわかったんですが、詩で大切なのは構造なんです。そこに最小限の言葉を当てはめて、複合的な意味を持たせていく。日本の俳句もそうですが、構造さえきちんとつくれたら、少ないボキャブラリーでも評価される詩が書けるんです。詩を勉強することは、建築設計につながっているんですね。

市川　たしかにヘイダックは詩人の側面もありましたね。また、ヘイダックもそうですが、アクソメを使って空間構成を示す表現がこの時代に特徴的だと思うのですが、坂さんのポートフォリオを拝見すると、その点の影響も感じ取れます。模型写真も正面、真上、斜めからと、かなりきっちり撮られていますね。

坂　たしかに、いまでも作品を雑誌に発表するときアクソメを使うのは、ヘイダックの影響かもしれません。学生時代のポートフォリオに使う模型写真については、当時からプロに依頼していました。プロといっても大学を出たばかりのカメラマンなので、安くお願いできたんです。

市川　模型写真に強い美意識を感じたんですが、そういうことだったんですね。

坂　写真は撮らないと決めたんですよ。建築を見に行くと写真をたくさん撮るけれど、結局何も覚えてないじゃないですか。写真を撮ることに一生懸命で、きちんと建築を見ていない。それに気がついてから、写真を撮るのは一切やめて、スケッチしたり見ることに専念することにしました。

◇ニューヨークファイブに憧れて渡米◇

市川　クーパー・ユニオンに入るまでの経緯について、もう少しうかがえますか。

坂　そもそもアメリカに行こうと決めたのは、クーパー・ユニオンに行きたかったからです。当時、『a＋u』の「ホワイト・アンド・グレー」特集(一九七五年四月号)で、ホワイト派のジョン・ヘイダック、リチャード・マイヤー、ピーター・アイゼンマンといった「ニューヨークファイブ」の存在を知り、さらに翌月、ジョン・ヘイダックが特集されていて、彼はクーパー・ユニオンの卒業生であり、リチャード・マイヤーとピーター・アイゼンマンとともに教鞭をとっていると紹介されていました。これは非常に面白い大学だろうと思って、アメリカ行きを決めたんです。

そこで、出願書(application)を取り寄せようと手紙を送ったんですが、一向に返事が来ない。現在のようにインターネットもないから、現地のことがよくわからないわけです。仕方なく、英語学校に通うためのビザを取り渡米したんですが、現地で調べてみたら、クーパー・ユニオンでは外国人の入学が認められていなかったんですね。

創立者のピーター・クーパーはもともとエンジニアで、貧しい家庭に育つも事業で成功した人です。才能のある若者にエンジニアリングとアート、そしてそれらの融合である建築を学ぶ機会を与えるという精神のもと創立されましたから、学費は無償でした。アメリカに留学できるなら経済的に豊かだろうと、外国人は受け入れていなかったんですね。ところがよく調べると、編入試験を受ければ外国人でも入れることがわかった。そこで、まずサイアーク(SCI-Arc:Southern California Institute of Architecture)に行くことにしたんです。

サイアークは一九七二年に設立されたばかりで、創立者のレイモンド・キャピーが面接してくれました。高校時代に通っていた御茶ノ水美術学院での課題をまとめたポートフォリオを見せたら認めてくれて、二年生から入学できたんです。

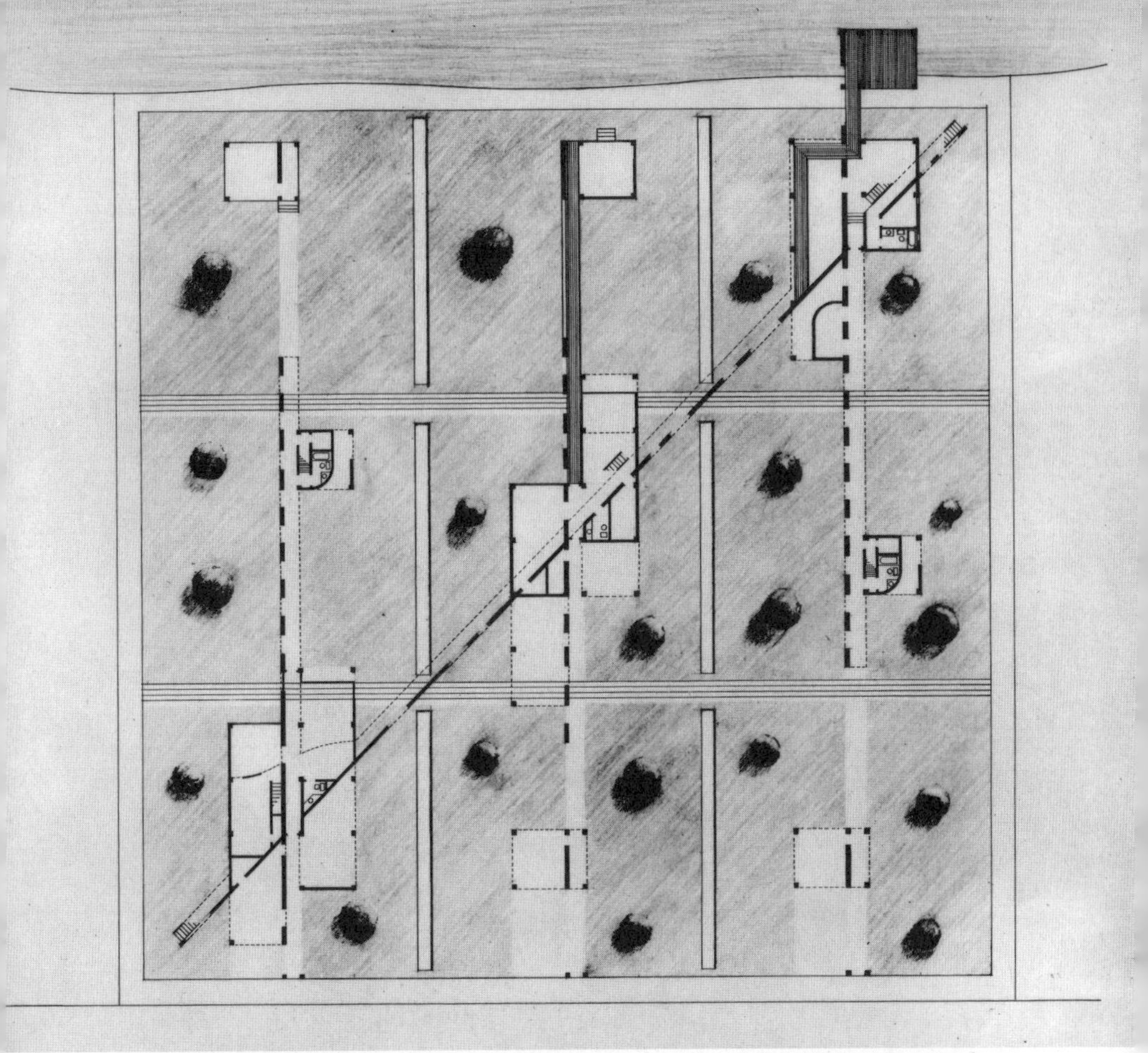

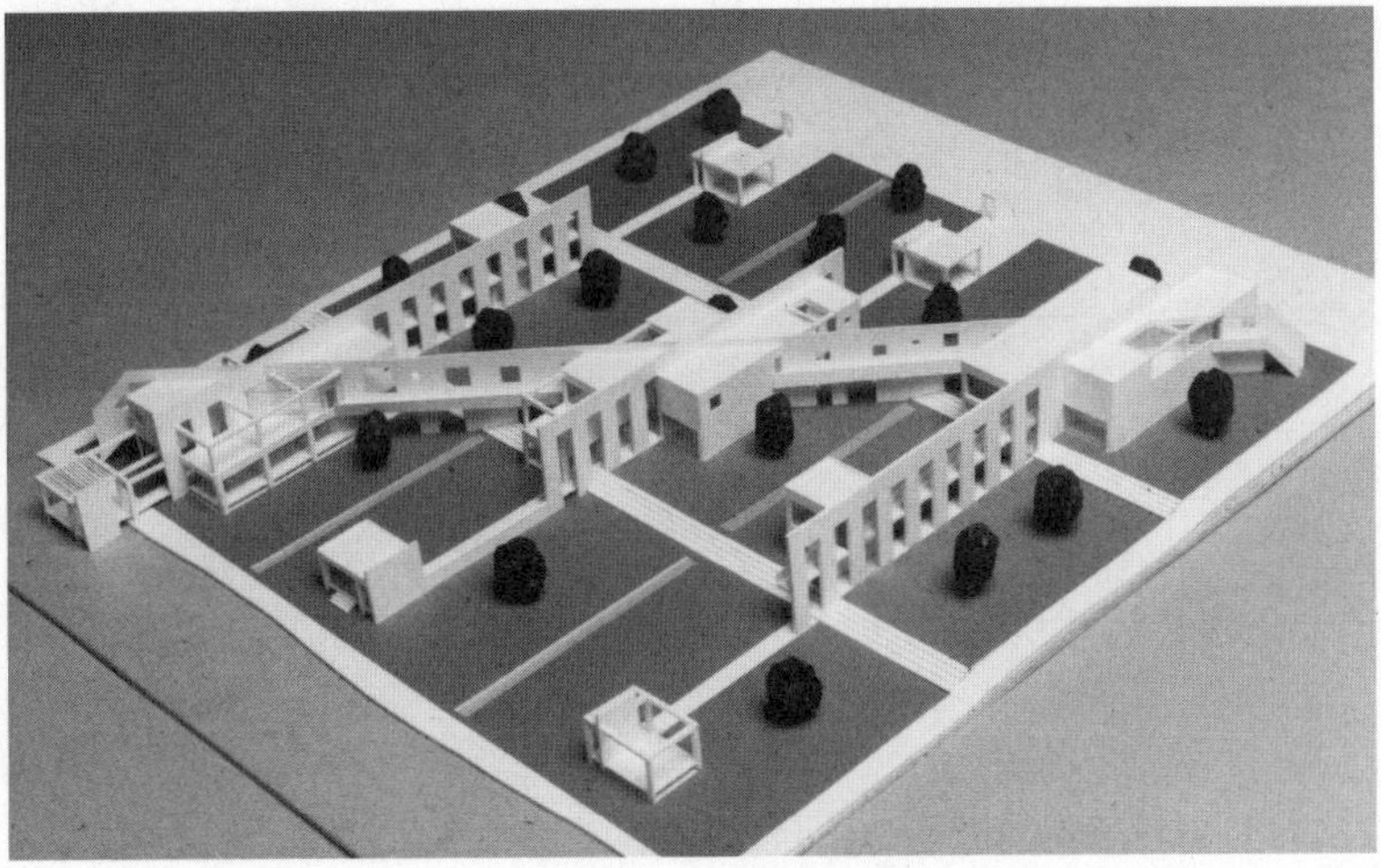

ディアナ・アグレストによる課題「三世帯住宅」

市川　一年飛び級で、二年生になった。

坂　はい。その後二年半で四年生まで終わり、あと一年で学士（B.Arch）が取れたんですが、もともとの夢だったクーパー・ユニオンの試験を受けることにしました。幸い編入は許可されたものの、サイアークでの単位はほとんど認められず、二年生からやり直し。でも実力が認められて、三年生と四年生はそれぞれ半年で修了しました。

市川　どんな課題があったんですか。

坂　最初の課題は、既存のビルの上に集合住宅をつくるというものです。明らかにニューヨークファイブの影響を受けていますね。これはアルゼンチン出身のディアナ・アグレストの課題で、三世帯住宅です（四一頁）。

市川　軸が一本引かれていますね。

坂　軸というより壁に興味があったんです。壁によって機能を分けるというヘイダックの影響も受けているんだと思います。バーナード・チュミの課題で劇場の上にアパートをつくるという課題もありました。周囲のコンテクストをどう取り込むかずいぶん検討しましたね（次頁）。

市川　これは坂さんが描かれたドローイングですか。

坂　ええ。鉛筆で描いています。いまでこそ少しはコンピュータを使いますが、クーパー・ユニオンでは手描きを奨励していて、入学試験もドローイングの課題でした。大学に入ってからも人体デッサンをずいぶんやらされましたね。

市川　美大的な教育なんですね。

坂　そうですね。家具にも興味があったし、照明もつくりました（四五頁）。こうした照明は、その後設計した住宅にも取り入れています。

◈ ニューヨーク、カリフォルニアでの影響 ◈

市川　一九八〇年代前半、ニューヨークでは、IAUS（建築都市研究所）をはじめとした建築理論の盛り上がりがあったと思うんですが、どのように見ていましたか。

坂　IAUSでは面白い講演会や展覧会をやっていたから、よく行きました。エレベータの中でフィリッ

バーナード・チュミによる課題「劇場とアパートのコンプレックス」

プ・ジョンソンと一緒になって、ドキドキした思い出もあります。そういうスターがまだ生きていた時代ですね。クーパー・ユニオンではケネス・フランプトンをはじめ、リカルド・スコフィディオ、トッド・ウィリアムス、大阪万博（一九七〇年）でアメリカ館のエアドームをつくったデービス・ブロディーも教えていました。

でも、クーパー・ユニオンで教えられるのは非常にコンセプチャルなもののつくり方で、自分の興味に合わなかったんです。先生の評価や考え方に共感できず、精神的に辛い時期もありました。そもそも建築家を育てる学校ではないんですよ。卒業生の作品を見ても、建築をメディアとして扱うアート作品が多く、有名な建築家になっている人は非常に少ない。建築家になりたい人は、卒業後、建築の専門教育を受けるために、ハーバードやイエールの大学院に行くわけです。ニューヨークファイブに憧れてクーパー・ユニオンに来たけれど、実際に入ってみるとわかったんです、ここじゃなかったと（笑）。僕はむしろサイアークのほうが合っていたように思います。しかし、自分が不得意方向の教育を受けて苦労したことは、いまの自分にとって大変役立ったと思っています。

市川　たしかにいまの坂さんの活動を見ると、クーパー・ユニオンの抽象的な思考以上に、ときにセルフビルドもしてしまうような西海岸の影響が強いようにも見受けられます。ニューヨークファイブ、つまりホワイト派に憧れていたということでしたが、それと対比されるグレー派には関心はなかったんですか。

坂　興味なかったですね。グレー派ではありませんが、レイモンド・キャピーの建築には影響を受けたと思います。コンクリートと木の混構造の自邸は、本当に素晴らしいですよ。

西海岸で影響を受けたのは、やはりクレイグ・エルウッド、リチャード・ノイトラ、アドルフ・シンドラーといった建築家によるケース・スタディ・ハウスです。僕が初期の作品を「ケース・スタディ・ハウス」と名づけて発表していたのは、彼らのように内外を連続させたり工業的な素材を

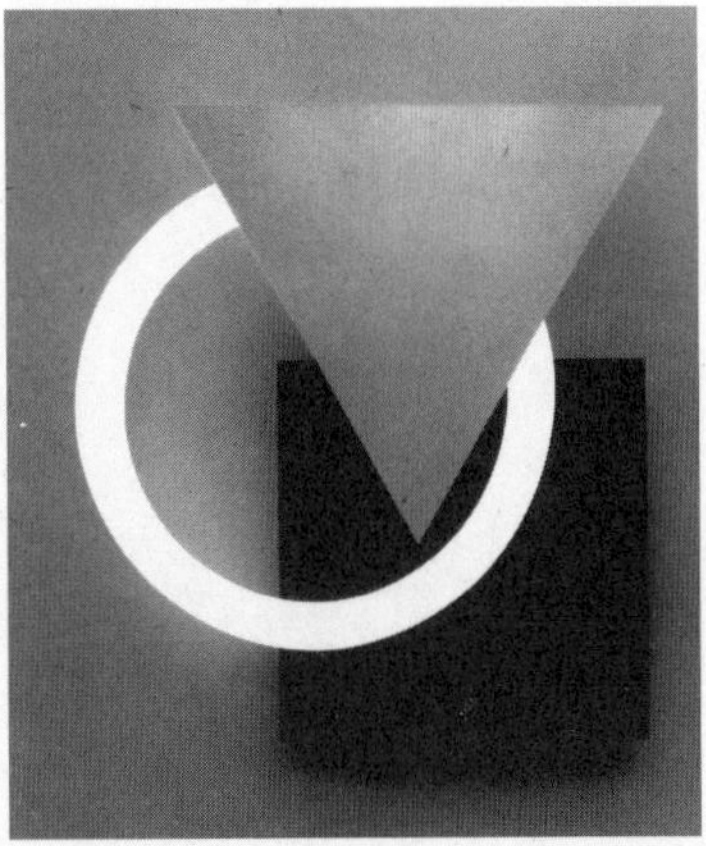
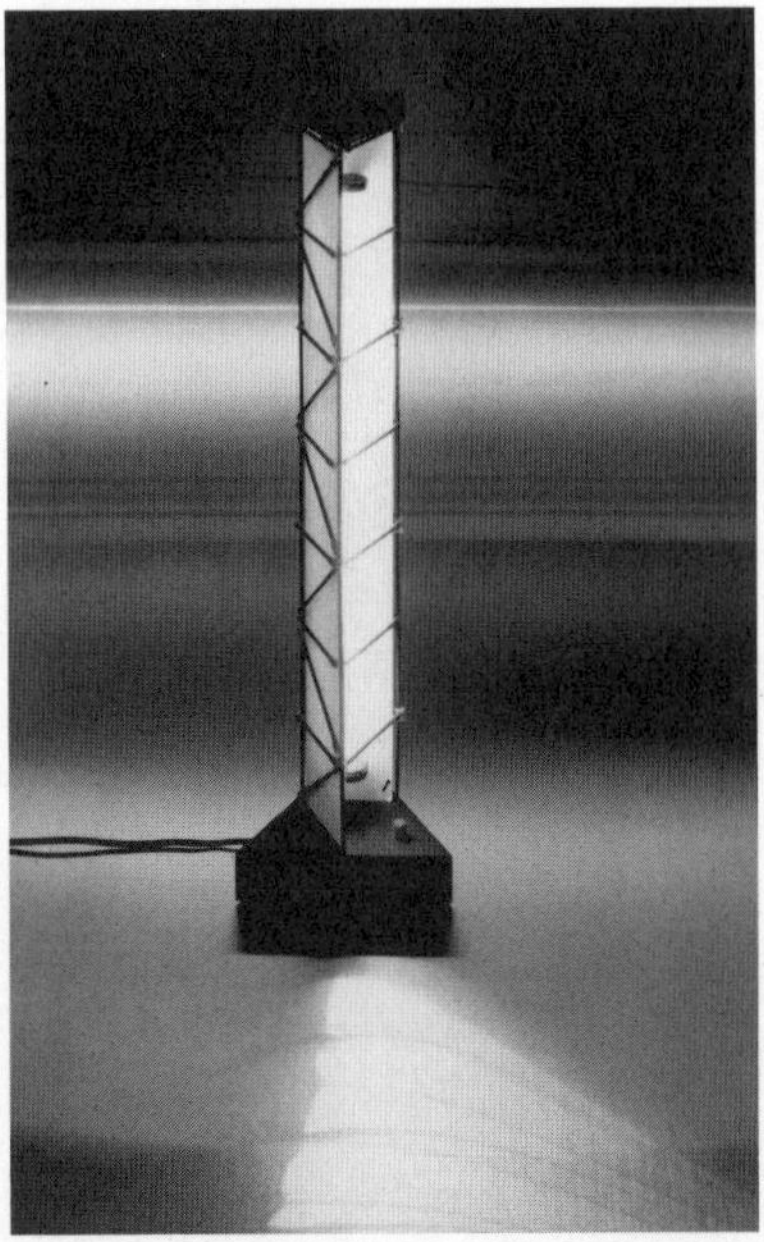

学生時代に制作した照明作品

使うなど、実験的な要素を盛り込んでいたからです。ケース・スタディ・ハウスの建築家は日本の影響を強く受けていますよね。僕は日本で建築の勉強をしていませんが、彼らを通じて、間接的に日本の影響を受けていると思います。

市川　隔世遺伝的に日本的なものから影響を受けていると。クーパー・ユニオン卒業後には日本に帰国されていますが、そのままアメリカで大学院に進むことは考えなかったんですか。

坂　アイビーリーグの大学院に進学しようと思っていたんですが、母が経営していた洋裁店の小さなビルを設計してくれと言われて、日本に帰ってきたんです。実務経験もないけれど、実家の仕事だったら失敗してもいいから、やってみようと。

それが竣工したら、アメリカに戻り大学院に行くつもりでした。でも、エミリオ・アンバース展（一九八五年）、アルヴァ・アールト展（一九八六年）、ジュディス・ターナー展（一九八六年）のプロデュースや会場構成、さらに別荘の仕事も舞い込んできて、そうこうしているうちにアメリカに帰れなくなったんです。

◈ヘイダックの影響から抜け出す◈

市川　坂さんの作品にはヘイダックの「ナイン・スクエア・グリッド」を応用する試みも見受けられます。

坂　そうですね。日本に帰ってきて仕事を始めた当時、自分の好きなスタイルというのは、やはりヘイダックでした。初期に手がけた作品は、誰が見てもヘイダックの影響を受けていると思います。

なんとかここから抜け出したいと思ったとき、重要な手段となったのが構造です。僕は学生のころから構造が得意だったので、いつか独自の構造システムを開発してバックミンスター・フラーやフライ・オットーのように万博のパビリオンを手がけてみたいと思っていました。ゴシックやモダニズム、ポストモダンなど建築には流行がありますが、それに左右されず独自の作品を確立している人に憧れていたんですね。「声楽家の家」（一九九一年）のころから少しずつ構造がテーマとなってきたのは、そういう意識からだと思います。

また、アルヴァ・アールトの作品に出合ったことも、自分が大きく変わった理由のひとつですね。アールトというのは、クーパー・ユニオンではほとんど無視されていた存在でしたし、僕もまったく興味がなかったんですが、卒業後、二川幸夫さんの撮影アシスタントとして訪れたフィンランドの「マイレア邸」（一九三九年）が本当に素晴らしくて、コンテクストや素材に対するアールトの考え方に、感銘を受けました。アールト展の会場で初めて紙管を使ったのはその影響です。あの旅がなかったら、いまの自分はないと思います。

その後、松井源吾先生に出会い、紙の建築が実現して、「ハノーバー万国博覧会日本館」（二〇〇〇年）で憧れのフライ・オットーさんと協働できた。さまざまな体験や出会いを経て、少しずつ自分のスタイルが確立されてきたんだろうと思います。

フライ・オットーと協働した「ハノーバー万国博覧会日本館」2000 年

◈ 建築家は社会の役に立っているのか ◈

市川　坂さんは世界中の被災地でも活動されていて、建築が社会にどのように役立つのかを常に考えておられます。クーパー・ユニオンは合わなかったというお話でしたが、そこでの抽象的な思考に対する批判的な認識みたいなものがあるのでしょうか。

坂　そういった認識はありませんね。学生時代、ボランティア活動に参加したこともありません。まわりの学生がインターンとして仕事をしたり、パオロ・ソレリが手がけるアリゾナのアーコサンティに行って無償で働いたりするのを見て、なぜそんなことをするのか全然理解できなくて、夏休みも授業を取って勉強していたくらいです。

それに大学卒業後、実務経験ゼロのまま仕事を始めたので、つくることだけで精いっぱいでした。でも、仕事を始めて一〇年ほど経ち、ようやくまわりが見えるようになったころ、建築家が社会の役に立っていないことに気がついたんです。建築

阪神・淡路大震災の被災者のためにつくられた「紙のログハウス」1995年

家のクライアントというのは財力や権力のある特権階級ですからね。

一九九四年、ルワンダの難民キャンプの悲惨な状況を雑誌で見たとき、難民が生活するシェルターを改善しないと医療活動の意味がないと強く思い、ジュネーブの国連難民高等弁務官事務所に飛び込み、ローコストな紙管のシェルターを提案しました。それが運よく採用され、僕はコンサルタントとしてプロジェクトに参加することになったんです。

さらに翌年、阪神・淡路大震災が起こったわけですが、神戸市の鷹取教会にベトナム難民の信者が集まっていることを新聞で知り、日本の被災者より悲惨な生活をしているはずだから、何か手伝うことができたらという思いで、教会に行ったんです。それが、紙管による仮設建築をつくることになったきっかけです。

「どうしてボランティア活動を始めたんですか」とよく聞かれるんですが、実は僕自身よくわかりません（笑）。冗談のように聞こえるかもしれないけれど、小さいころイギリスのTVドラマ「サンダーバード」を見て、格好いいなと憧れていたから、その影響でしょうか（笑）。

市川　大学教育のはるか前に、被災地などの救助活動に対する初期衝動的な憧れがあったんですね（笑）。

◈手を動かすことの重要性◈

市川　最後になりますが、最近の学生の作品をごらんになって、どのように感じていますか。

坂　ハーバード大学で3Dプリンターやカッティングマシンで模型をつくっている様子を見たときは、びっくりしましたね。コンピュータを使って、三六板から部品を切り出していくんですが、部品より残りの部材のほうが多い。そんな無駄なことを平気でやらせるなんて、建築教育としては最悪のことだと思いました。これは世界的な問題だと思います。指にマメができても、模型は手でつくるものですよ。また、日本の学生を見ていると、後輩に手伝わせるじゃないですか。あれも問題ですね。アメリカじゃあり得ない。卒業設計はすべて自分でやらないとダメですよ。

いまの時代、コンピュータがないと仕事はできませんが、コンピュータが発展すれば、必ずしも建築はよくなるとは限りません。時間をかけて設計し、より手間をかけて施工したほうがいい建築をつくれるに決まっている。学生や若いスタッフはいつも画面上で設計しているせいか、図面に問題があってもなかなか気がつかないんですよ。

市川　後輩が手伝える模型だけが巨大化し、図面のクオリティは低い、というような卒業設計は少なからずあるように思います。図面をちゃんと書くこと、自分の手で模型をつくること、というのは基本的なことではありますが、改めてその大事さを確認する時期に来ているのかもしれませんね。

坂　そうですね。だからこそ、僕はいろんな国の被災地に学生を連れて行き、多様な国の人たちと手を動かしながらものをつくります。大学の研究室も、学生たちと一緒に自分たちの手でつくりますからね。それが教育の一環だと思っているんです。

山梨知彦

卒業設計

GREEN HOUSE

1984

聞き手　五十嵐太郎、市川紘司

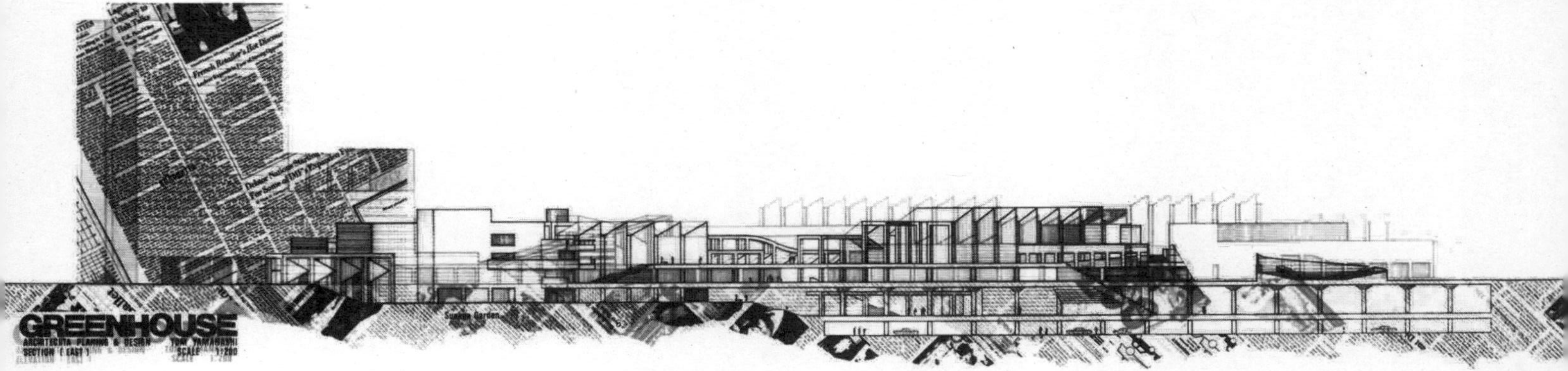
GREENHOUSE
ARCHITECHTA PLANING & DESIGN TOM YAMANASHI
SECTION (EAST) SCALE 1:200

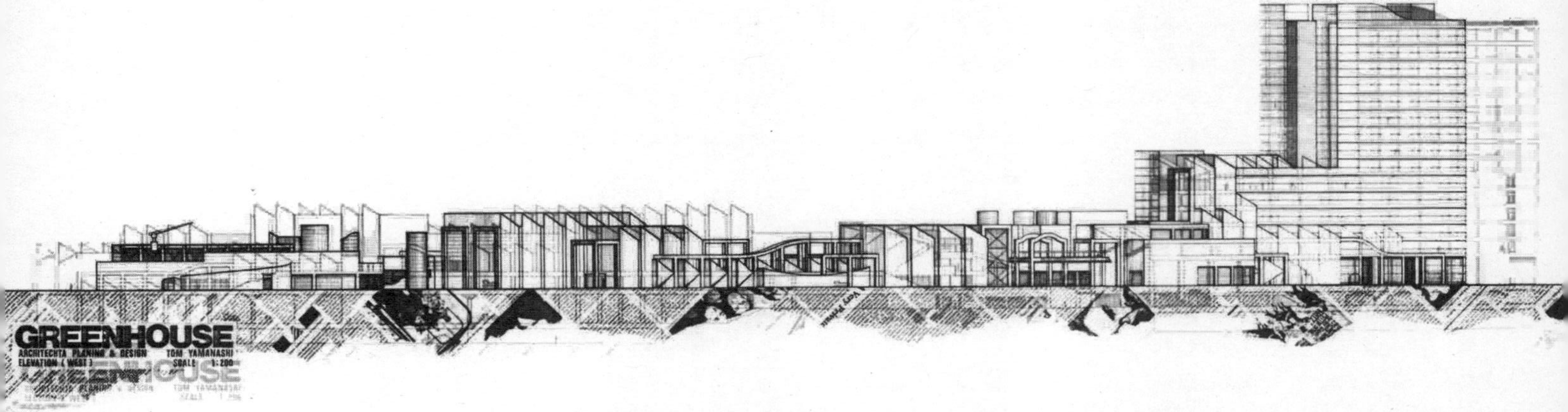
GREENHOUSE
ARCHITECHTA PLANING & DESIGN TOM YAMANASHI
ELEVATION (WEST) SCALE 1:200

◈日本に広場は必要か？◈

市川　山梨さんの卒業設計は、買上げ作品として東京藝術大学美術館に収蔵されているとうかがいました。

山梨　はい。卒業してから一度も見たことがないので、いまどんな状態になっているのかわかりませんが（笑）、一八〇〇×六〇〇ミリという大きなドローイングを一二枚ほど描きました。

市川　どのような建築を設計されたのでしょうか。

山梨　温室に包まれた新しい都市開発として、商業施設やホール、オフィス、ホテルなどを含むアーバンコンプレックスです。都市開発では緑の環境も一緒に計画しなくてはならないという思いがあったので、「GREEN HOUSE」というタイトルをつけました。

五十嵐　（模型写真を見ながら）この黒いヴォリュームは温室なんですね。

山梨　そうですね。このギザギザしている半透明部分が温室で、内部に植物が入ります。

僕が生まれ育った横浜市では、当時、都市計画室が画期的なアーバンデザインを試みていると注目されていて、僕自身、大通り公園がきれいになっていく様子を実際に見ていました。ところが、出来上がった都市広場は茫漠としているというか、もともと川だったところを広場にしているから曲がり角もあってヴィスタもきかない。木造住宅がたくさん立つ既存の住宅地の中に埋没していて、正統なアーバンデザインとは矛盾している。そもそも日本に広場が必要なのか、疑問に思いました。

僕にとって、横浜というのはもう少し密度の高い街なんです。オブジェが置かれた都市広場より、ごちゃごちゃした通りのほうがみんな落ち着く楽しいのではないかという思いもあって、卒業設計では大通り公園の末端に温室と建築が混じった空間を挿入し、広場に依らないまちづくりを提案しようと考えました。

◈異なる時間を建築に重ね合わせる◈

市川　建築や都市のサステイナビリティなどについても

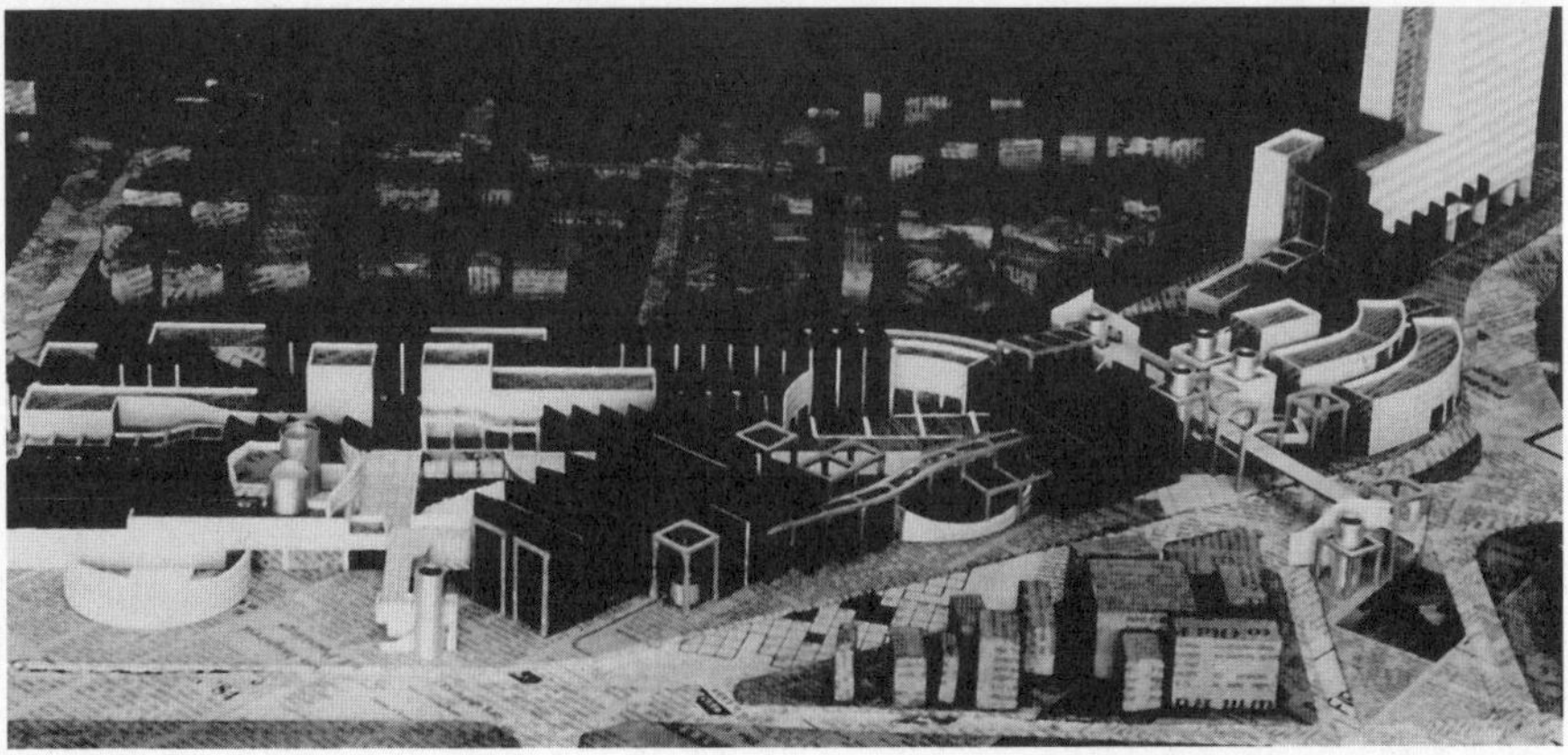

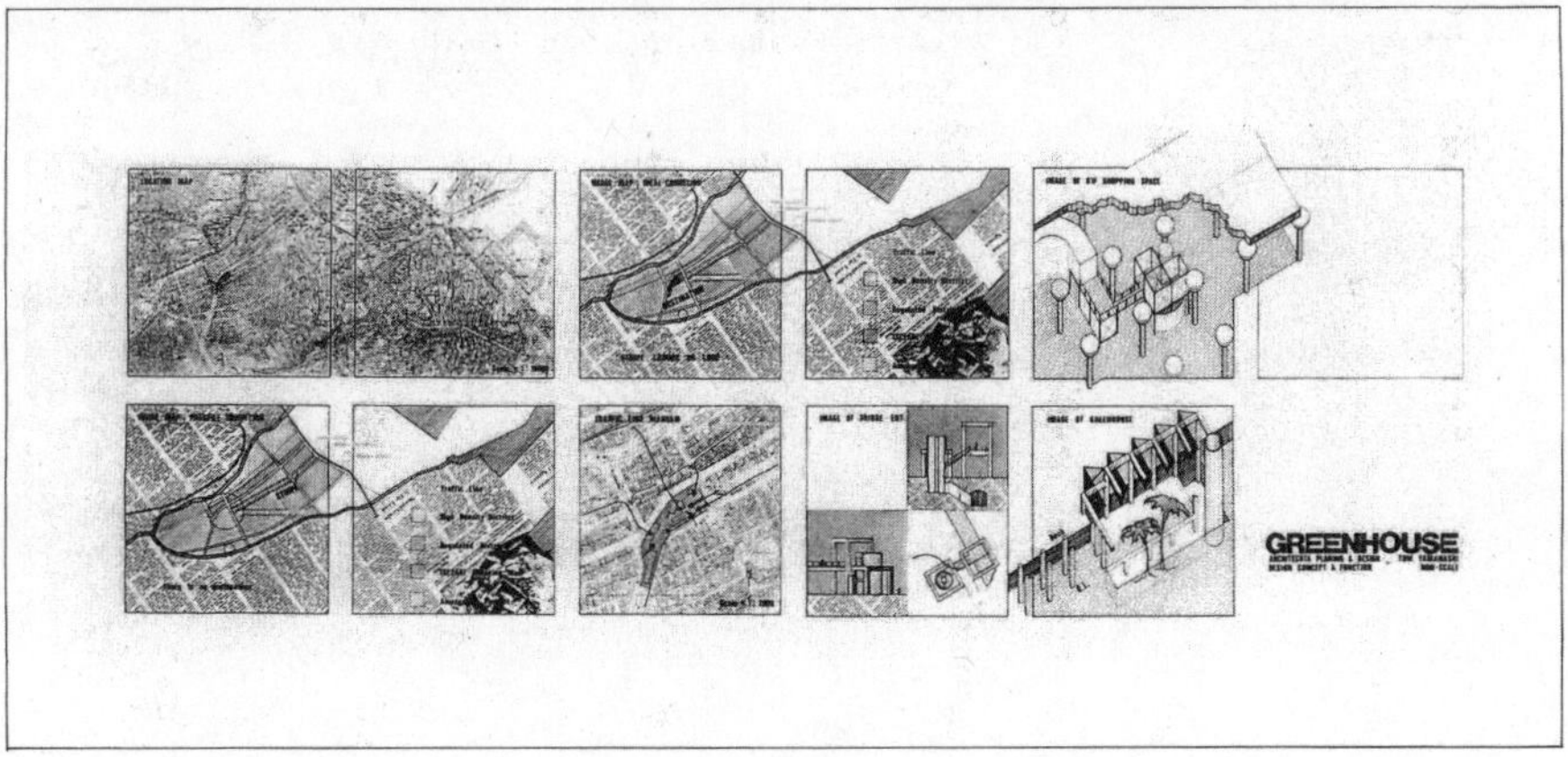

GREEN HOUSE

二、三カ月放浪旅行したんですが、フォロ・ロマーノやカラカラ浴場とか、ローマ時代の大規模な構築物が朽ち果てたところに植物が生えていたり、公園のようになっていたりする様子を見て、ヴォリュームや表層をヒューマンスケールに分割して人間になじませようとする現代の大規模建築の常套手段より、ずっと人間になじむような気がしました。新しい建築でそういう状態をつくることができないか、考えるようになったんです。

市川　当時は、磯崎新さんがいろいろな時代の建築様式を記号的にコラージュしていくような、いわゆるポストモダニズム的な試みをされていました。山梨さんのお話をうかがっていると、そういった手法を批評しようという姿勢も感じます。

山梨　たしかに。大学に入ってすぐ『建築の解体』（美術出版社）を読みましたし、磯崎さんには影響を受けています。でも、すべての時代の様式を等価に扱い自由に引用するという磯崎さんの論理に対して、頭では理解しつつも「引用」という言葉に疑問があった。すべての様式を新品なものとして考えていたんですか。

山梨　たしかに、都市に緑を復活させることが必要だと思っていましたが、僕がイメージしていたのは、むしろエイジングという言葉に近いかもしれません。僕らの世代が知っている新しい大規模建築はアンチエイジングの代表みたいなもので、僕は新品を保とうとするそのつくり方に違和感があったんですね。モノは古くなるのが当然です。新しいものと古いもの、波長が違うものが合わさっていることが自然だし、そういう建築が都市を面白くするんじゃないかと考えました。

図面に古い新聞紙を重ねて万年筆のインクで着色したり、段ボールでつくった模型に透明なアクリルを挿入したりしているのは、新しいものと古いものが重なっているような状態をつくりたかったから。ひとつの建築の中に、ライフサイクルの違う素材を混ぜて、時間の経過とともに周囲になじませていこうとしました。

市川　時間の経過に関心があったと。

山梨　そうですね。大学二年生の終わりにヨーロッパを扱うようなイメージを受けてしまったんですね。

五十嵐　「つくばセンタービル」ができたのは一九八三年、山梨さんが大学生のころですね。

山梨　そうですね。たしかにあのプロジェクトは面白かったし、磯崎さんにとって大きなエポックだったと思います。でも僕は、さまざまな様式をピックアップして組み合わせるより、ひとつの建築の中に異なる時間を重ねていくことに興味がありました。生意気だし、うまくはできていないんだけど、卒業設計では僕が感じていた磯崎さんの試みに対する違和感を、若気の至りではありますが自分なりに表現したつもりです。

◈ 模型で思考する ◈

市川　いろんな時間軸がオーバーレイしている山梨さんの作品は、多重人格的な特徴があるようにも見えます。制作はおひとりで進めていたのでしょうか、それとも誰かとディスカッションしながらつくっていたのですか。

山梨　いまはグループでやることが大切だと思っていますが、当時は自分ひとりでやることが大事だと思っていたので、設計とドローイングは全部自分ひとりでやりました。模型は後輩二人に手伝ってもらいました。CADがない時代ですから、模型をつくっては壊し、図面を描き直してまた模型をつくり、図面を描き直し……という作業を繰り返しました。

市川　模型をつくりながら図面にフィードバックしていくわけですね。

山梨　そうですね。後輩に指示しながら模型でスタディしたことを図面に反映していくというようなつくり方でした。

五十嵐　図面を描いてから模型をきれいにつくるのではなく、模型は重要な設計ツールだったんですね。

山梨　いまでこそBIMを使っていますが、当時から立体で考えるのが好きだったんです。大学二年にヨーロッパを旅したときに、AAスクールの卒業設計展にも行ったんですが、当時はドローイング主義というか、展示されているのは格好いいドローイングばかりでした。でも、具体的に理解するのが難しかったんですね。それで、建築は立体なんだから立体で考えるべきだと思い、卒業設計では意識的に模型でスタディしました。

五十嵐　そういう設計プロセス自体が、建物や都市をつくり直す歴史を凝縮しているようですね。

山梨　そうですね。実際に街をつくるプロセスも、そうあるべきじゃないかという思いもありました。「ローマは一日にしてならず」ではないけれど、カンポ・マルツィオなどを見ると、ドローイングをどんどん重ねながら築かれているような思いがするわけです。

日本の再開発というのは、マスタープランができてから二〇年間かけてその計画通りにつくっていきますが、たとえ大規模な開発であったとしても、掘っ立て小屋みたいなものでもいいから、まず必要なものを建てて、それをいじりながら新しいものを加えていくようなプロセスのほうが、街の価値が向上するのではないか。卒業設計当時は僕も若かったから、実際にどう運営するかということは全然考えていないんだけど（笑）、そういう思いが強かったですね。

◈ドローイングや展示に対する美学◈

市川　模型を主とした設計プロセスだったとはいえ、やはりドローイングは見事で、さすが藝大の卒業設計という感じがします。ドローイングに対する美学はあったんでしょうか。

山梨　ありました。図面は三つのマテリアルのオーバーレイでできていますが、ベースは段ボールの上に新聞紙を貼り、その上にドローイングを描いたマイラーフィルムを二枚重ね、レイヤごとに別の部分に色鉛筆で色を付けています。

藝大の卒業設計は、東京都美術館で展示することが決まっていたので、その見せ方も重要だと思っていました。僕は展示される場所を想定して、一八〇〇×六〇〇ミリという大きなドローイングを一二枚壁に並べて、手前に模型を置くというレイアウトを考えました。展示する一二枚が独立し

て見えることに加えて、さらに全体がひとつの図像として見えることを意識しながら、自分ひとりで描きました。ドローイングは、誰にも触らせたくなかったので。

市川　講評会での反応はいかがでしたか?

山梨　ほかの学生はきれいな模型を展示しているのに、僕の模型は段ボールで手垢がついて反っちゃったりして、非常に乱暴なわけです(笑)。でも、面《つら》イチに収めていくような繊細な部分もあったので、先生たちは講評会のとき、模型にもドローイングにも見入ってくれましたね。

そういう状況をつくりたかったわけです。僕は、卒業したら東京大学の都市工学系の大学院に進むことが決まっていたので、藝大の先生たちの印象に残るものにしたい。当時、大学にいらした奥村昭雄先生、茂木計一郎先生、藤木忠義先生に伝わるものにしたいという思いが強かったですね。

市川　制作期間、制作の場所などについてはいかがですか?

山梨　同級生のヨコミゾ(マコト)と二人でアパートを借りて二、三カ月ぐらいやったんじゃないかな。睡眠時間は一日二時間くらいでしょうか。とにかくほとんど寝ずにやった覚えがあります。

大家さんがヨコミゾの親戚だったこともあり、アパートの二階を二人で独占して、壁をぶち抜きアトリエにしました。卒業設計の最初の作業は、そのアトリエづくりですね(笑)。その次にやったのは、ヨコミゾの卒業設計のためにコンピュータ・プログラムを書いたことです。

五十嵐　当時は、コンピュータをマイコンと呼んでいた時代ですよね。

山梨　そうですね。僕は藝大に入ってすぐコンピュータを買って、いろんなことをやっていました。卒業設計のとき、ヨコミゾが模型でスタディしているのを見て、コンピュータを使ったほうがいいのではないかと思って、スライダーを動かすとアイソメの高さが変わって自動的にスタディできるプログラムをつくったんです。NECのPC8801という高解像度のコンピュータを使えば、そういうプログラムが書けた。でも自分は、手描きのドローイングと模型という古典的な手法を選びました。ライバルがコンピュータを使うのだったら、「俺は手でいこう」と(笑)。

五十嵐　コンピュータを使うなら、もっとこんなことができるはずだという思いが強かった?

山梨　そうですね。自分がコンピュータでできることが、自分がやりたいことに届いていなかった。実際にコンピュータを使って設計をし始めたのは、大学院に入ってから。人工知能の研究をした以降なんです。

◈コンピュータで町の価値を解く◈

市川　人工知能の研究！　具体的にはどういうことをされていたんですか。

山梨　僕が所属した大谷・渡邉研究室では、当時、大規模開発のほか、歴史的町並み保存の研究をしていました。一九七〇年の大阪万博が終わり大規模都市開発の限界が見えてきたころで、研究の主体が都市づくりからまちづくりに移行したんです。

建物を調査して保存の価値があるかどうか判断するには専門知識が必要ですが、学生にはその知識がない。でも、専門家がどこに着目して建物の年代を判断しているかがわかれば、コンピュータに建物の価値を判断させることができるだろうと考えました。過去の論文を調べて、例えば、「チョウナで部材を削ってあれば、江戸時代の可能性が高い」とか「〇〇構造部材を使っていたら、この時代」とかと、見えがかりと時代の相関を抽出して、樹形図をつくり、YES／NOクイズ的にコンピュータの中で取りまとめ、非常に初歩的なエキスパート・システムをつくったんです。例えば、「チョウナで削った跡はありますか」「YES」「〇〇部材がありますか」「YES」と答えていくと、年代が特定できるという仕組みです。専門家の頭の中にある知識をコンピュータの中に記述するナレッジ・エンジニアリングという分野ですね。

僕はこのエキスパート・システムを用いて、二つの修士論文を書きました。ひとつは、いまお話しした歴史的な町並みを読み解くもの。もうひとつは『新建築』を分析して、建築家がどういうことに着目してデザインをしているかを解くものです。『新建築』に掲載されている建築は何に着目して設計しているかがわかれば、僕にもすばらしい設計ができるかもしれないと考えていました（笑）。

五十嵐　二本の修士論文を仕上げるとは、すごい（笑）。

山梨　でも先生には、歴史的な町並みを対象にした論文（「都市設計における形態要素の研究——歴史的町並みを構成する形態要素からナレッジを読み取る」一九八六年三月）しか受け取ってもらえませんでしたが（笑）。

◈ 既存の都市をゲリラ的に改変 ◈

市川　研究とは別に修士設計は行いましたか？

山梨　修士一年生のとき、新宿駅を設計しました。ケヴィン・リンチの『都市のイメージ』で示された「エッジ」はバウンダリー（境界線）、「パス」は人間が移動する装置であるとするなら、新宿駅には線路という巨大なエッジはあるけれど、有効なパスがないと分析できる。東口と西口は地下広場でつながってはいるけれど、視覚的にはつながっていません。そこで、西口の百貨店をぶち抜き、広場ではなく細い形態、つまり「道」でパスをつくろうと、新宿駅を乗り越えるための建築を設計したんです（「新宿駅ブリッジ計画」一九八四年）。即日設計だったのですごく粗いのですが、これが図面です。

市川　図面を拝見すると、坂倉準三さんの新宿西口広場は避けて設計していますね。

山梨　はい。そこはリスペクトしていますから。ちょうどその当時、坂倉準三さんの孫にあたる方の家庭教師もしていましたし、遠慮が働いたのかもしれません（笑）。

一般に、駅の施設というのは線路に沿って建っています。つまり、エッジを強化していくんですが、むしろエッジを乗り越える側に施設をつくるべきじゃないかと考えました。これは新宿駅だけでなく日本の駅全般にいえることで、だからこそ面白いテーマになるのではないかと。

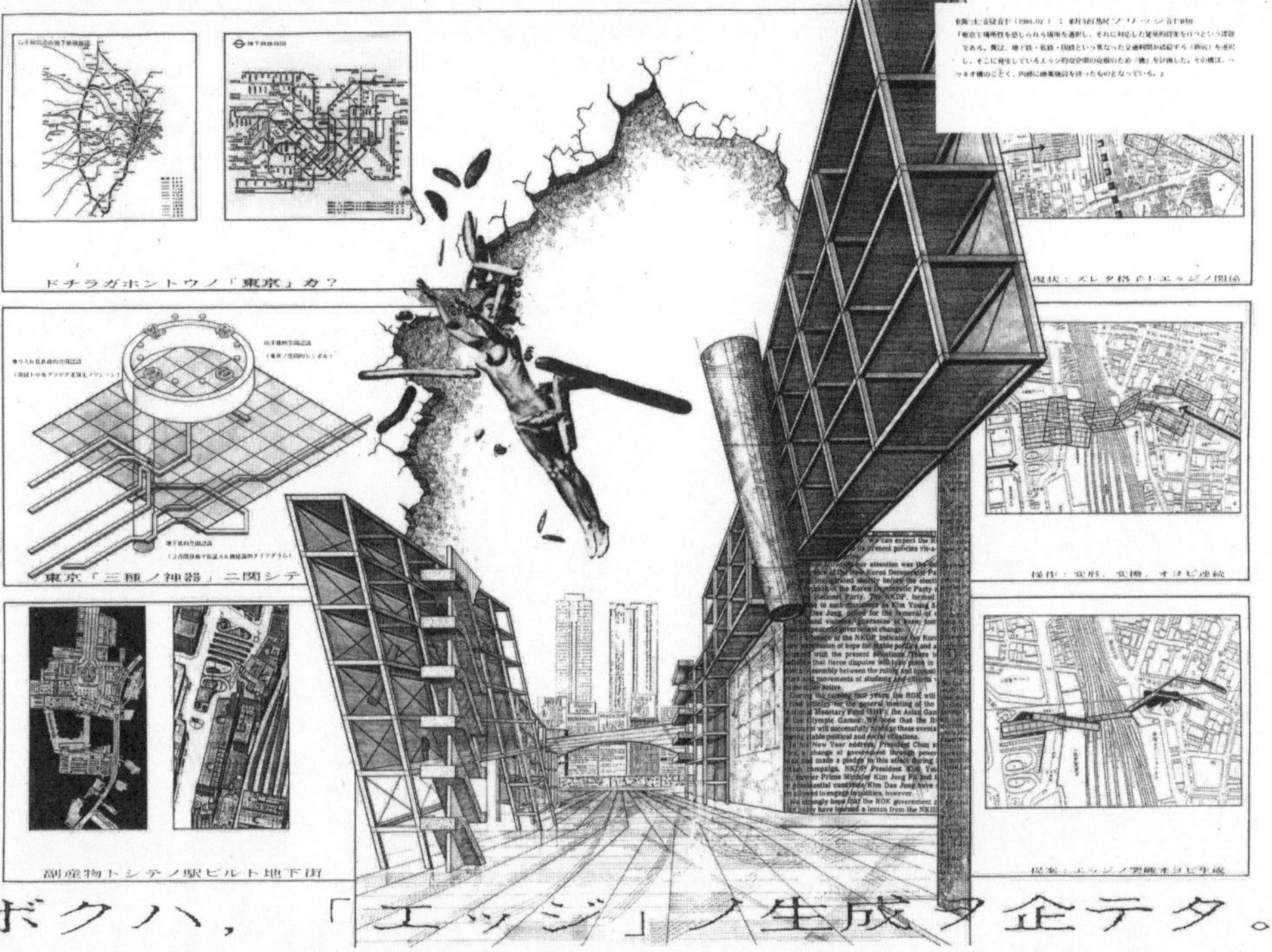

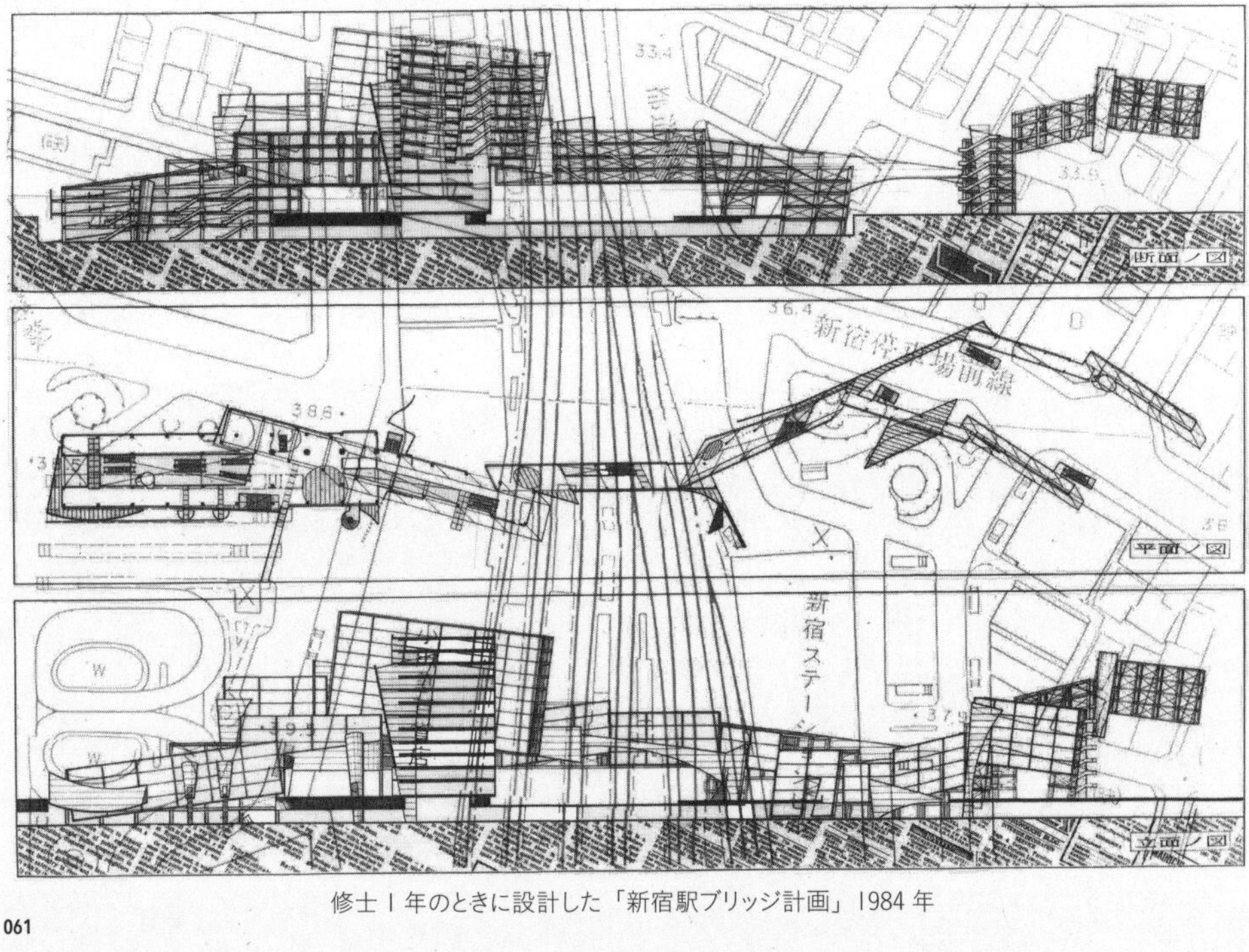

修士1年のときに設計した「新宿駅ブリッジ計画」1984年

五十嵐　課題として、テーマや敷地が設定されていたんですか。

山梨　都市の問題点を拾って解決せよと指示されただけで、テーマも敷地も自由でした。いまでこそ、駅の両側を有効につなぐ建築はありますが、当時そういう施設はなかったし、とにかく巨大な建築に興味があった。いま考えてみると即物的ですが、ケヴィン・リンチのいうエッジとパスを自分なりに解釈したものを描いてみたんですね。

そもそも、建築専攻だった僕が都市工学に進んだのは、大学で学ぶ都市計画をリスペクトしつつも、どこか反発心があったからです。都市は計画するものではなく、絶え間なく関与してゲリラ的に介入して変革していくもの。既存の都市に対して建築的な改変を積み重ねていくことが大事なんじゃないかという思いがありました。だから、東大の都市工学科に行って、そういうことを言ってみようと思った。僕はひねくれ屋なので（笑）、友だちが藝大の院に進むなら、自分は違うことをやろうと。いま思うと不思議なぐらい何に対しても不満を持っていて、それを原動力にして生きていました。

五十嵐　都市工学に行って、「困ったヤツが来た」という反応を受けませんでしたか（笑）。

山梨　それが、大谷幸夫先生と渡邉定夫先生は非常に懐が深くて、そんな僕のことを面白がってくれました。「やりたいことをやるためには、君のつくったものが人からどう見えるかを学んだほうがいい。イコノグラフィー（図像学）を勉強したらどうか」と渡邉先生に言われて、大学院の最初の研究として取り組みました。西洋のようにルール化されていないかもしれないけれど、日本にも形に結びついた論理、言葉があるんじゃないかと調べていくと、それがすごく適切な示唆であったことがわかりました。それが、人工知能を使った歴史的町並み分析に展開していくわけです。

◈ 人工知能で暗黙知を共有 ◈

市川　修士論文のときにつくられたプログラムは、その後何かに応用したのでしょうか。

山梨　実際には修論にしか使っていません。実はプログラムを書くための調査、要するにたくさんのテキストを分析して、頻出単語と関係性をつけるという作業は人間の手でやったので、膨大な時間を使ったわりに深度が浅く、いまでいうディープラーニングに比べると、シンプルな学習しかできなかった。人工知能の学習方法が改善されない限りうまくいかないとそのとき悟りました。

でも、いまの人工知能というのは、ディープラーニングなどが発明され、学習深度がすごく深くなりましたから、実用になりそうですね。例えば僕が所属する日建設計の全プロジェクト、基本設計書、打ち合わせ記録をコンピュータに学習させて、社内の暗黙知や情報を必要に応じて導き出せないかと思っているんです。

市川　実際に実行されているんですか。

山梨　ええ。日建設計には、ＤＤＬ（Digital Design Laboratory）というデジタルデザインのチームがありますから。

市川　すごい。

山梨　例えば、クレーム対応の相談をしようとメールを打つと、「クレーム」という言葉をコンピュータが認識した瞬間、最新のクレーム情報がモニタの横に出てくる。そうすれば、すぐに対応策を考えられますよね。例えば、僕が「卒業設計」と発言したとたん、人工知能が僕の顔と言葉を自動認識して、僕の卒業設計の画像や自分が忘れていた過去のデータをすぐに目の前に映し出してくれたら、話もはずむじゃないですか。

大型建築はとても複雑なので、自分の記憶だけで解決しようとしたら、限定されたものしかできません。自分の知識の総量を超えたデータが扱える仕組みが整えば、もっと面白いものがつくれるんじゃないかと研究を続けています。まあ、いつできるのか、まだわかりませんが（笑）。

◈原広司、コールハース、ロッシ◈

市川　卒業設計では磯崎さんに対してある種の批評的な

態度があったというお話がありましたが、そのほかに当時、影響を受けた建築家や理論家はいらっしゃいますか。

山梨　いま冷静に考えると、僕の卒業設計は原広司さんのパリの「ラ・ヴィレット公園コンペ案」（一九八三年）から直接影響を受けていると思います。いろんな時間軸を重ね合わせようとしたとき、コーリン・ロウの『コラージュシティ』も参照しましたがうまくいかなかった。最も参考になったのが、原さんのドローイングです。

それから、レム・コールハースですね。ラ・ヴィレットと香港のザ・ピークのコンペについて、磯崎さんが「なぜ日本勢は振るわなかったのか」というテキストを書いていましたが（『建築文化』一九八三年六月号）、ラ・ヴィレットのコンペで一等になったチュミ案よりコールハース案に影響を受けました。あらゆる歴史やモノを参照して、プログラムを帯状に配置するコールハース案は面白かったですね。でも、やはりそこに配置されるのは新品ばかりで、要は書き割りなんです。僕はすごく生意気だったので、コールハースの真似をするなら批判精神を加えなければいけない、時間を重ねていくことが自分のやることだと思っていました。

市川　都市の時間のなかで建築を考えようとすることでは、アルド・ロッシの影響もあるのかなと想像したのですが、いかがですか。

山梨　『a＋u』に掲載されていたテキストを読む程度でしたが、たしかに、ロッシを参照していた覚えはあります。彼は「墓場のような都市をつくる」と発言していて、それは大事な視点だと思いましたね。ロッシのデザインには歴史や人間が持つイメージの重なりがあると解釈した覚えがあります。

市川　山梨さんが学生だった八〇年代前半から半ば、日本経済は調子がよくて、いまとは全然違う社会状況だったと思うんですが、大学の雰囲気はどうでしたか。

山梨　いまと比べるとオプティミスティックでしたね。僕らが小学生のときに大阪万博があり、丹下健三さんや黒川紀章さんをテレビでよく見ていたから、大きな建築をつくり、都市を改革するのが建築家の使命であると真に受けて、メガストラクチャーに憧れていました。そうはいっても、現実の世界はすでに変質し始めていたんですが。

五十嵐　八〇年代後半は僕も学生でしたが、たしかに、みんな巨大なものをつくっていましたね。

◈いまに続く、卒業設計のテーマ◈

山梨　今回のインタビューを前に、最近の仕事と卒業設計を見比べてみたんですが、意外にも一貫性がありますね（笑）。「木材会館」（二〇〇九年）で木とコンクリート、ガラスというエイジングが違う素材を組み合わせたり、「桐朋学園大学音楽学部調布キャンパス一号館」（二〇一六年）で素材感のあるコンクリートとガラスを対比させたりしているのは、まさに卒業設計でやろうとしたこと。「GREEN HOUSE」の温室をバイオスキンに進化させたのが「ソニーシティ大崎（現NBF大崎ビル）」（二〇一一年）ともいえます。

それから、躯体を「あらわし」とするのも学生時代と変わりません。現代の大型建築というのは、躯体をクラッディング（外壁の被膜材）で隠してやさしい顔をしています。でも、建設現場に行くと、荒々しい躯体が見えるじゃないですか。現代建築の中に隠れている躯体をリスペクトしたいという思いがあるんです。「ホキ美術館」（二〇一〇年）や「On the water」（二〇一五年）も派手な格好をしていますが、これらも躯体そのまま。あまり装飾は付けたくないけれど、禁欲的過ぎるのもいやなんですね。

同じことはやりたくないから表現はいつも違うけれど、学生時代に考えたことが、いまの仕事のベースに流れているんですね。頑固というか、発展性がないというか（笑）。

五十嵐　これまでいろんな方にインタビューしましたが、案外そういうお話をされることが多いです。

山梨　実は大学院生のとき、田中文男棟梁に木造の手ほどきを受けたことがあって、そこで学んだことは木材会館で活かされたと思っています。研究室でつくばの都市計画をやっているとき、職人さんが研究室に出入りしていたんですよ。うるさいオヤジだなあと思ったら、田中棟梁だった（笑）。当時、木造建築の設計の移築のプロジェクトを進めていて、僕はあの有名な学者棟梁とは知らず、田中棟梁率いる真木建設に二カ月ぐらい通いました。田中棟梁という超有名人の横に机を構えて図面を描きながら、木造の基本的な考え方を教えていただいた記憶があります。当時は何に役に立つのかわからなかったけれど、いま振り返ってみると本当に貴重な体験をさせていただきました。

◈ 新しいものづくりをリードする ◈

五十嵐　山梨さんは卒業設計のイベントなどで審査員をやられていると思いますが、最近の卒業設計を見てどんなことを感じていますか。

山梨　日本では模型が重視されている傾向がありますが、つくりながら思考しているような模型を見ると共感を覚えますね。箱庭療法ではないですが（笑）、設計者の心理を映す面白い模型があるんですよ。

世界を見るとCGのドローイングが主流ですが、日本は模型に対して異様な発展を遂げているから、世界で戦うならドローイングより模型を徹底的につくり込んだほうが面白いかもしれません。例えば、模型をつくりながらスキャニングして、自分のつくりたいものをリアルタイムに解析していくようなことができれば、もっと広いものづくりにアプローチできるかもしれない。

ドイツで進んでいる「インダストリー4・0」をはじめ、いま世界中のものづくりがマスカスタマイゼーションを目指しています。でも建築の分野では、コンピュータでいかにマスプロダクションを効率化していくか、つまり単一のものをいかに合理的につくるかにとどまっている。新しいものづくりの方法はまだ見つかっていないのです。

アパレルの分野ではZOZOTOWNがZOZOSUITをつくって、採寸したその人にしか合わない服を

山梨知彦／日建設計＋勝矢武之／ NSD「木材会館」2009 年

上：山梨知彦＋羽鳥達也＋笹山恭代＋石原嘉人／日建設計「桐朋学園大学音楽学部調布キャンパス1号館」2016年
中：山梨知彦＋中本太郎＋鈴木隆＋矢野雅規／日建設計「ホキ美術館」2010年
下：日建設計／山梨知彦＋恩田聡＋青柳創「On the water」2015年

つくるとか、面白いことが始まりつつある。でも建築の分野でそういうことをやっている人はいない。模型重視の建築設計をしている日本こそ、コンピュータと模型を組み合わせることによって、そういう唯一無二のマスカスタマイゼーション的なつくり方を生み出すことができるかもしれません。これに建築界が成功すれば、ルネサンスの時代のように、建築があらゆる産業に影響を与え、ものづくりの頂点に立てる可能性もある。

市川　すごく面白い話ですね。

山梨　僕は実務家で、建築家といわれる人とは違うものづくりを考える組織にいるから、そういうことを考えるんでしょうね。多くの建築家が危機感を持って「建築という職能は消えていく」と言うけれど、消えていくのではなく変わろうとしているのであって、建築こそマスカスタマイゼーションをなし得る。僕らが発信できるチャンスは広いと思っているんです。

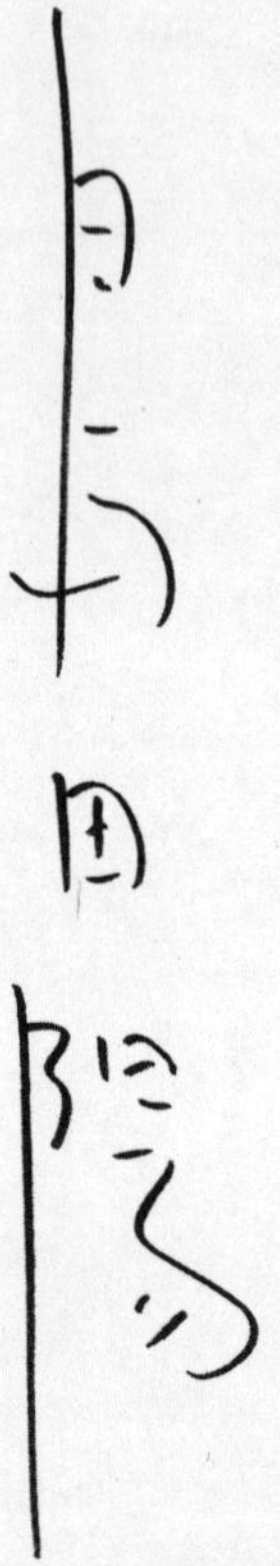

卒業設計

三万九八〇〇円ハウス

（緊急避難住宅）

1995

聞き手　市川紘司

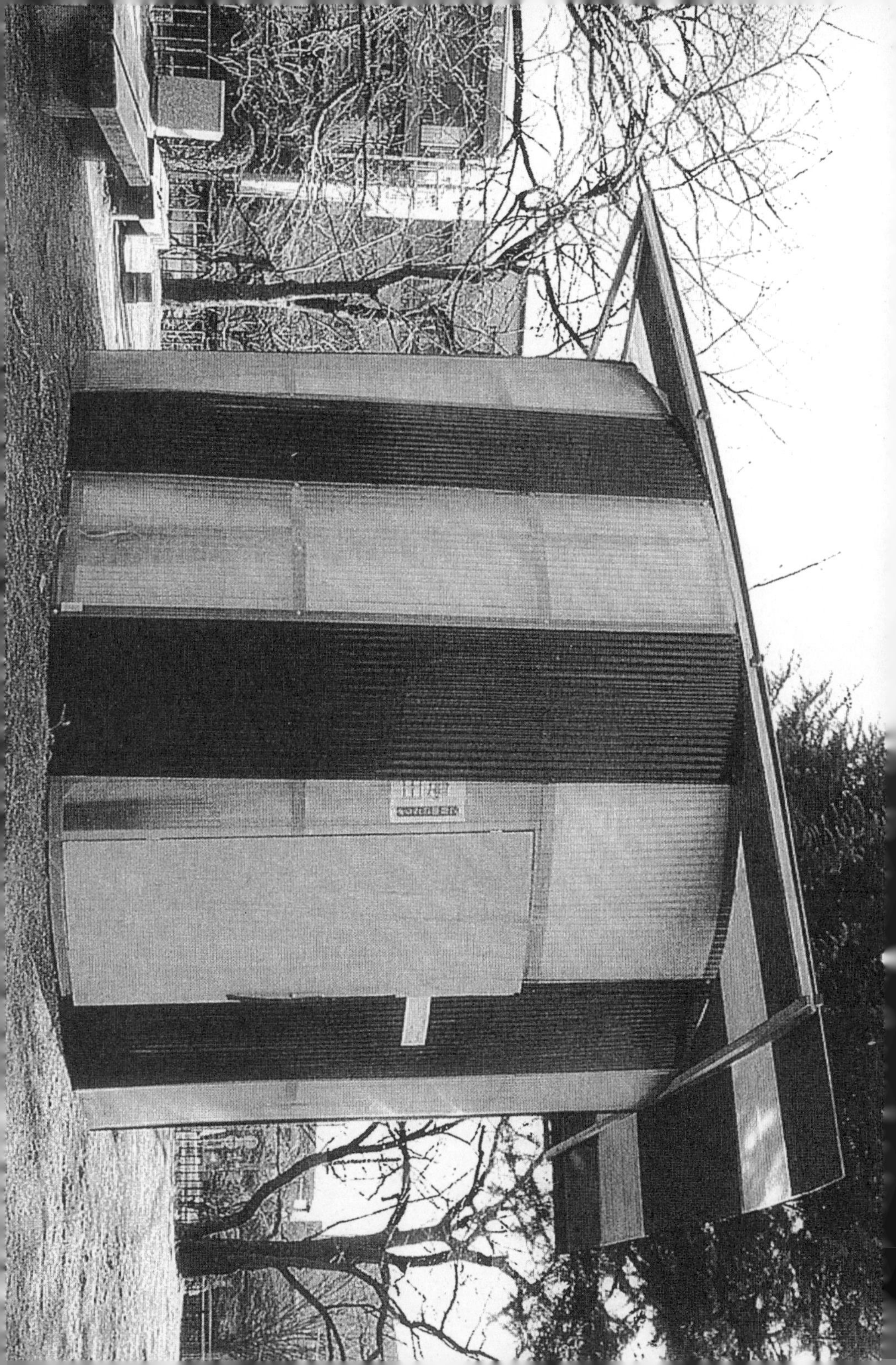

◈デコンからセルフビルドへの転換◈

市川　島田さんの卒業設計は、セルフビルドだったそうですね。

島田　はい。緊急避難住宅をつくりました。僕が学部を卒業したのは、阪神・淡路大震災が起こった一九九五年で、震災前日も大学で卒業設計の準備をしていました。深夜にアパートに帰って布団に入ったころです、ドーンと大きく揺れたのは。僕の実家は神戸ですから、慌てて帰ろうとしたんですが、電車は動いていないし、道路状況もわからない。原付バイクにガソリンを積んで、神戸に向かいました。

震災直後の神戸は、まるで空襲でも受けたかのような雰囲気で、人を助けたり、復旧作業を手伝ったりしながら、現地でしばらく過ごしていました。でも、「いろんな事情はあるにせよ、卒業設計を提出しないと卒業できない」と大学から連絡があり、急いで京都に帰ったんです。そのときには、震災前に考えていたことはふっ飛んでいましたね。

市川　震災前はどのようなことを考えていたんですか。

島田　図書館みたいなものをつくろうと考えていました。真っ当な卒業設計ですね。時流もあって、デコンストラクション（脱構築）みたいなデザインを考えていたんです。ところが神戸に行ったら、街がデコン化している。三宮の東急ハンズの前から街を見て、「日本ではデコンが終わった」と強く思ったのを覚えています。そんな状態ですから、デコンのようなデザインをしたいという気持ちは失せ、いまの自分は何をすべきか考え直したんです。期限が迫っているからといって、いままで考えていたことを慌ただしくまとめるのは違うだろうと。

市川　震災後、デコンなんてやっている場合じゃないという、ヒリヒリした気持ちがあったということでしょうか。

島田　そうですね。リアリティのあることやろうと、当時まだ建っていなかった緊急避難住宅、あるいは避難所に必要に思えた個室、応接室のようなもの

制作中の様子

を考え始めました。それも、あらかじめ備蓄しておくものではなく、ホームセンターに行けば五万円程度で手に入るような材料で、お父さんがひとりでつくれるようなもの。

市川　ひとりで施工されたということですか。

島田　僕が通っていた京都市立芸術大学では、それぞれ進級制作があるので、後輩が卒業制作を手伝う習慣もなく、そうはいっても卒業設計のシーズンですから、みんなワイワイ楽しそうに制作しているのに、僕は外でひとりさみしくつくっていました（笑）。

（写真を見せながら）どういうものかというと、波板を円筒形に立てて、その上にちょっとむくりをつけた波板を載せて屋根にしています。外側から見える細い柱のようなものは、構造体ではなく、いわば波板を留める治具です。厚さ三ミリぐらいのベニヤ板を五センチに切ったものをわっか状にして、三センチの角材で支え、波板を取りつけています。そうやって波板を円筒形にして、それ自体を構造にしています。ただ、円筒形は強度があるとはいえ、それだけでは足りないので、荷造り用の紐と棒を使って内部に引張力をかけ、構造体を外に反らせたりしました。材料費は三万九八〇〇円におさまりました。

◈ 模型や図面より、実物で勝負する ◈

市川　図面は描いたうえで制作したのでしょうか、それとも、即興的に組み立てたのでしょうか？

島田　図面はきちんと描きました。四畳半に外接する円を描いて、どういう立面にすれば屋根が架けられるのか、ドアや庇はどうするのかを検討したりして、即興的というより計画的につくりました。でも、提出したのはわら半紙みたいなものに印刷したチラシです（次頁）。図面というより、組み立て要領書ですね。ここに、「波板八尺（二四二〇ミリ）」と書いてありますが、既製品をカットしなくてもいいようなスケールで考えています。

市川　島田さん以外の同級生は普通に図面を描いたり模型をつくっていたりしたんですよね？

(一人で作れる)緊急避難住宅の作り方(¥39800)

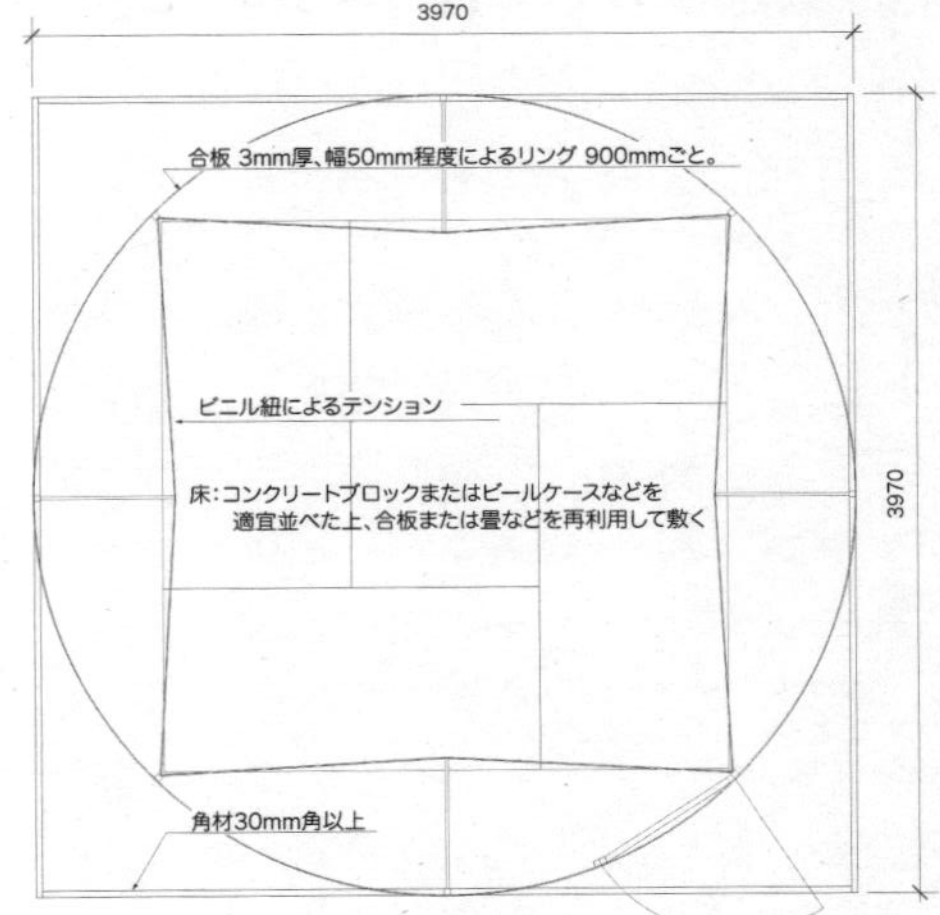

平面図

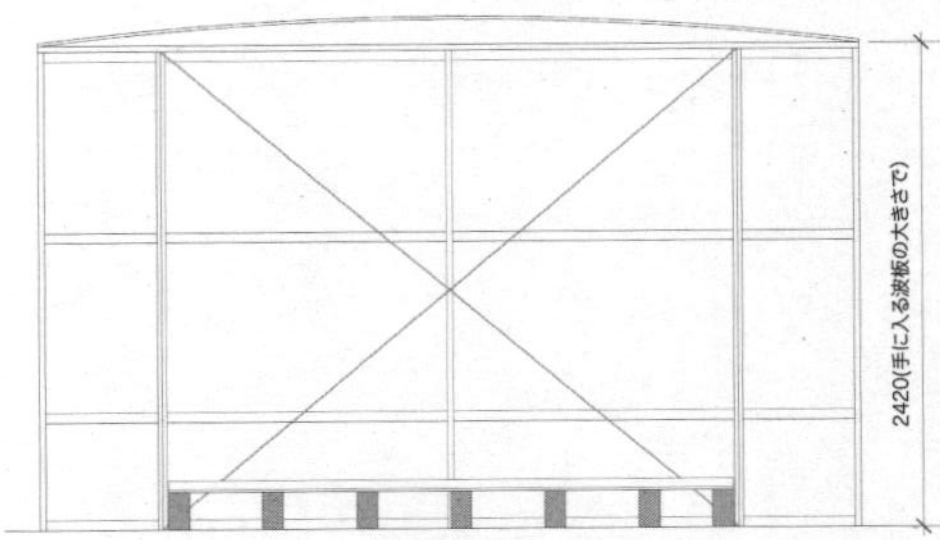

断面図

材料:
塩ビ波板8尺(2420mm)15枚
トタン波板8尺(2420mm)19枚

30×30 角材　4m×4本 3m×4本
30×15 角材　4m×4本 3m×4本
ビニール紐

30×30角材を組む

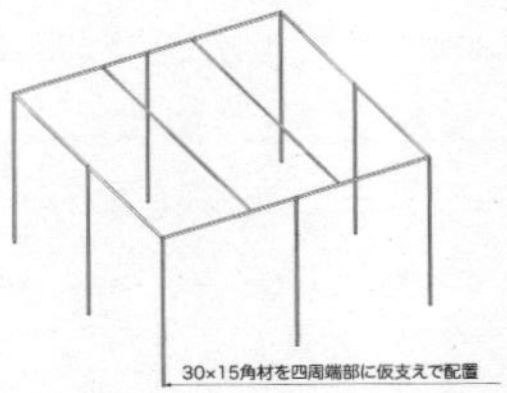

屋根下地に30×15角材を円弧状に反らせて ビス止め。
5cm幅にカッターで切った3mm合板を円状に取り付ける。
四周の30×15 仮支え材を円の内側に移動

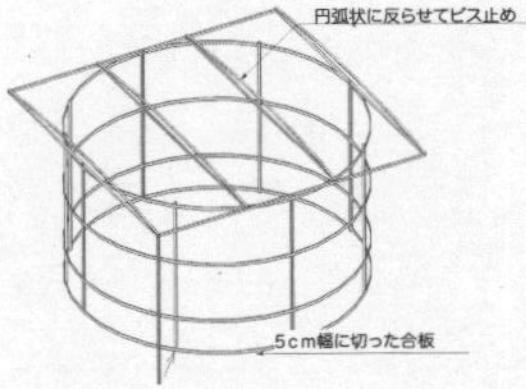

内側にX字状にビニル紐を張り端材で
外周に向かってテンションをかける

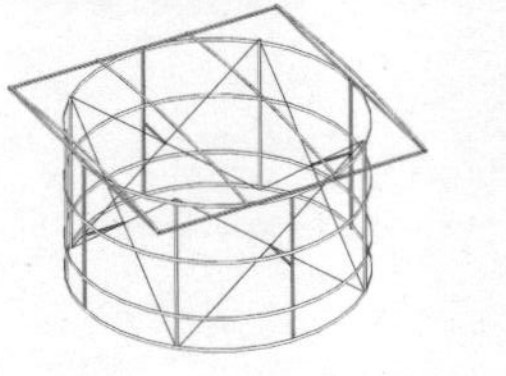

波板を取り付け、一部をドアにする。

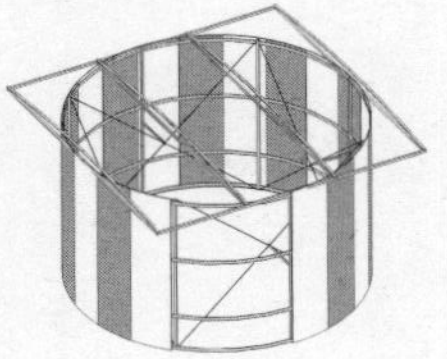

屋根に波板を張る

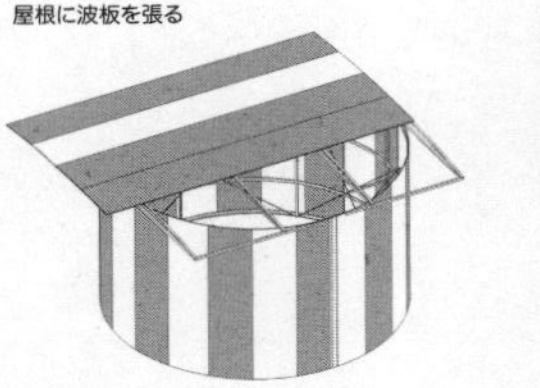

ビール箱、コンクリートブロックなどを敷いて合板を敷き
畳(あれば)を敷く

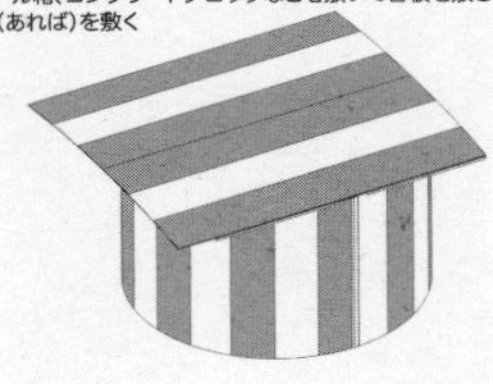

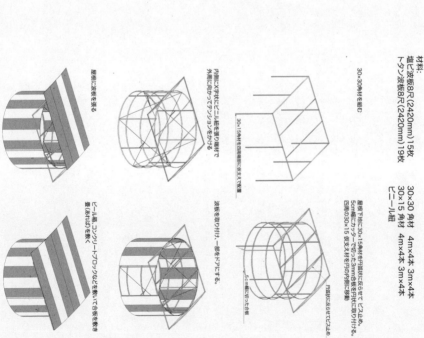

島田　そうですね。僕は、毎年何人かいる実物派のひとりだと見られていたと思います（笑）。でも芸術大学ですから、実物をつくる学生はけっこうな割合でいるんです。

　当時の僕は、模型や図面の力をあまり信じていなかったんですね。彫刻家や画家も、模型や下絵をつくるけれど、それをもとに実物の作品をつくるじゃないですか。でも建築家は、実物を縮小した図面や模型しかつくらない。それを提示することにどれほどの意味があるのか、疑問に思っていたんですね。一部分でもいいから、実物を体験してもらわないと伝わらないのではないかと。そういう考えは間違いだったと、あとで反省することになるのですが（笑）。

市川　先生たちも、図面をゴリゴリ描くことだけが卒業設計ではないと思っている。

島田　うーん、卒業制作の指導らしいものはほとんどなく、学生は放っておかれていました（笑）。

市川　島田さんの作品はどのような評価でしたか？

島田　「京都市長賞」をいただきました。まず学内で建てて、京都市美術館での展覧会用に再建したのですが、当時注目されていたレム・コールハースの「コングレスポ」（一九九四年）にインスパイアされて、部分的に黒く塗ってみたんです。自分としてはちょっと気取ったつもりだったのに、会場にいたおじいさんに「葬式の鯨幕みたいで不吉やな」と言われてしまいました。たしかにそうですよね（笑）。それはデザイン次第で誤ったメッセージを与えることもあると強く意識させられた出来事で印象に残っています。

　でも、もっとアクティブにできたんじゃないかという気持ちもあるんです。あと一カ月ぐらい余裕があれば、たくさんの波板を車に積んで現地に行き、チームを組んで実際にいくつかつくることができたんじゃないか。坂茂さんがその後、紙管で仮設住宅をつくったような勢いで活動できればよかったなと……。でも、親戚や友人たちが実際に被災していたこともあり、そこまでの元気はなかったんでしょうね。当時の自分ができる範囲で、ベストを尽くしたと思います。

デザインに進んだともいえますね。

二年生のときには、文化祭の委員としてインフォメーションブースをつくりました。予算は三〇万円。学校の入り口をふさいで、卵形のドームがある構造物をつくったんです。学校の中に入るためには、まず階段を上がって卵形のドームに入るんですが、そこには音や映像が投写されていて、テンションが変わる。来場者は、そこを通過してから文化祭という祝祭空間に入ります。要するに、ハレとケを切り替える空間ですね。

これがとても面白くて、こういうことに一番近い仕事は建築家かなと。そして、気がつくと建築家になっていたという感じです（笑）。自分で仮設物をつくったことに始まり、その後、石山修武さんに影響を受けたりして、セルフビルドというのは意味があると思っていました。

市川　一方で、大学では専門的な講義や実習に取り組まれていたんですよね。設計課題はどのようなものがありましたか？

島田　住宅や美術館、ホテルといった一般的な課題で

◇セルフビルドから生まれた建築への興味◇

市川　学部一年生のときもセルフビルドでフラードームを制作されたと聞きました。

島田　京都市立芸大では、入学後にだんだんと専攻を絞っていき、途中で変えてやり直したりもできるのが特徴です。それで一年生の夏休みまでは、その後油画や日本画、彫刻、デザインなどを専攻することになる学生がすべて同じ授業を受け、その仕上げにテーマをそれぞれ考えて仲間を募って共同制作をするのです。僕らは「学校に居場所をつくろう」というテーマで、学校の中に休憩場所をつくることにしたんですが、その後日本画を専攻することになる友人が「三角形を集めればドームができるらしい」と言い出したんです。さっそく模型をつくってみたらうまくいったので、段ボールでつくってみました。面白かったのは、面積が小さいわりに内部空間が大きいということ。いま思うと、その経験から空間が人に与える影響に興味がわいて、環境

大学１年時の共同制作「学校に居場所をつくろう」1992 年

す。図面はちゃんと描かなくてはいけないと思っていたので、施工図に近いものを描こうとしていました。大学では、施工図なんて教えてくれないので、本に掲載されている図面を真似しながら描きましたね。

◈ セルフビルドだけに陥らない ◈

市川　島田さんの作品から受ける印象から、卒業設計でセルフビルドをしていたとは想像しておらず、今回の下調べでそれを知り、驚きました。大学院時代も、文化祭でセルフビルドしているんですよね？

島田　実は毎年セルフビルドで何かをつくっていたのですが、大学院時代には巨大な模擬店をつくりました。それをどうやってつくったのか、セルフビルド論を書いた覚えもあります。そのテキストがどこにいったのか、覚えていませんが（笑）。でも、セルフビルドだけでは広がりがないとも思っていました。セルフビルドってけっこう楽しいじゃないですか。その楽しさに溺れてはダメだなと。安易に趣味的な世界に閉じてしまう気がして、プロにはプロの仕事をやってもらって、プロではできないような、ちょっとしたセンスが必要なんだけど、誰に頼んだらいいのかわからない仕事を自分たちで仕上げる。そういう可能性について考えていましたね。

市川　建築家の仕事として図面を描くことと、セルフビルドを分けるのではなく、往復しながら考えるということですね。それは、いまの仕事にはどのようにつながっていますか。

島田　そうですね。カタログから既製品を選んで組み合わせるだけでは、出来上がるものに楽しさが感じられないじゃないですか。だから、既製品をカスタマイズしたり、ちょっとしたものであれば、家具製作所や鉄工所と一緒につくったりします。施工者と僕らが現場で混じり合って、仕上げていくような感じですね。

普段から、僕は施工図みたいなものを描くのですが、それは、図面は大事なんだけど、図面だけ

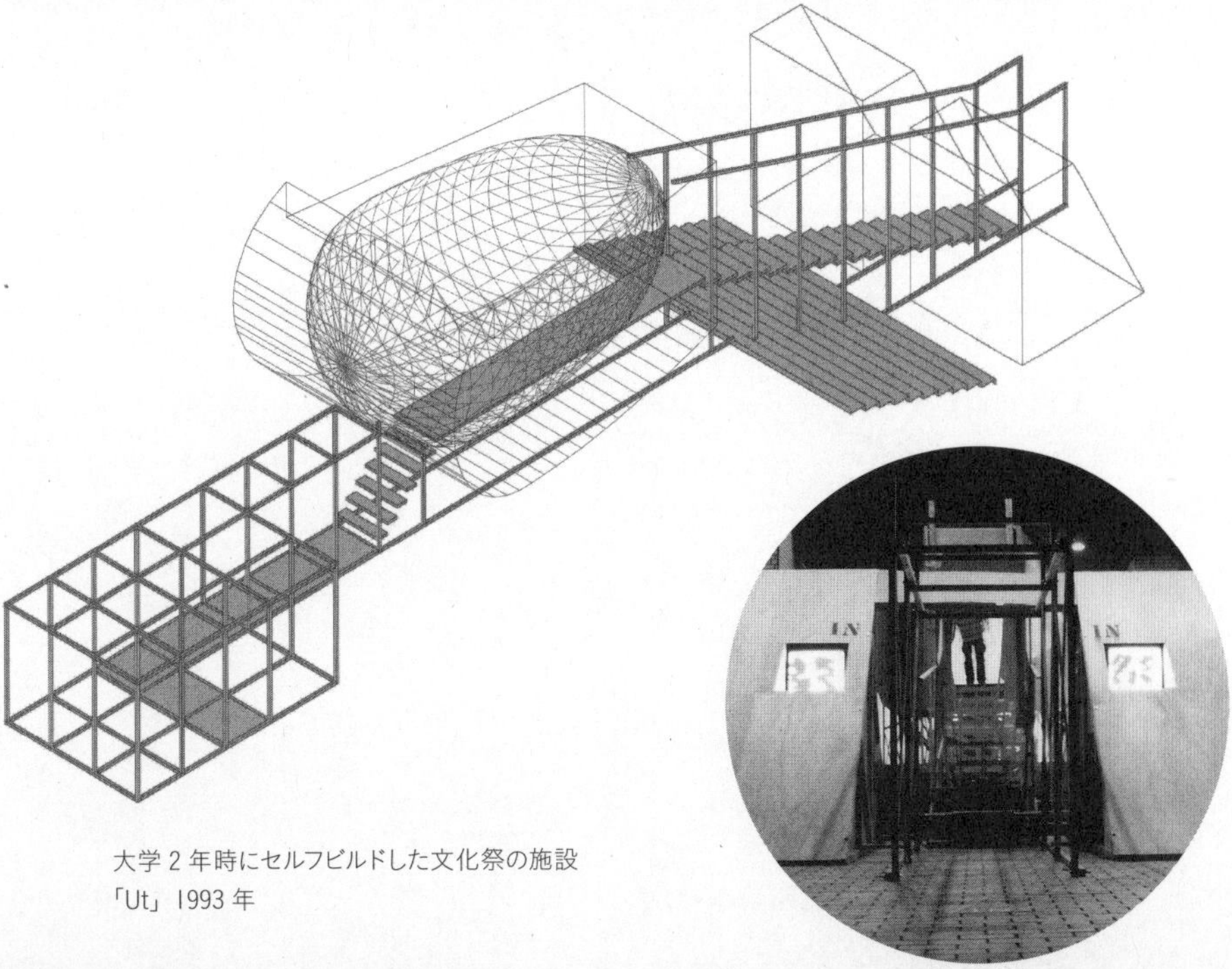

大学２年時にセルフビルドした文化祭の施設
「Ut」1993年

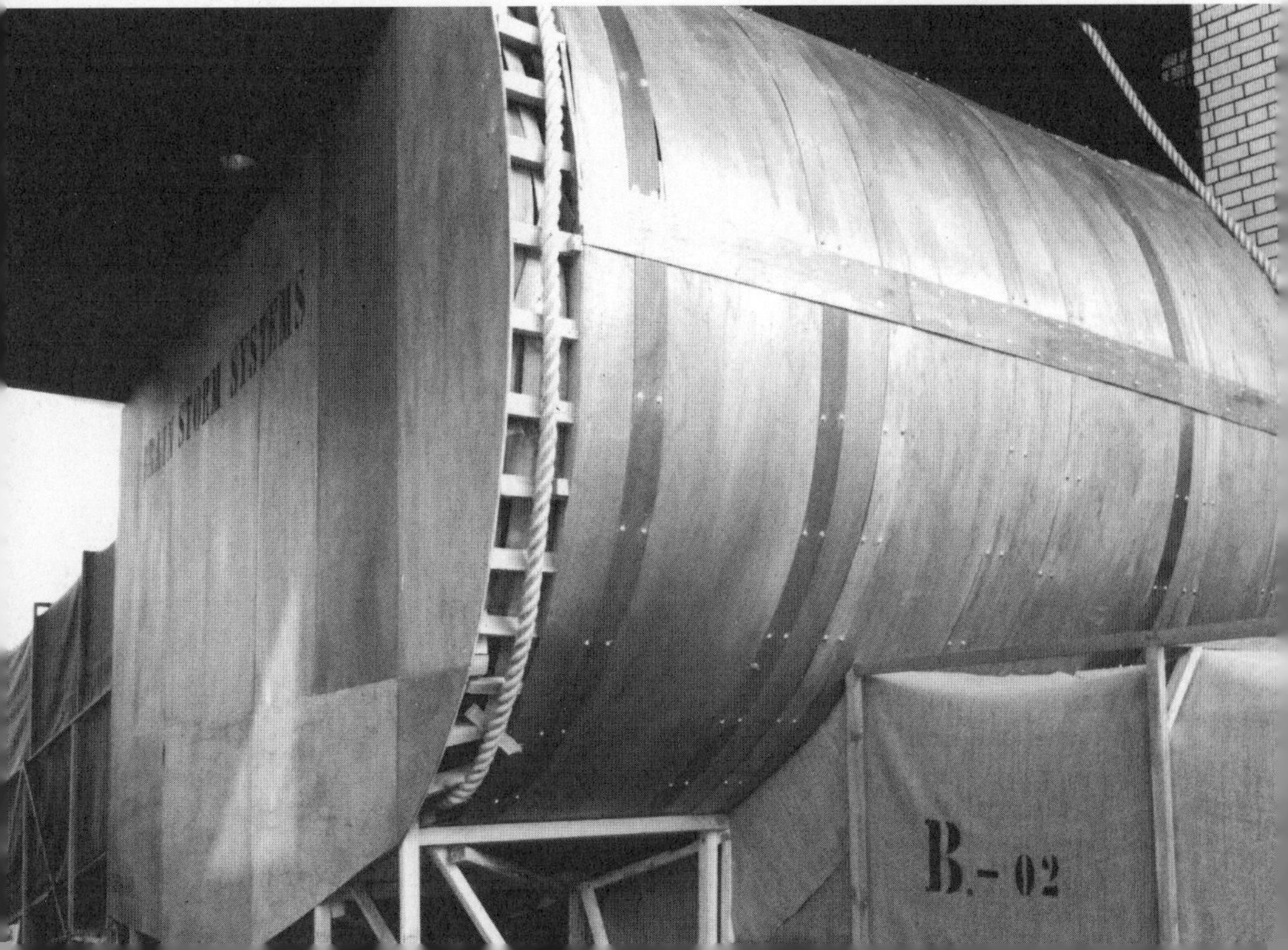

ではないだろうという思いがあるからかもしれません。一般に、建築家が描いた図面をもとに工務店が施工図を描き、それをチェックしながら詳細を仕上げていくと聞きますが、僕らは自らけっこう具体的に図面を描いてしまうからか、工務店はあまり施工図を提出してくれないんです（笑）。でもそれは、専門的な教育を受けずいきなりプロの世界に入り、見よう見まねでやってきたからかもしれません。

文化祭でつくった模擬店を面白いと思ってくれた学生のお母さんから住宅の依頼を受けたのが僕の最初の仕事です。でも、工学系の大学を出たわけではないし、建築家になった先輩もいない。どうすれば防水できるのかわからないから、それこそ彰国社の本もよく読みました（笑）。そしてオープンハウスに行って、そこに置いてある図面を見ながら、なるほど図面ってこういう順番に並ぶのかと知る。大学では教えてくれないことを独学で学んでいきました。

◈ 徹底的に自分と向き合う ◈

島田　大学時代にセルフビルドをしていたときの感覚は、いまだ脈々と、自分の中にあるような気がします。文化祭の入り口につくったドームをくぐり抜けたり、階段を上り下りしたりする。そういう身体の移動とともに視界がどう変わっていくのか、どういう気持ちの変化が起こるのかということは、いまも興味がありますね。

市川　「川西の住居」（二〇一三年）をはじめ、島田さんが設計された住宅には、建築の階段と家具の段差みたいなものを組み合わせたり、天板を重ねたりといった試みが見受けられます。それは、当時の想像力の延長線上にあるようにも見えます。

島田　そう思います。よじ登ることで浮遊感を得たり、踊り場のようなところで自分のいる場所の変化に気づかされたり、階段というのは劇的な装置ですよね。どうやったらその面白さを体験できるのか、いつも考えていますね。

また、模擬店では細長い廊下状の空間みたいな

大学院生のときにセルフビルドした模擬店「rrr」1997年

ものをつくりましたが、それもいまだによくやります。曲がったり重なったりする空間の奥行きにずっと興味があるんでしょうね。今回改めて見直して、そういう関心は学生時代から続いているんだなと思いました。

市川　二〇一一年の東日本大震災後、震災復興をテーマにする卒業設計が見られたりと、リアリティへの回帰みたいなものがあったと思います。そういう動きに対して、島田さんはどうお考えですか。

島田　それぞれのリアリティがそこにあればいいんですが、自分の中にある空間的な問題意識につながっているのか、疑問に思うことがありますね。本当にこういう空間をつくってみたいと思っているのかなと。正しさみたいなものだけでなく、自分の中の世界に向き合うことも大切だと思うんです。僕自身、震災後に方向をスパッと切り替えて緊急避難住宅をつくろうと決めてチャレンジしたから、二〇年以上経ったいまでもこうして話せるようなものになった。あのときの自分の反応はよかったと思っているんです。

　すごく貴重な若いパワーを注ぎ込む卒業設計が、点取りゲームになってしまうのはもったいない。評価を闇雲に求めるのではなく、二〇年も前に学生をやめたような連中に評価されてたまるか！　あいつらには絶対わからない！　というくらい、強い思いで取り組まないと、一生振り返ることのできるものになるかは疑問ですね。

「川西の住居」2013 年

藤野高志

卒業設計

森の都

1998

聞き手　五十嵐太郎

森の都
藤野高志

◈マンガで描いた卒業設計◈

五十嵐　ここまで徹底してマンガで描かれた卒業設計というのは、いまだに藤野さんの作品しか見たことがありません。こういう形式にしようと考えたきっかけから教えてください。

藤野　大学四年生の前期の課題で、マンガを使ってプレゼンしたことがありました。沖縄県宮古島の海岸沿いの敷地で、ソーラーカーの試験走行を行う技術研究施設を計画したのですが、潮の満ち引きで現れたり消えたりする施設を、図面や模型だけでなく、マンガを使って説明しました。当時の非常勤講師、隈研吾さんによる課題です。

五十嵐　隈さんの評価はいかがでしたか。

藤野　とても面白がってくださいました。JIA東北学生賞の最優秀賞もいただきました。私自身、楽しく取り組めたし、評価は自信になりました。

でも一方で、実際の敷地に架空の建物を設計し図面や模型で表現するという、大学の設計課題にむなしさを感じ始めていました。どうせ実現しないのなら、もっと現実にしばられない空想を描いてもよいのではないか？　そんなモヤモヤを抱えたまま卒業設計を迎えたので、現実から離れた空想上の空間で展開する物語を考えるようになったんですね。その表現手段として最終的にマンガを選びました。

五十嵐　藤野さんは東北大学のどこの研究室に所属していたんですか。

藤野　近江隆先生の都市分析学研究室です。

五十嵐　卒業設計は近江先生に相談していたんですか。

藤野　そうですね。近江先生のほかに、当時伊藤邦明研究室の助手だった八重樫直人さんにもエスキスしてもらっていました。

実は、迷いながらも、当初はもう少し建築的なことを考えていたのです。東北大学の川内キャンパスは広瀬川を境に仙台の中心市街と切り離されているので、いっそのこと川に架かるすべての橋を落とし、道もインフラも閉鎖すれば、キャンパスは人の立ち入らない陸の孤島＝聖域になると考えました。人が姿を消したあとの廃墟での一〇〇

宮古島太陽電池
藤野高志
日本列島の南西のはずれに位置する癒しの島。

僕はここで太陽の力を使いたい。

この建築に次のことを要求する。

太陽電池およびソーラーカー研究の機能を備え、
その内容を公開せよ。

太陽を背負って島を走る、
生きた自然がこの場所にはある。

その感覚を与えよ。

観光業が産業の重要な位置を占めるこの島では、観光客の足としてレンタカーの利用率は高い。

島は閉じた空間ゆえにエネルギー供給の変換が容易で、電気自動車が普及していく可能性は高い。

宮古島の太陽高度は高い。

僕らは「ここが日本か。」と疑いたくなるような宮古の環境について何を思い、どう進むべきなのか。

考えてみた。

ソーラーカーをレンタルしよう。

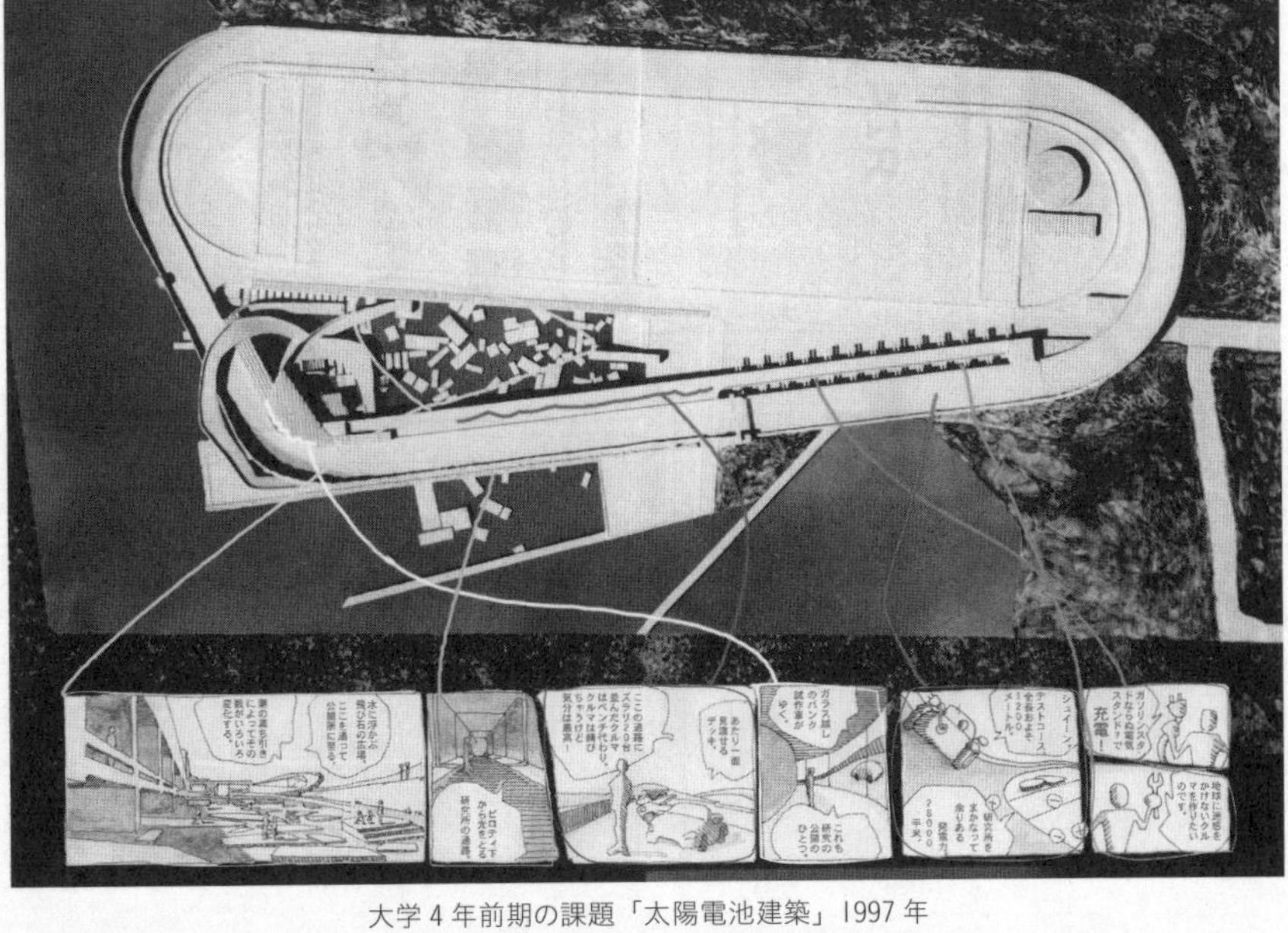
水に浮かぶ飛び石の広場。

ここを通って公園際に至る。

ピロティ下から光をとる研究所の通路。

ここの道路にズラリ20台並んだクルマはベンチ代わり。クルマは錆びちゃうけど気分は最高!

あたり一面見渡せるデッキ。

ガラス越しのバンク試作車がゆく。

これも研究の公園のひとつ。

シュイーン
テストコース全長およそ1200メートル。

ガソリンスタンドならぬ電気スタンド?で充電!

地球に迷惑をかけないクルマを作りたいのです。

大学 4 年前期の課題「太陽電池建築」1997 年

年くらいの移り変わりを、市街地のある対岸から静かに眺め続ける。そのための場所として、川岸に個室を三〇〇個ほど並べた建築を計画していました。マンガの最後のコマは(九七頁)、そのイメージで描いています。

五十嵐　あの絵はそういう意味なんですね。

藤野　はい。でも聖域の変遷に興味があるのに、それを眺める建築の設計を主題にするのは不純じゃないか、と思い始めたんですね。そこで結局は、架空の都市を設定して、自然と人の有為転変の物語を膨らませていきました。時系列を表現したくて、映画の絵コンテみたいなものを描いたりしました。最終的にマンガにシフトしていったのは、一九九七年の暮れも押し迫ったころです。

マンガに変更したことに対して、近江先生も八重樫さんも面白いと推してくれました。でも、最後の最後まで、私がマンガと絵しか描かないことに対しては批判されましたね。

五十嵐　さすがにここまでやってしまうと、建築ではないと。

藤野　そうですね（笑）。最終的には建築の形にもっていかなきゃダメだと言われました。

森の都（97頁まで）

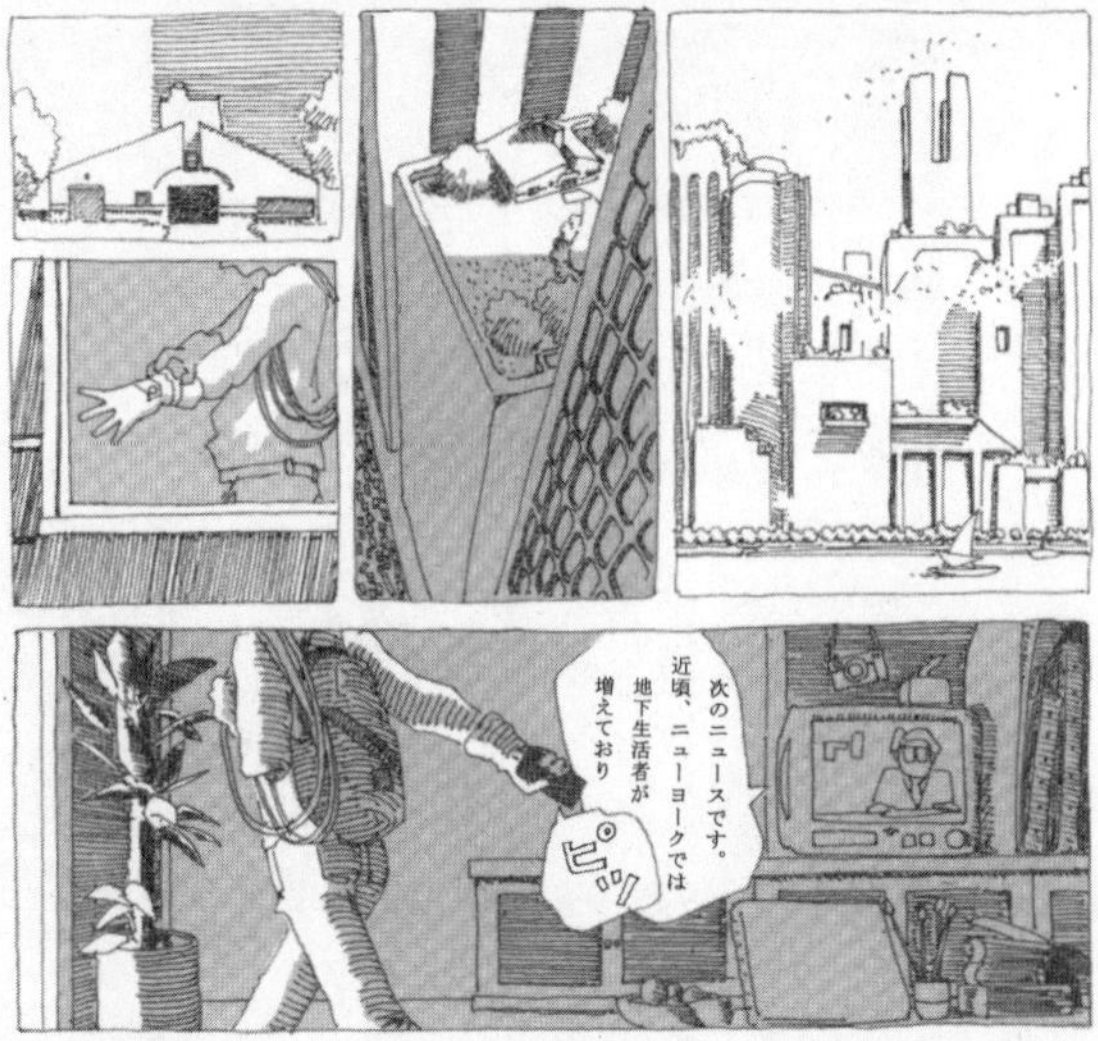

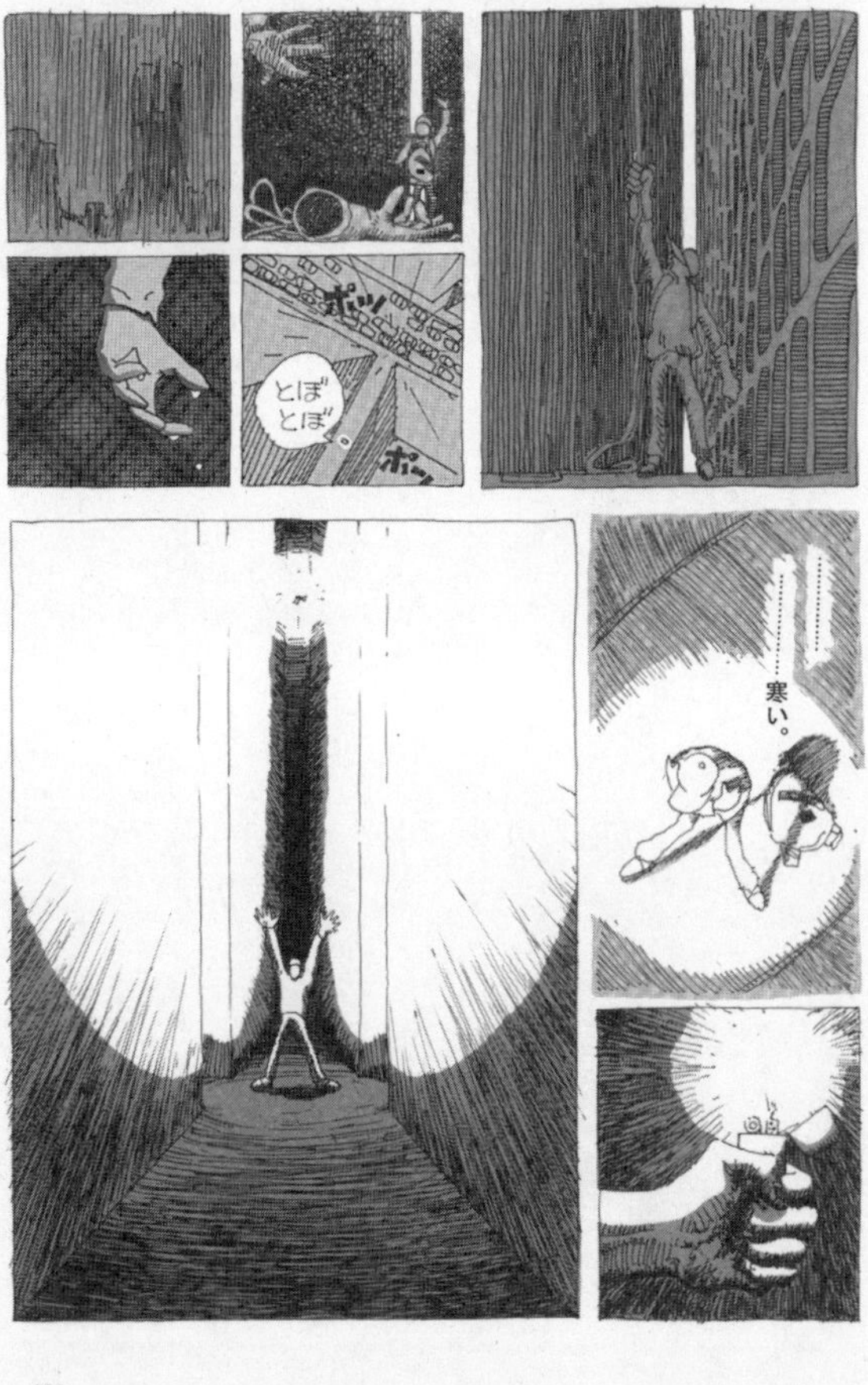

◇そして、都市には誰もいなくなった◇

五十嵐　マンガ「森の都」のあらすじを教えてください。

藤野　原生林に、文明を持つ人間が侵略してきたことで、森が都市に変貌していく。ここで描いた都市はニューヨークのような規模のメガシティを想定していて、超高層ビルの屋上庭園に建つ「母の家」に住む少年が主人公です。

五十嵐　ロバート・ヴェンチューリの「母の家」（一九六三年）をモチーフにしているのはどうしてですか。

藤野　旅立ちや巣立ちのイメージを示すために、シンボリックなものがよいと思いました。彼は母の家を出て、屋上庭園からロープで地上に降り、暗くさみしい路地をとぼとぼ歩いていると雨が降って

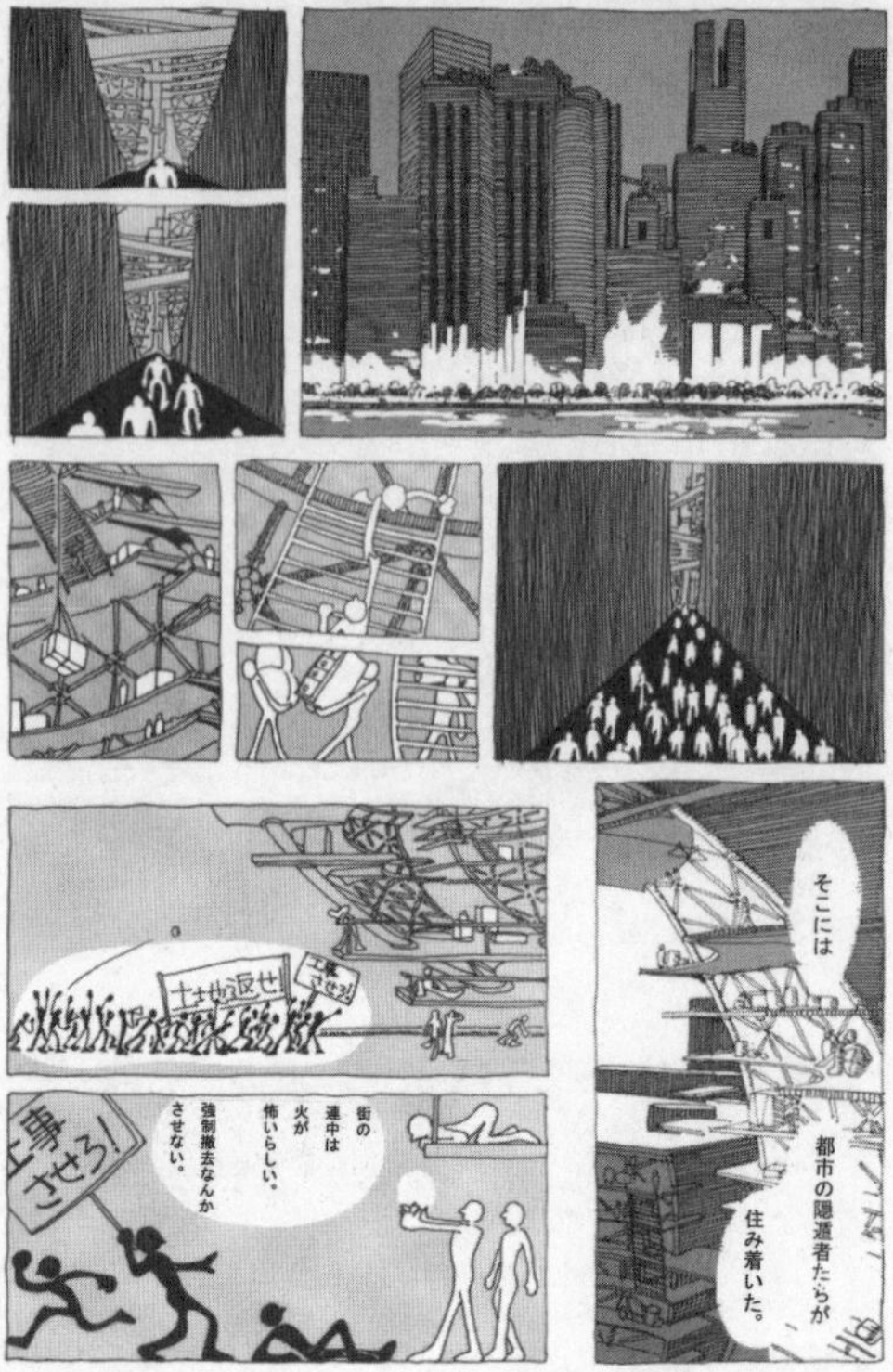

きます。寒さを感じた彼は、ライターに火をつけて宙に放り投げる。すると、その光に照らされた周囲の建物がボコッと欠き取られ、球状のヴォイドが生まれます。そのヴォイドに「都市の隠遁者」が集まってくる。こうして都市を占拠する隠遁者たちを、私は白いシルエットの人間として描きました。

　自分たちが暮らす都市の一部を占拠し始めた隠遁者たちに対し、黒いシルエットで表現した都市の住人は「土地を返せ」「建物を返せ」という運動を起こします。すると、隠遁者たちは、それに対抗して火をかざす。すると、都市の住人たちは逃げていきます。隠遁者たちは、都市の住人が火を怖がることを知っていて、ライターを使いながら都市を切り拓いていく。彼らが占拠したスラムのようなヴォイドが都市の中にどんどん増殖していくわけです。

五十嵐　都市の住人が火を怖がるということには、何か意味があるんでしょうか。

藤野　動物は、火を怖がりますよね。

五十嵐　都市に住んでいる人たちは、森を切り拓いた文明人のはずだけど、隠遁者にとっては、野生動物のような存在ということですか。

藤野　そうです。都市の住人は都市の複雑系のバランスを保とうとする先住民的存在、一方で隠遁者は侵略者的存在として描いています。

五十嵐　侵略者は都市の住人より新しい文明人として設定されている？

藤野　都市を焼いて侵略し、都市の恵みの一部を自分たちの豊かさに変えていく知恵を本能的に持つ、新しい人類です。「隠遁」とは本来、俗世を離れ山などに隠れ住むことですよね。このマンガに登場する隠遁者は、大都市を豊かな自然環境に見立て、その営みのなかに隠れ住むためにやってきた者たちです。

五十嵐　都市を築いた住人は森を切り拓いた文明人だったはずなのに、隠遁者の登場によって立場が逆転してしまう。最終的にはどうなるんですか。

藤野　隠遁者が都市を焼き過ぎたために、もともと都市に住んでいた人たちはそこに住めなくなり、都市を去っていきます。

隠遁者が都市を乗っ取ったかのような話ですが、都市の住人がいなくなったことで電気や水といったインフラが止まり、都市機能そのものがストップしてしまう。占拠したはずの隠遁者は、食べ物にもありつけない状況に陥る。都市に寄生してきたから、宿主の都市を維持していた住人が去ってしまうと、隠遁者の生活も成立しない。結局、隠遁者たちも都市を離れざるを得ない状況に陥ります。こうして誰もいなくなった都市を眺める主人公の少年が最後のコマに再び登場します。

実はこのシーンはマンガの冒頭につながっていて、よく見ると一ページ目の原生林の中に、ヴォイドによって欠き取られた高層ビルの残骸が描かれています（九〇頁）。都市は朽ち、森に埋もれ、遥か未来になって、再び新たな人類によって切り

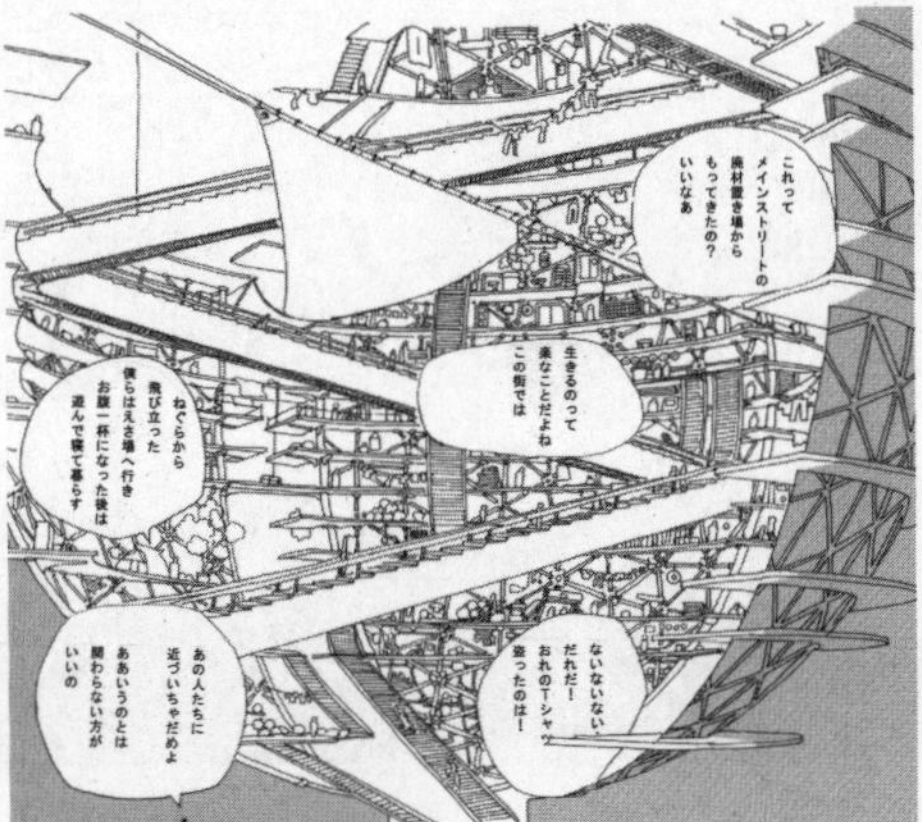

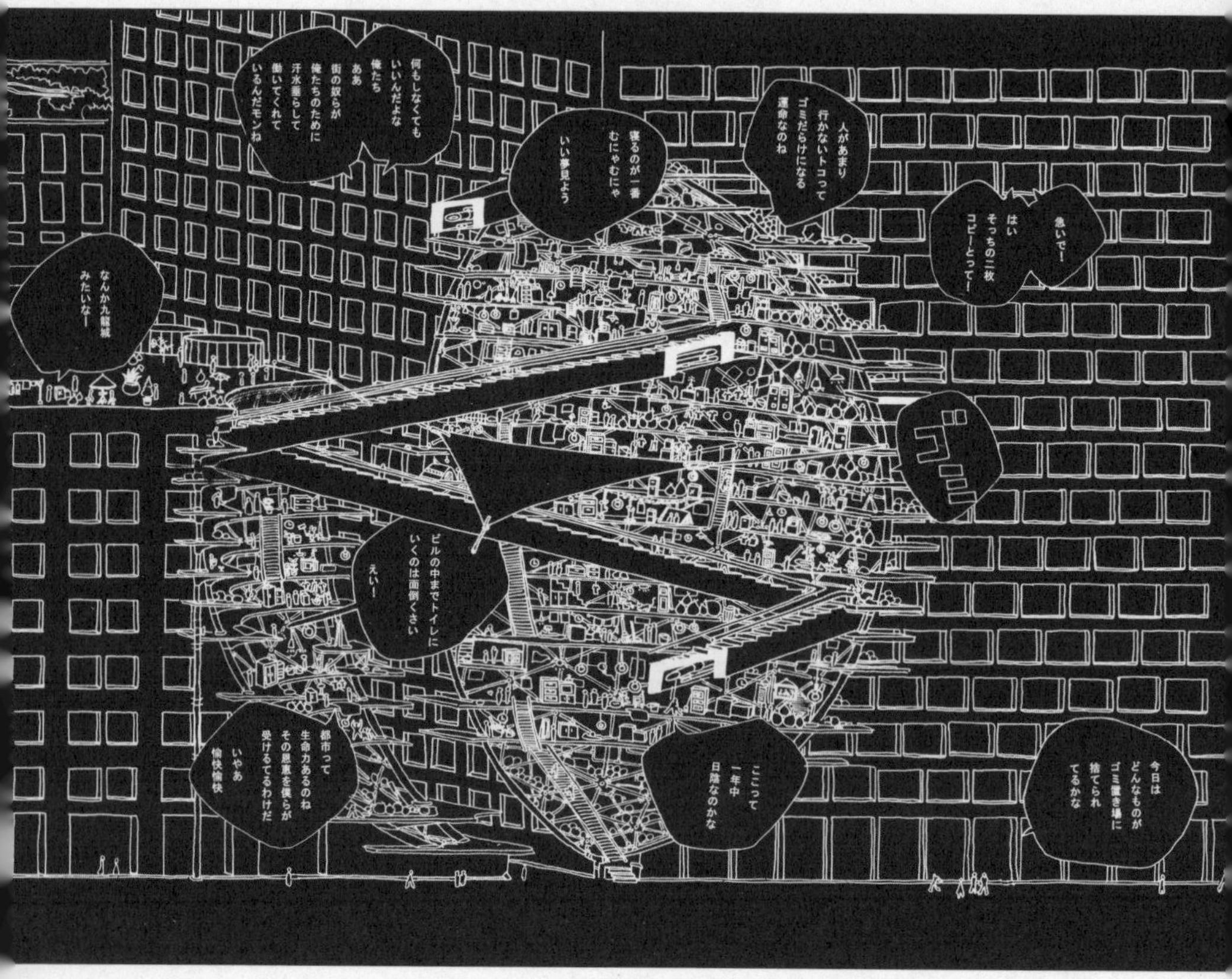
急いで！
はい そっちの二枚 コピーとって！
人があまり 行かないトコって ゴミだらけになる 運命なのね
寝るのが一番 むにゃむにゃ いい夢見よう
何もしなくても いいんだよな 俺たち ああ 街の奴らが 俺たちのために 汗水垂らして 働いてくれて いるんだモンね
なんか九龍城 みたいなー
ゴミ
ビルの中までトイレに いくのは面倒くさい えい！
今日は どんなものが ゴミ置き場に 捨てられ てるかな
ここって 一年中 日陰なのかな
都市って 生命力あるのね その恩恵を僕らが 受けるてるわけだ いやあ 愉快愉快

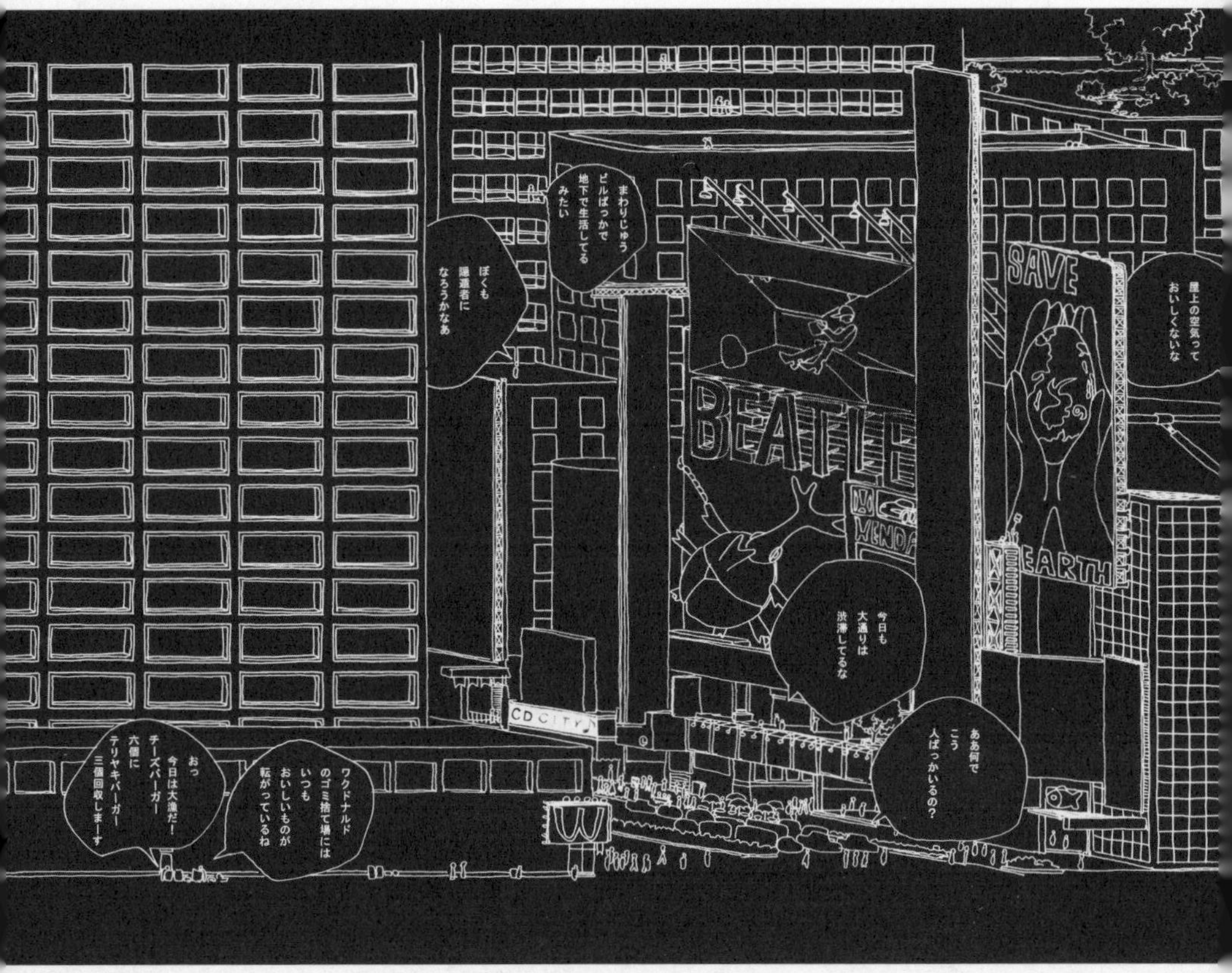
屋上の空気って おいしくないな
ああ何で こう 人ばっかいるの?
今日も 大通りは 渋滞してるな
まわりじゅう ビルばっかで 地下で生活してる みたい
ぼくも 隠遁者に なろうかなあ
ワクドナルド のゴミ捨て場には いつも おいしいものが 転がっているね
おっ 今日は大漁だ! チーズバーガー 六個に テリヤキバーガー 三個回収しまーす
SAVE
EARTH
BEATLE
CD CITY

拓かれるという輪廻のループです。

五十嵐　マンガのプロットをつくることに、迷いはありませんでしたか。

藤野　いや、迷いましたね。当初は、人間が森を切り拓き都市を築いていくプロセスに、物語の半分ぐらいを割こうとしていたんです。森への侵略と、都市への侵略を等しく表現したかった。でも森を拓くことは歴史上珍しくないし、表現も抽象的になりがちなので、都市への侵略にもっとフォーカスすべきと思い直して、都市が成立したあとの話を中心に描きました。

五十嵐　自然発生的に広がっていくスラムのようなものに関心があったのですか。

藤野　はい。香港の九龍城や、ブラジルのファベーラに関心がありました。森の生態系と九龍城の混沌は似ていると感じていました。

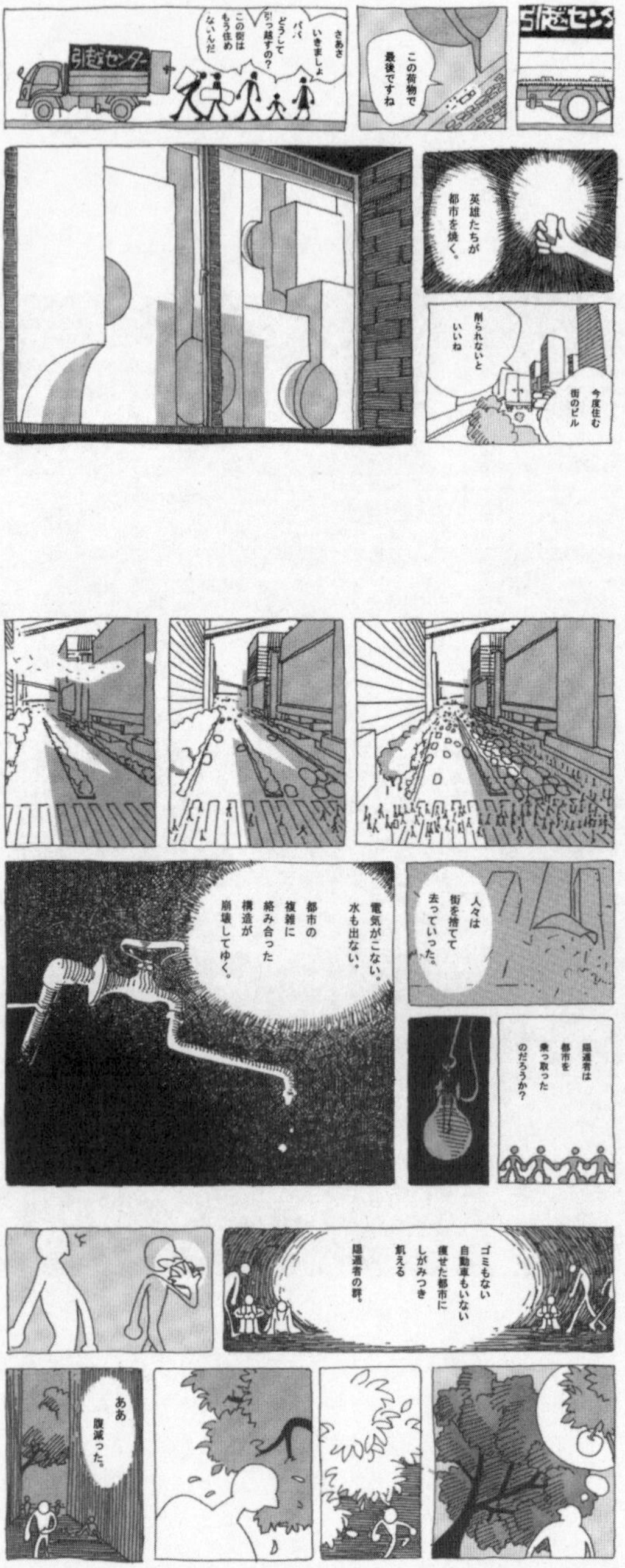

都市の恵みに寄生する存在が、やがて都市を滅ぼす。当時の私は、複雑系のバランスが崩壊していく過程に興味を抱いていたのかもしれません。正しいとされることが、気づかぬうちに自分の足下の土台を滅ぼし、別の新しい者がやってきて、新しい系が構築される。その繰り返しが、歴史の必然であると考えていました。

◈マンガと油絵で臨んだ講評会◈

五十嵐　講評会のときはこのマンガを壁に張って説明したんですか。

藤野　そうです。A1サイズで六枚になりました。でも、東北大学ではA1で一〇枚提出するという決まりがあったので、提出条件を満たすため、製図室で使わなくなったパーティションをもらって油絵も

描きました。二畳分くらいの面積の絵です。

五十嵐　製図室のパーティションに描いたの？

藤野　はい。当時ちょうど製図室が改装中で、処分するというから引き取ったんです。布クロスが張られたパーティションをキャンバスにして描きました。油絵はすべて手描きですが、実は事前にCGを起こしています。フロアの挿入方法やヴォリューム感、光の落ち方などをform・Zでスタディしました。

五十嵐　当時、CGを使っている人は少なかったのではないですか？　九〇年代半ばといえば、石山修武研究室の森川嘉一郎さんの「ゲームとしての国会」という卒業設計がCGで描かれていたのが話題になったのをよく覚えています。

藤野　そうですね。CGは、それほど多くなかったです。正確な光と影を描きたくて、CGをOHPシートに出力し、夜中にパーティションに投射して下絵にしました。

五十嵐　なるほど、OHPですか（笑）。たしかに、当時のプロジェクターは高価で、それほど出回っていませんでしたからね。

藤野　さらに、都市を燃やす場面の表現として、コンピュータの電子回路の写真を緑色に変換して大きく引き伸ばした紙を扉に貼り付け、それを燃やしました。整然と並ぶ電子回路の写真は、都市のように見えたんです。

五十嵐　扉を焼いた？

藤野　はい。この扉も製図室改装の廃材ですが、校舎の屋上で扉の真ん中から燃やしました。日の丸形に穴の開いた扉の燃えかすを展示して、それも含めて一〇枚だと認めてもらおうと思って（笑）。

五十嵐　講評会では、どのようにプレゼンしたんですか。

藤野　製本したマンガをオーディエンスに五〇部くらい配って物語を説明しました。当時感じていた建築の限界というか、図面や模型という形式で時間の切断面を見せるだけでは、人と空間の生のかかわり方や都市のダイナミズムを表現できないのではないかという考えを述べました。もっと長い時間軸で空間をとらえたいと。現代都市計画と建築教育に対する批判です。

パーティションに描いた油絵

五十嵐　先生たちは、どんな反応でしたか。

藤野　話がかみ合わなくて、「このスラブは何枚あるのか」「ジョイントが描いてあるけど、これは竹なのか」といった質問をされてしまいました。

五十嵐　なるほど（笑）。「このマンガの意味はなんだ」と強く追及する人がいないと、議論になりませんよね。

藤野　そうなんです。こちらの問いかけは、消化不良のまま、肩すかしの状態になってしまって（笑）。模型も図面もないということで、先生方の会議では、卒業させないという意見もあったようです。屋上で扉を燃やした一件も怒られました（笑）。でも、なんとか卒業はさせてもらいました。

◈シュルレアリスム、手塚治虫、ペーパーアーキテクト◈

五十嵐　大学では、マンガ部とか美術部に入っていたんですか。

藤野　美術部に所属していました。一年生のときは、美術部に入りびたりで、油彩をよく描いていました。

五十嵐　どんな絵を描いていたんですか。

藤野　空間がねじれている絵とか、晴れなのに雨が降っている絵ですね。マグリットとかダリとか、シュルレアリスムの画家が好きでした。バタイユを読んだりして、退廃的なものにも興味がありました。セザンヌのサント＝ビクトワール山を富士山にすげ替えた模写の絵で、仙台の大学による合同展覧会「在仙展」の賞をいただいたこともあります（笑）。

仙台では毎年文化の日に「杜の都のアート展」が開催されますが、そこでサグラダ・ファミリアをバーッと即興で描くパフォーマンスをやったこともあります。サグラダ・ファミリアは未完だから、絵も未完にとどめ、そこからちょっとずつ描き足していけばいいと。

学生時代、野鳥の会というサークルにも入っていたんですが、それが高じて環境アセスメントのアルバイトをしていました。

五十嵐　どんな仕事をしていたの？

藤野　沼に飛来する雁の数を数えたり、森で蝶やオサムシを捕まえたり、冬山でイヌワシの幼鳥を探したり……。自然環境の豊かなエリア内で大規模な開発を行う際に、絶滅危惧種や天然記念物の生物が生息していないかどうか、その生態を調べるアルバイトです。平日は製図室、週末は自然の中、という二つの環境を横断する生活でした。

五十嵐　マンガの影響も受けていますよね？

藤野　そうですね。『週刊少年ジャンプ』はよく読んでいました。

五十嵐　藤野さんのマンガの中には、なんとなく『火の鳥』を思い出すシーンがあるし、都市の描き方は、大友克洋さんの影響も感じられます。

藤野　まさにそうです。手塚治虫が描く壮大なストーリーには魅せられていました。『火の鳥』『AKIRA』をはじめ、『風の谷のナウシカ』『ジョジョの奇妙な冒険』などを読んで、それぞれの世界観に心酔しました。

五十嵐　コマ割りのあるマンガを描くのは、このときが初めてだったんですか。

藤野　はい。ふざけてマンガを描くことはあったけれど、下描きをして、スクリーントーンを貼ったりしながら描いたのは初めてです。鳥山明はトーンをほとんど使わないで『ドラゴンボール』を描いていたから、トーンの使い過ぎに気をつけようとか（笑）、宮崎駿のように影をつける線で素材感も表現しようとか、マンガ本をめくる動作によって眼前に空間が立ち現れるように感じられるパースの描き方とか、いろいろ考えましたね。いざ自分で描き始めるとマンガの技術が気になって、その研究のためお正月はマンガばかり読んでいました。だんだんコマごとのカメラワークとかが気になり出したりして……（笑）。

五十嵐　表紙に描かれた「森の都」というタイトルがレトロな感じもいいですね。

藤野　ありがとうございます。仙台は「杜の都」ですが、ここでは「森」と「都」を対峙させた作品名としました。

五十嵐　この立体構造は、竹で組んでいるんですか。

藤野　はい。九龍城の足場は竹で組まれていましたよね。それで、ここでも竹をつないでみようかと。

五十嵐　ハイテック建築のイメージとか、アーキグラムが提示していたモデルの影響も感じられます。

藤野　そうですね。磯崎新さんが『建築の解体』で触れたハンス・ホラインやアーキグラムのイメージ、そこからイタリア未来派やロシア・アヴァンギャルドにも興味を持っていたので、影響はあると思います。建築家がアンビルドのイメージを提示し、現実の建築にインパクトを与えることにワクワクしました。

◈物語としての建築◈

五十嵐　将来は建築設計の道に進もうと思っていたんですか。

藤野　そうですね。大学三年くらいから、将来は独立したいと思っていました。

五十嵐　デザイン系や計画系ではなく、都市分析の研究室を選んだ理由は？

藤野　大学三年生のとき、仙台市の西多賀という地域での課題の指導教官が近江先生で、その際の先生の言葉が刺激的で、近江研究室に入りたいと思いました。卒業論文のテーマはメタボリズムです。
　当時、京都議定書が採択され、サスティナブルな社会とはどのようなものかが問われていました。そのような状況に対し、生命のロジックを用いたメタボリズムは有効なのではないかと考えたんです。卒論は、明快な結論は言えませんでしたが、メタボリズムが建築表現に時間の概念を持ち込んだ趣旨と、その結末に興味を持ちました。ちょうど、論文を書いている最中に、八束はじめさんの『メタボリズム――一九六〇年代日本の建築アヴァンギャルド』（ＩＮＡＸ出版）が出版されました。

五十嵐　藤野さんは、「中銀カプセルタワービル」（黒川紀章、一九七二年）に住んでいたこともありましたよね。

藤野　はい。修士課程を終えた年の秋から六年間ほど借りていました。卒論の影響もあって、住んでいたときは、メタボリズムの趣旨に則りカプセルを新陳代謝させる改修計画を構想していました。アスベストが社会問題化し、アスベストを使用してい

たカプセルに手をつけにくくなったため実現はしませんでしたが。

五十嵐　修士で何を研究したんですか。

藤野　遺跡です。東北地方の遺跡を回ると、礎石だけが残っているもの、完全に復元しているものなど、さまざまな状態の遺構がありますが、鑑賞する人の頭のなかに当時の空間を立ち上げるためには、どういう仕掛けが有効なのかを研究したんです。例えば、三内丸山遺跡で復元された櫓《やぐら》状の建造物は、現代の私たちにとっては決して巨大なものではありませんが、縄文人たちにとっては、いまでいえばスカイツリーのような存在だったと思うんです。ですから、当時の姿のまま復元してしまうと、その時代の持っていたスケール感が現代人に伝わらないのではないか。むしろ復元せず、イメージを膨らませるきっかけだけが残されているほうが、その荘厳さをイメージしやすく、印象に強く焼きつくのではないか。そうした考えを、クリスチャン・ノルベルグ＝シュルツが提唱した、実存的空間、知覚的空間などの空間分類法を応用して論文にまとめました。

五十嵐　あまり都市分析らしくない研究ですが（笑）、藤野さんらしい考え方ですね。

藤野　そんな研究をしていたので、例えば出雲大社の本殿は巨大だったという説を受け、そのまま復元しようとする動きには疑問があったりします。当時とは時代がまったく異なるので、具体的な建物の復元がかえって陳腐化を招く可能性もある。例えば太くて高い柱を一本だけ立て、全体像は鑑賞者が脳内で補完するようなイメージの復元方法もあり得ると思います。

五十嵐　修士のころ、設計はしなかったんですか。

藤野　実務になりますが、芳賀沼整さんと近江先生の「都市計画の家Ⅱ」（二〇〇三年）を手伝っていました。

五十嵐　そうだったんですね。誰でも敷地内を通り抜けできることから近江先生が都市計画の家Ⅱという名前をつけたそうですが、おもな外壁が紙でできていて、内部と外部の気温差がほとんどないという（笑）、ラディカルな住宅ですよね。

藤野　はい。トイレと風呂とキッチンは離れにあり、建

「天神山のアトリエ」2011 年

物の中にテントを張って暮らす家です。

五十嵐　当時の影響でしょうか？　藤野さんの事務所（「天神山のアトリエ」二〇一一年）も内部とも外部ともいえない空間ですね。

藤野　都市計画の家Ⅱの先鋭的な室内環境に比べれば、こっちのほうが住みやすいです（笑）。

五十嵐　たしかにそうですね（笑）。都市計画の家Ⅱは、時間の経過とともに変化していくというテーマにもこだわっていました。それも、藤野さんの建築に共通するテーマかもしれません。

藤野　そうですね。完成形をイメージしていないというか、変化するプロセスの、ひとつの状態として建築をとらえていると思います。

　天神山のアトリエを雑誌に発表することになったとき、掲載される写真の植物がまだ小さな姿で、この状態が完成形に見られるのは本意ではなかったので、発表した写真はあくまでも物語の最初の姿だと主旨文に書きました。私自身、ここで二年間ほど暮らし、毎日写真を撮り、この空間の変わり続ける情景を日記として記録しました。雪の日、穏やかな午後、台風の日など。その体験から導かれた考えを小説にして、天神山の日々の写真や、ほかの建築作品の写真とともに展示したこともあります（「藤野高志／生物建築舎展：私が描いたもの、あなたの読んだこと」二〇一二年／プリズミックギャラリー）。

五十嵐　藤野さんは展覧会でも、図面や模型といった一般的な展示ではないことを試みていますね。アーツ前橋で行われた展覧会では、いろんな建築のアイデアが合体しているような不思議な模型を展示していたのを覚えています（「ここに棲む」二〇一五年／アーツ前橋）。

藤野　「キメラ」ですね。自然と人為、観念と実際、生と死といった両義的なものを共存させることを考えました。実際に生きている植物の葉の葉脈を道路に見立て、その上に建築模型を貼り付けています。建築化された動物の剥製の中に暮らす人びとの生活も模型にしました。相反するものが混ざり合い、境界が曖昧な状態を建築化したい気持ちがあります。

「藤野高志／生物建築舎展：私が描いたもの、あなたの読んだこと」2012年／プリズミックギャラリー

「キメラ」2015 年（「ここに棲む」出展作品／アーツ前橋）

◈ 建築家にとって卒業設計は処女作 ◈

五十嵐　藤野さんが主宰する生物建築舎のホームページに卒業設計を載せているということは、卒業設計を重要なプロジェクトのひとつと位置づけているということですよね？

藤野　そうですね。卒業設計のときに考えたことは、自分にとって決定的だった気がしています。アンビヴァレンツな状態をどう統合するか、真逆と見られるもののなかに類似性を発見していく視点は、自然と人為を混ぜ合わせていく生物建築舎の仕事に連続している気がします。

　私たちは建築に植物を取り入れることが多いですが、そうすると、植物の成長や衰えによって空間はどんどん変化します。竣工してお施主さんに引き渡した後の住宅にもよくお邪魔して写真を撮らせてもらうのは、竣工したら終わり、という感覚がないからです。

　卒業設計を通して、時間とともに変化していく空間への興味に気づかされたというか、そもそも時間と空間は一体的なものだと自覚したんでしょうね。いま振り返ると、時間を表現できるメディアを探して、マンガという手法に辿り着いたのだと思います。

五十嵐　卒業設計を控えている学生さんに向けて、一言お願いします。

藤野　卒業設計は一生に一度のことで、いままでの自分を振り返る大切な機会だと思います。建築の課題を解くことにこだわらず、自分がいま考えていること、疑問に思うことを全部吐き出せばいい。そして卒業設計は、建築家や他大生の目に初めて触れる個人作品にもなる。自分が世に出る処女作をつくるぞ、ぐらいの気持ちで臨んだらいいのではないでしょうか。

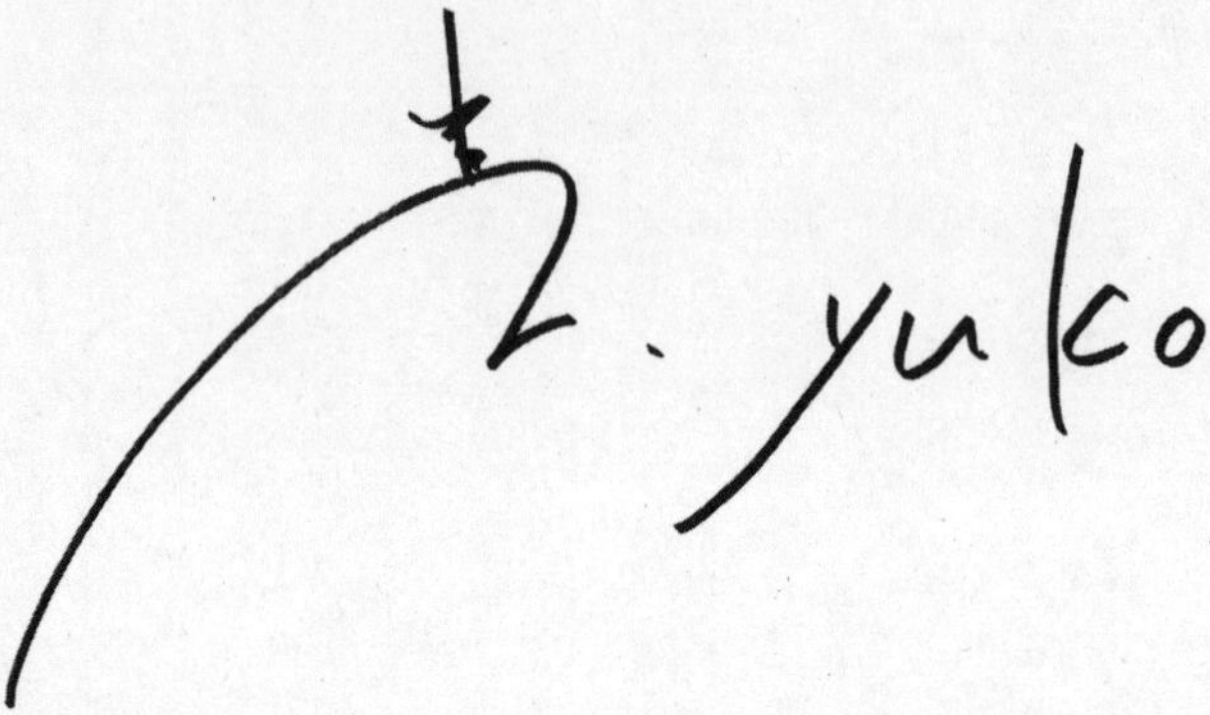

卒業設計

PLATE・PLACE・PLATFORM

1 9 9 8

聞き手　五十嵐太郎

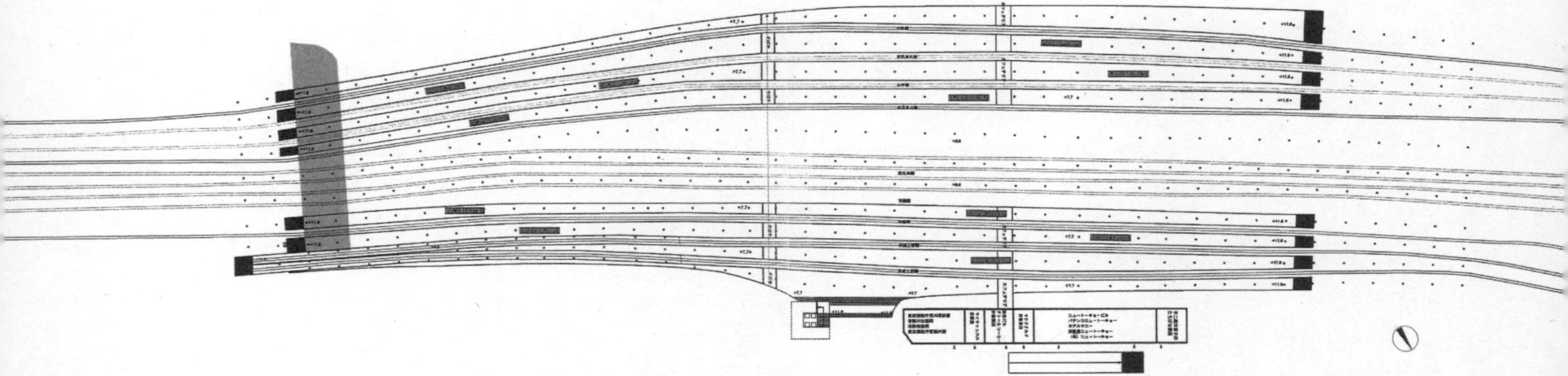

+6.6 → +11.6 PLAN 1:500

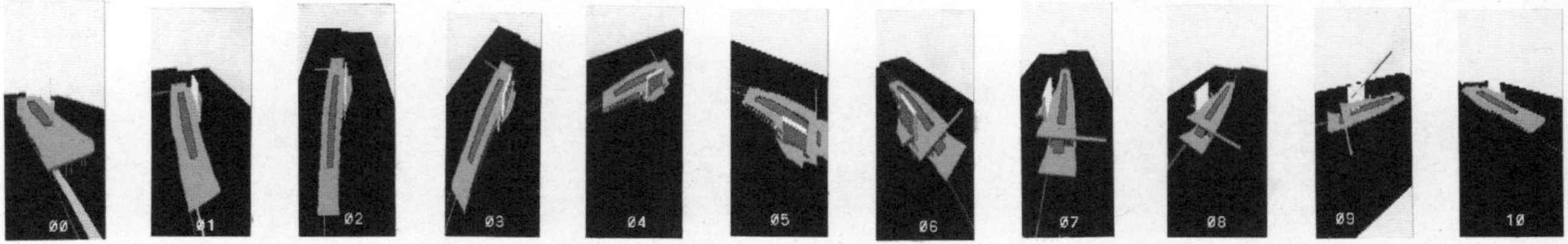

◈ 素材感あふれるポートフォリオ ◈

五十嵐　これは永山さんのポートフォリオですか。

永山　はい。つたないものですが、二年生の住宅課題に始まり、ハーフミラーや調光ガラスを使った渋谷駅前のモニュメント「BLACK HOLE」、原美術館の建替え計画、ベトナム・ホイアンの民家のリノベーションなど、卒業設計までの作品をまとめています。

これは三年生のときにつくった阿佐ケ谷駅の建替え計画なんですが（次頁上）、改札から徒歩一分圏内、五分圏内……とエリアごとに舗装材を変えています。素材によって駅までの距離感を可視化、触覚化させようとしました。駅に向かう途中、足元の感触がアスファルトからコルクに変わると「急がなきゃ」と感じられるんです（笑）。

五十嵐　なるほど面白い。表現もカラフルですね。

永山　素材に興味があったので、いろんなものを組み合わせています。模型にお菓子を使うのも好きで、ここでは五分圏内のエリアにゼリーを流し込んでいます。置いておいたらカビが生えてしまいましたが（笑）。

これは、旧山手通り沿いに設計したドライブスルー図書館です（次頁下）。本棚でおおわれた道路を車で駆け抜けるようなイメージですね。時速五〇キロで走る車が通り過ぎる約二二秒間、徒歩で通り過ぎる約五分間に感じられるファサードはどういうものか、念入りにスタディしたのを覚えています。模型の自動車は、ゼリービーンズを半分に割ったものです（笑）。

五十嵐　本はどうやって借りるんですか。

永山　インターネットで予約して受け取るような仕組みです。当時は難しかったかもしれませんが、いまなら可能ですよね。

五十嵐　図書館の課題でこういう大胆な提案をする学生は珍しかったのでは？

永山　そうですね。「また、変なものをつくってきた」と思われていたかもしれません（笑）。というのも、大学の課題では要件にきちんと応えて設計することが求められているのに、私はいつも「そも

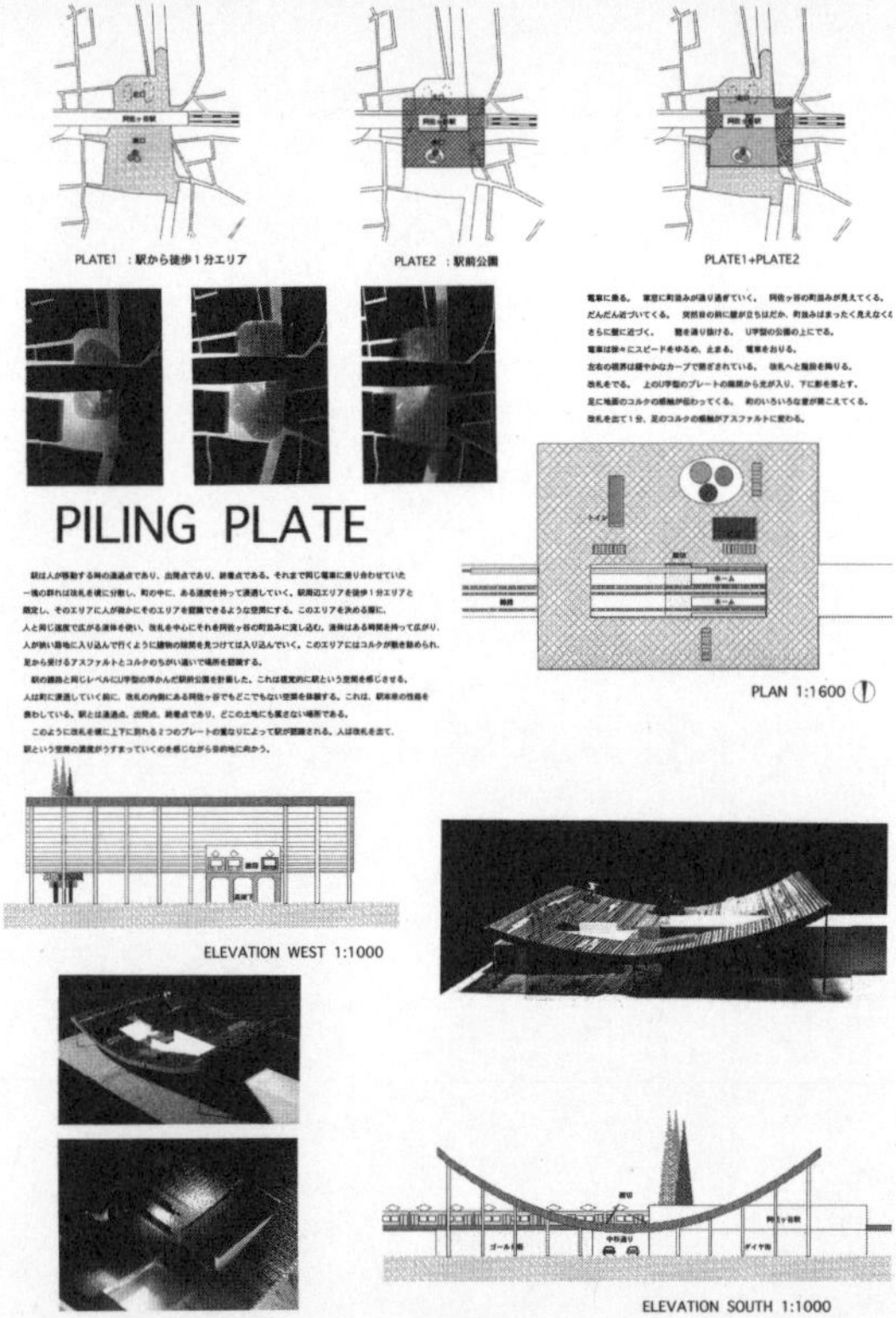

上：大学3年時に取り組んだ
JR阿佐ケ谷駅の建替え計画
「PILING PLATE」
下：大学4年前期課題作品
「THROUGH LIBRARY」

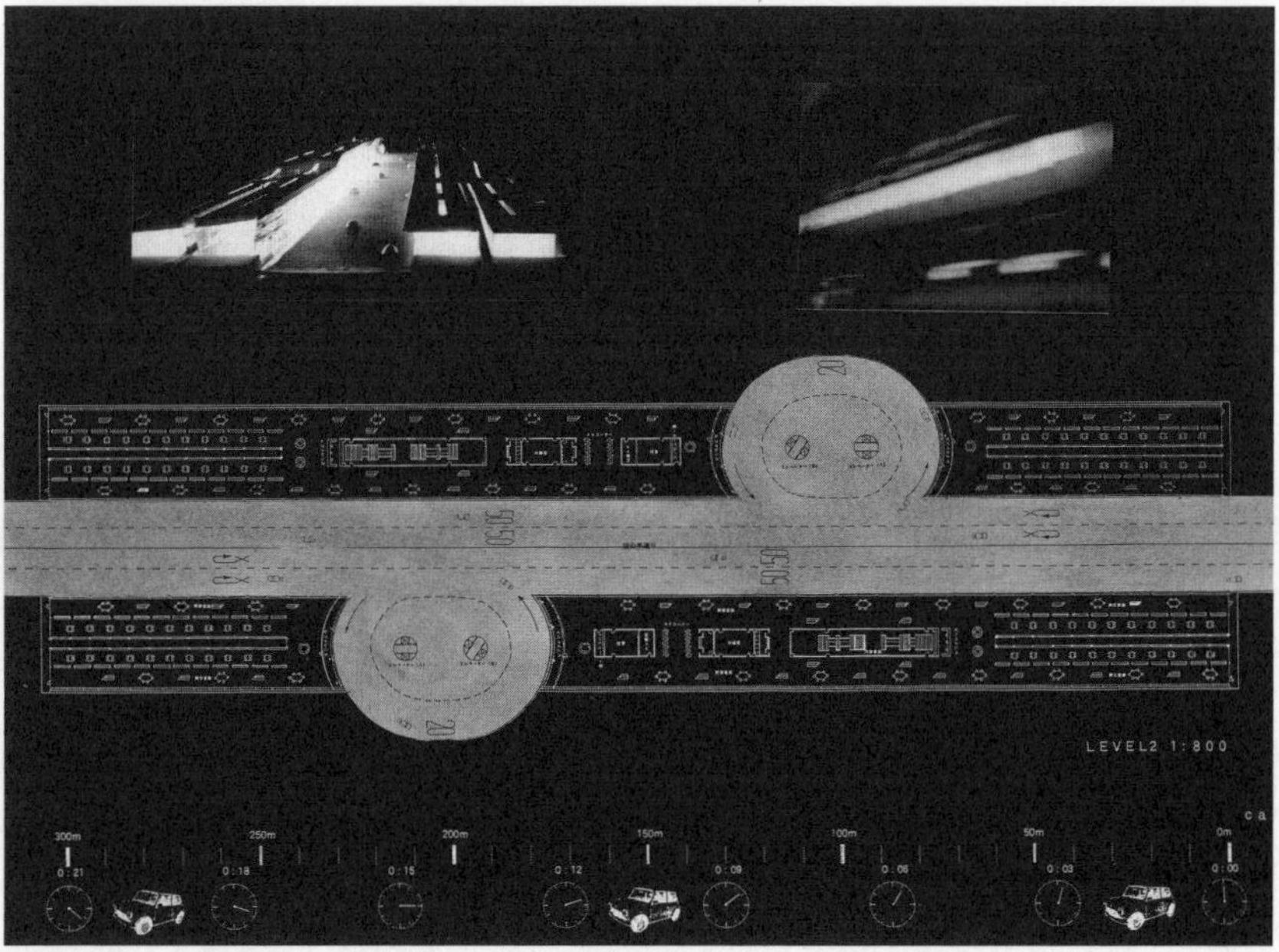

そも住宅とは？」「図書館とは？」と掘り下げて、建築ではないところからテーマを導いたりしていましたから。先生にとっては、少し扱いにくい学生だったかもしれません。

◈ 異なるコンテクストをつなぐ日暮里駅 ◈

五十嵐　こちらが卒業設計ですね。どこかの駅でしょうか。

永山　はい。ＪＲ日暮里駅です。山手線の中でも、日暮里駅は線路を境にまったく違う世界観が広がっていて、すごく面白いと思ったんですね。西側は墓地やお寺が並ぶ昔ながらの谷中エリア、東側は俗世的な雑多なまち並みが鶯谷方面まで続いている。こうした二つの異なる地域をつなぐ場所として、駅を再構築しようと考えました。線路、電車を縦糸、まちの要素を横糸ととらえ、それらを編み込みながら駅の埒内、埒外をつなぐ。横糸を通じて、東西の地域の質が駅に染み込んでいくようなイメージです。

五十嵐　たしかに日暮里駅の東西は、かなりの高低差がありますよね。

永山　ええ。その高低差を活かして、駅の上層には大きな公園を設け、西側の高台と同レベルにすることで、谷中の閑静な雰囲気を駅に染み込ませています。電車の扉が開くと目の前に公園が広がり、車内と公園が連続するようなシーンも考えました。
　また、駅の中央を持ち上げ大きな斜路を設けています。入り口からそのゆるやかな斜路を歩いていくといつの間にか下の埒内にたどり着く。そこは東側の駅前ビルが接続していて、雑多な雰囲気が感じられます。

五十嵐　永山さんが独立後、この近くで実現した「カヤバ珈琲」（二〇〇九年）は小さいリノベーションですが、駅のプロジェクトはかなり巨大で、しかもなかなか複雑な構成ですね。

永山　こうした複雑な空間を、横糸と縦糸で編み込んだ一枚の布のような空間でシームレスにつなごうと考えました。当時話題になっていた「横浜港大さん橋国際客船ターミナルコンペ案」（ＦＯＡ、一九九五年）の影響かもしれません。私が学生の

SECTION 2 1:500

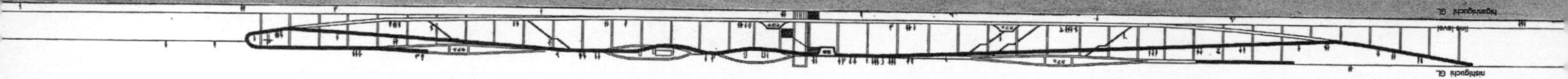

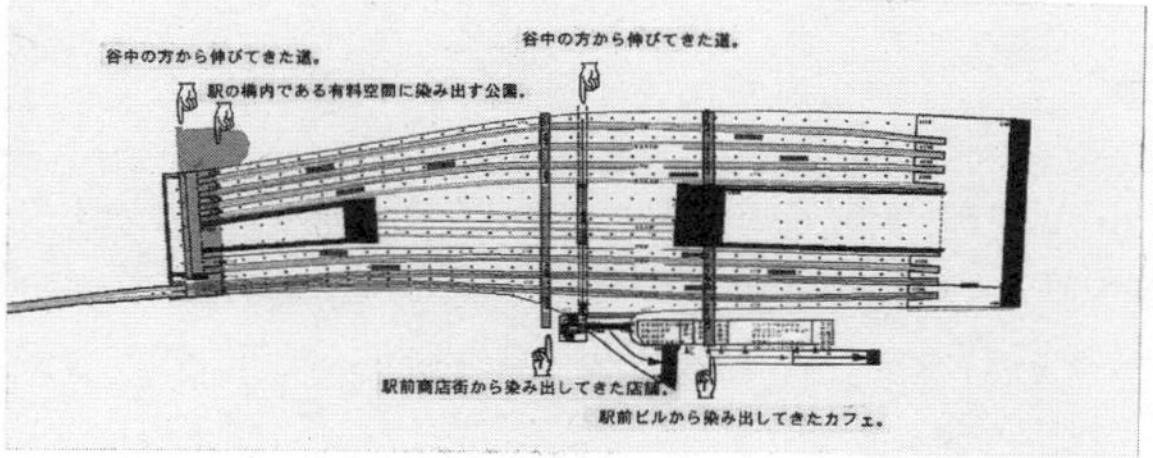

SECTION 1 1:500

卒業設計「PLATE・PLACE・PLATFORM」(117頁まで)

ころはOMAを筆頭にオランダ建築が注目され、みな刺激を受けていましたから、都市のインフラやコンテクストをテーマにした卒業設計が多かった。私もズバリその方向で、都市のインフラ空間にどんな可能性があるのか大真面目に考えたつもりです。

五十嵐　平面図や断面図のほかに、CGで描かれたたくさんのシーンも並んでいますね（一一一頁）。

永山　CGでは、それぞれの斜路の雰囲気を表現しています。当時、CGは得意じゃなかったので、知り合いに手伝ってもらいながらなんとか仕上げました。

埒内空間には、いろんな機能を複合させた場所にしようと、ホームと交差する斜路にカフェや蕎麦屋、カプセルホテルなどをつくっています。日暮里駅に到着して扉が開くと、目の前は蕎麦屋（笑）。日暮里でお蕎麦が食べたいときは、山手線の〇号車に乗ればいい。そんなイメージですね。山手線の駅がそれぞれのコンテクストに沿った機能を持ち、目的地になると面白いのではないかと考えていました。

実際、いまそうなりつつあると思うんです。品川駅をはじめ、駅の埒内が用途を持ち、目的地になっている。いろいろなところで「エキナカ」が活発に展開されているのを見ると、「私の卒業設計だ！」と勝手に思っているんです（笑）。

五十嵐　「エキナカ」が拡大を続けると、そのうち山手線が全部つながり、山手線デパートになるのではないか（笑）。外国人記者がそう発言していたのを読んだことがあります。

永山　東京の真ん中を走る山手線の円環すべてをひとつの空間だととらえることができたら、面白いと思いますね。山手線周辺には使われていない線路が残っていて、活用しきれていない場所もある。いろんな可能性が秘められているのではないでしょうか。

◈ 建築ではないものから建築を見出す ◈

五十嵐　卒業設計に取り組んだのは、どのくらいの期間

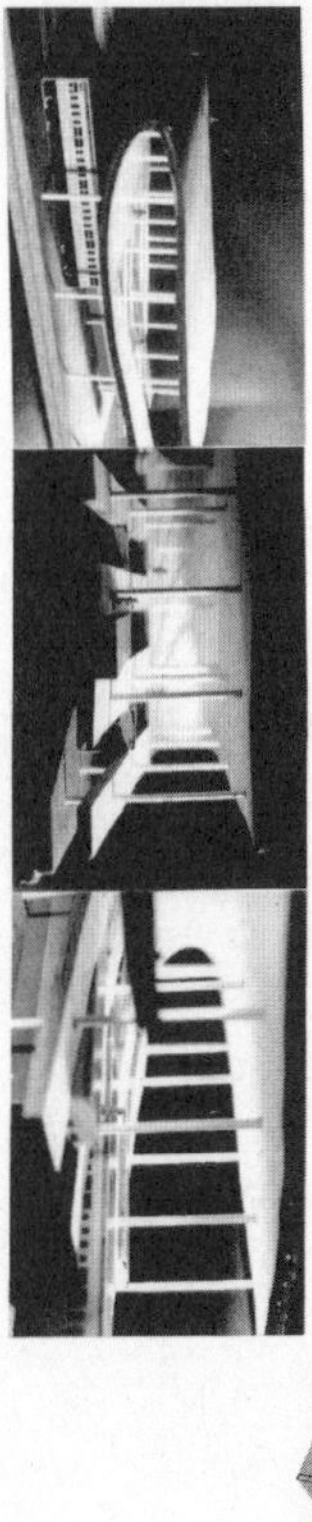

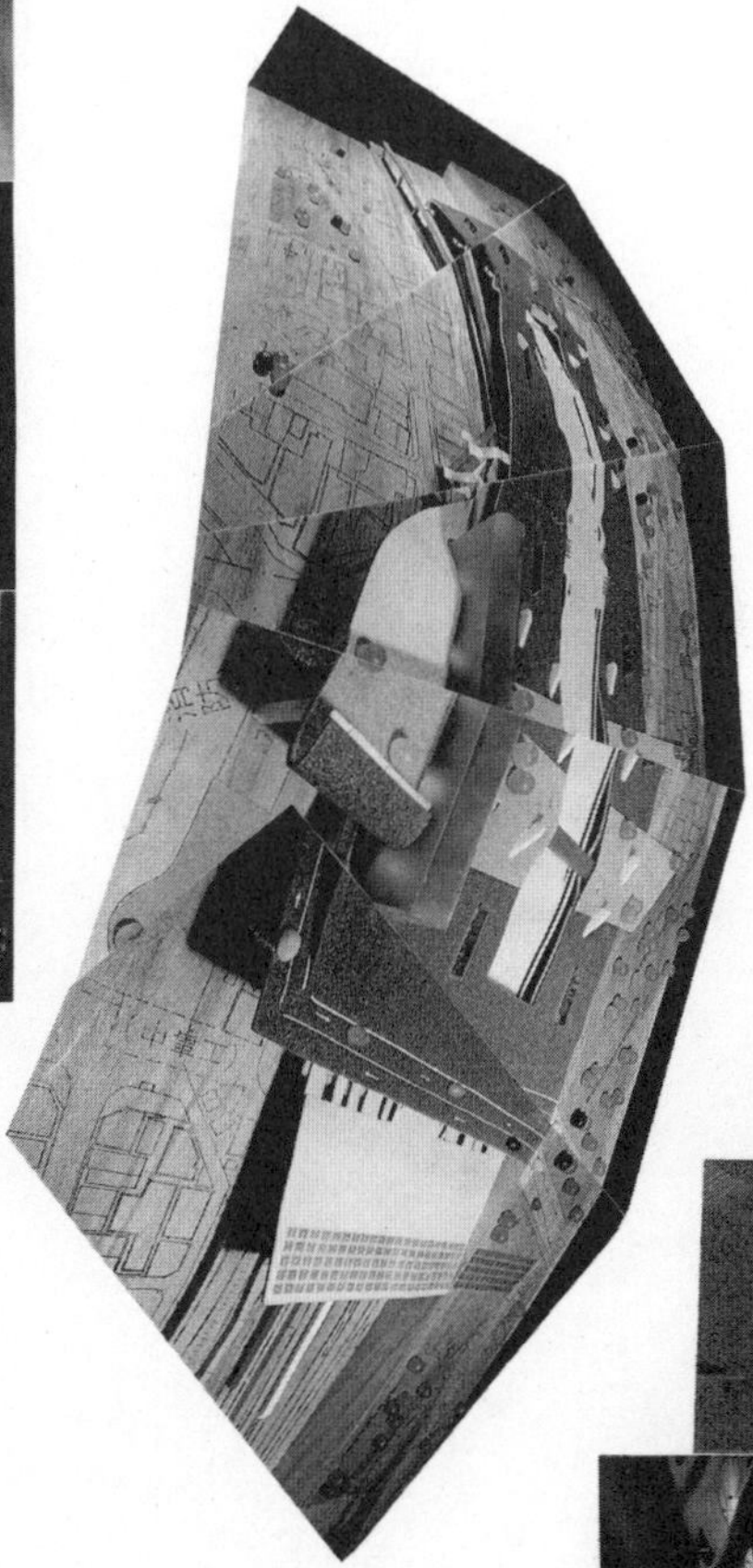

03
02
01
00

でしたか。

永山　半年ぐらいだったと思います。卒業設計を前に、どうしたらいいのかよくわからないころ、スクラップブックをつくってみたらと、そのころよく相談していたアトリエ事務所に働いていた知り合いの方にアドバイスされたので、図書館に行って、自分の心に引っかかったものをとにかくコピーして、なぜ面白いと思ったのか分析していきました。

五十嵐　（スクラップブックを見ながら）手の動きや織物とか、建築ではない視覚的なイメージがたくさんスクラップされていますね。

永山　はい。洋服の立体パターンも気になって、よく見ていました。少し太った人の服の直し方や、ダーツの入れ方とか面白いんですよ。ずっと見ていると、建築に見えてきたりするんです。

これは、ディラー&スコフィディオの作品です（「バッド・プレス」一九九三年）。シャツというひとつの形からいろんな形をつくっていくという試みは、すごく面白いと思いました（次頁下）。

五十嵐　正しくきれいに仕上げるのではなく、めちゃくちゃにアイロンがけしてシャツを造形するという作品ですね。永山さんが学生のころ、日本建築学会のワークショップ（建築文化週間'97）の懇親会でディラー&スコフィディオの話をしましたが、あのとき何年生でした？

永山　三年生です。私が彼らに興味があるとお話ししたら、五十嵐さんは資料を送ってくださいましたね。

五十嵐　ちょうどディラー&スコフィディオ論を準備していたころだったので（「D＋Sの変タイ建築論――ポストヒューマニズムの身体へ」『10＋1』一四号、一九九八年）、永山さんとお話ししたことは印象に残っているんですよ。

永山　当時、建築ではないものから建築を見出そうとしている人に関心があったんです。このスクラップブックでも、おもに建築以外のジャンルの本を見て気になったものを抽出しています。それらを建築として真面目に解釈しようと、一言ずつですが、すべてにコメントを書いていく。朝から晩まで図書館にこもりきりの作業でしたが、徹底的に自分の関心と向き合うことができて、すごくよかった

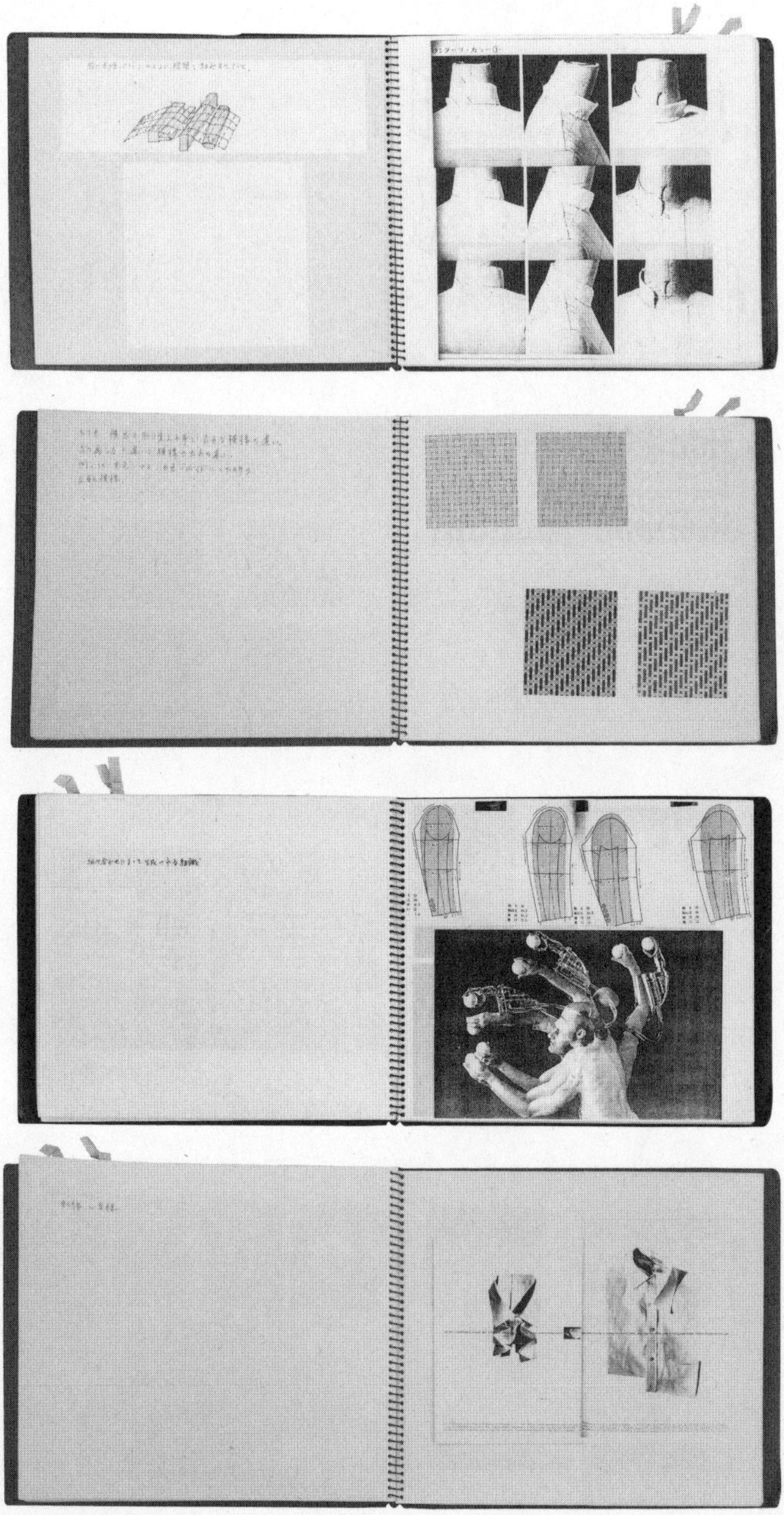

卒業設計を前に、興味のあるイメージをまとめたスクラップブック。ディラー＆スコフィディオの作品「バッド・プレス」（下）は、彼らの著作『フレッシュ（Flesh: Architectural Probes）』（Triangle Architectural Publishing, 1994）に掲載されていたもの

と思います。このスクラップブックは、独立してからもよく眺めていました。

五十嵐 いまだとインターネットなのでしょうが、こうした作業を経て、卒業設計に取り組んだわけですね。研究室の先生に見てもらっていたんですか。

永山 はい。杉浦久子先生に指導していただきました。でも当時、昭和女子大学には製図室はなかったんですよ。

五十嵐 ということは、家で作業をしていたの？

永山 はい。ほとんど学校に行かず、実家の和室を占拠して、ひたすらつくっていました。手伝いに来てくれた後輩などはいましたが、ずっとひとりで考えていましたから内向きになり、どんどん危ない方向に（笑）。

五十嵐 図面は手描きですよね。

永山 そうです。巨大な模型もつくりました。

五十嵐 模型も提出したんですか。

永山 いいえ。審査対象は図面一〇枚という規定があったので、模型は写真をボードに貼って表現しました。

五十嵐 学内での評価はいかがでしたか。

永山 実は、それほど評価されなかったという思いがあるんです。私がお手伝いしていた先輩のように、他大学の作品と一緒にレモン展（学生建築設計優秀作品展）で展示されることを目標に、かなりがんばったつもりなんです。でも結果として、学内で展示される上位作品には認められたものの、学外での出展作品には選ばれなかった。いまだったら、「せんだいデザインリーグ卒業設計日本一決定戦」に持ち込んだと思うんですが、当時はそういう機会もなく、夢を打ち砕かれて（笑）。評価してくださる先生もいたのに、どうしてだろうとずっと思っていたんです。

五十嵐 そうだったんですか。

永山 ええ、でもあとから聞いた話によると、提出規定はA1判一〇枚なのに私はA0判で提出したから評価が下がってしまったようなんです。

五十嵐 規定外だったと。

永山 私の卒業設計は巨大すぎて、A1では表現しきれなかったんです。でもそれを知ったのは、つい数年前。半分に切って提出すればよかったかなあと思いましたよ。そんなわけで、私にとって卒業設計の記憶はちょっと甘酸っぱいものなんです（笑）。

◈建築家への憧れと迷い◈

五十嵐　そもそも、永山さんが建築家になろうと思ったのはいつごろなんですか。

永山　私は女子校に通っていて、理系のクラスにいたんですが、生物物理の研究者だった父の影響もあり、大学では生物を専攻しようと考えていました。でも、あるとき友人と進路の話をしていたら、彼女が建築学科に行くつもりだと言い出した。それを聞いた瞬間、東京工業大学で建築を学び谷口吉郎研究室で「藤村記念堂」（一九四七年）の設計を手伝っていた母方の祖父のことが思い浮かび、なるほど建築という道もあるなと（笑）。祖父は病気のため二〇代で亡くなってしまったんですが、実家にはブルーノ・タウトの『アルプス建築』日本語版や設計の道具が遺されていました。そういうものが、急に自分と結びついて進路変更したんです。

五十嵐　そして建築の道に進んだわけですね。

永山　はい。でも、建築に対して迷った時期もありました。建築は実現するまで時間がかかるじゃないですか。いま考えていることが五年後にようやく出来上がる建築なんて、古いのではないか。若かりしころは、そんなもどかしさを感じていたんです（笑）。むしろ、自分の考えが瞬間的に表現できる舞台空間のほうが面白いんじゃないか。そんな思いで、舞踏の田中泯さんによる舞塾《まいじゅく》のお手伝いに行ったこともあります。

五十嵐　それはいつごろですか。

永山　三年生の夏、山梨県白州町で毎年行われていたアートキャンプに参加したんです。そこでは、舞踏、音楽、建築など、さまざまなジャンルの人たちが集まり、約一カ月間、いろんな活動が行われるんですが、私は田中泯さんと能楽師の観世栄夫さんが共演する「千年の愉楽」（原作：中上健次）

の思いを語ってくださった。

五十嵐　谷口吉郎さんが学生時代に演劇にはまっていたけれど、あるときさっぱりやめたという話を思い出しました。永山さんはシーラカンスに出入りしながら、建築の情報を得たということですね。

永山　はい。スタッフの方々にもいろんなアドバイスをいただきました。また、長坂君を通じて中山英之君と知り合い、五十嵐さんにもお会いした学会のワークショップで寶神尚史君や禿真哉君とも友だちになり、同世代の輪がどんどん広がっていった。そこから先は、迷いなく建築に進みましたね。

◈ 幅広いボキャブラリーから建築を見出す ◈

五十嵐　永山さんは、卒業後、青木淳さんの事務所に行かれましたが、それは早い時期から希望していたんですか。

永山　そのころ、青木さんが「動線体」という言葉で建築を語ったり、建築のボキャブラリーだけではなく他分野からもアイデアを得たりして建築の可能性を拡げていましたが、同時に舞台制作に携わりました。公演中、田中泯さんの後ろから落ち葉を投げたりしていたんです。私は黒子だから、後ろからしか見られなかったんですが、お二人とも本当にすごいオーラでした。その存在感だけで舞台空間が成立しているのを目の当たりにして、落ち葉なんて必要ないと思いました（笑）。

五十嵐　それはすごい体験ですね。

永山　ええ。その人間力に圧倒され、ここには私ができることはないと目が覚めました。もっと社会にコミットしたい。建築の現場をきちんと見なければと思い直し、シーラカンスのオープンデスクに行ったんです。そこで知ったのは、設計というのは数年後の竣工に向けて毎日更新されているということ。ずっと考え続けるそのプロセスの尊さに気づき、やっぱり建築はすごいと思いました。

シーラカンスはたくさんコンペに勝っていて、長坂常君、河内一泰君、馬場未織さんなど、いま活躍している同世代の面白い人たちが集まっていました。小嶋一浩さんはそんな学生たちに、自分

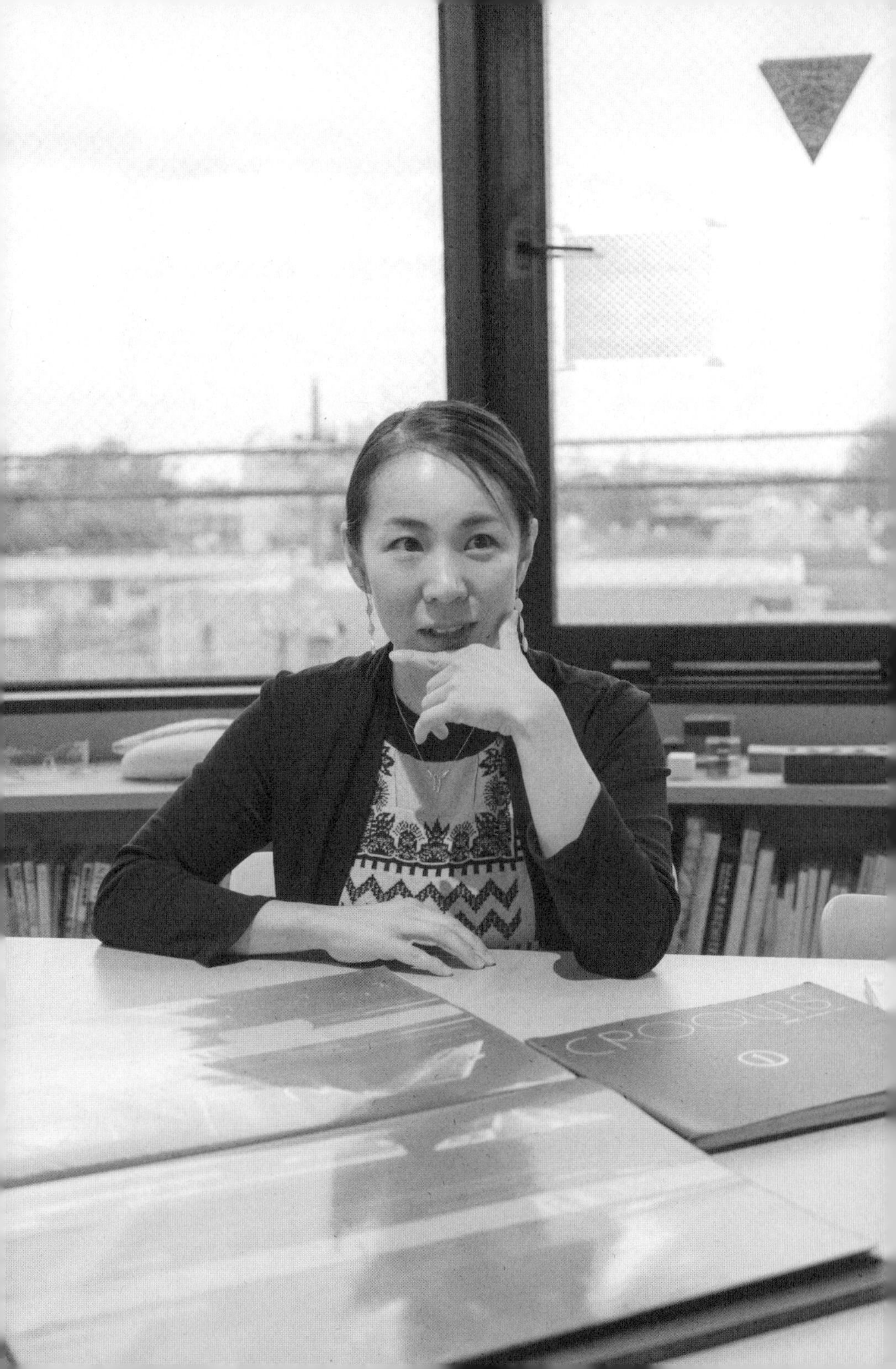
CROQUIS

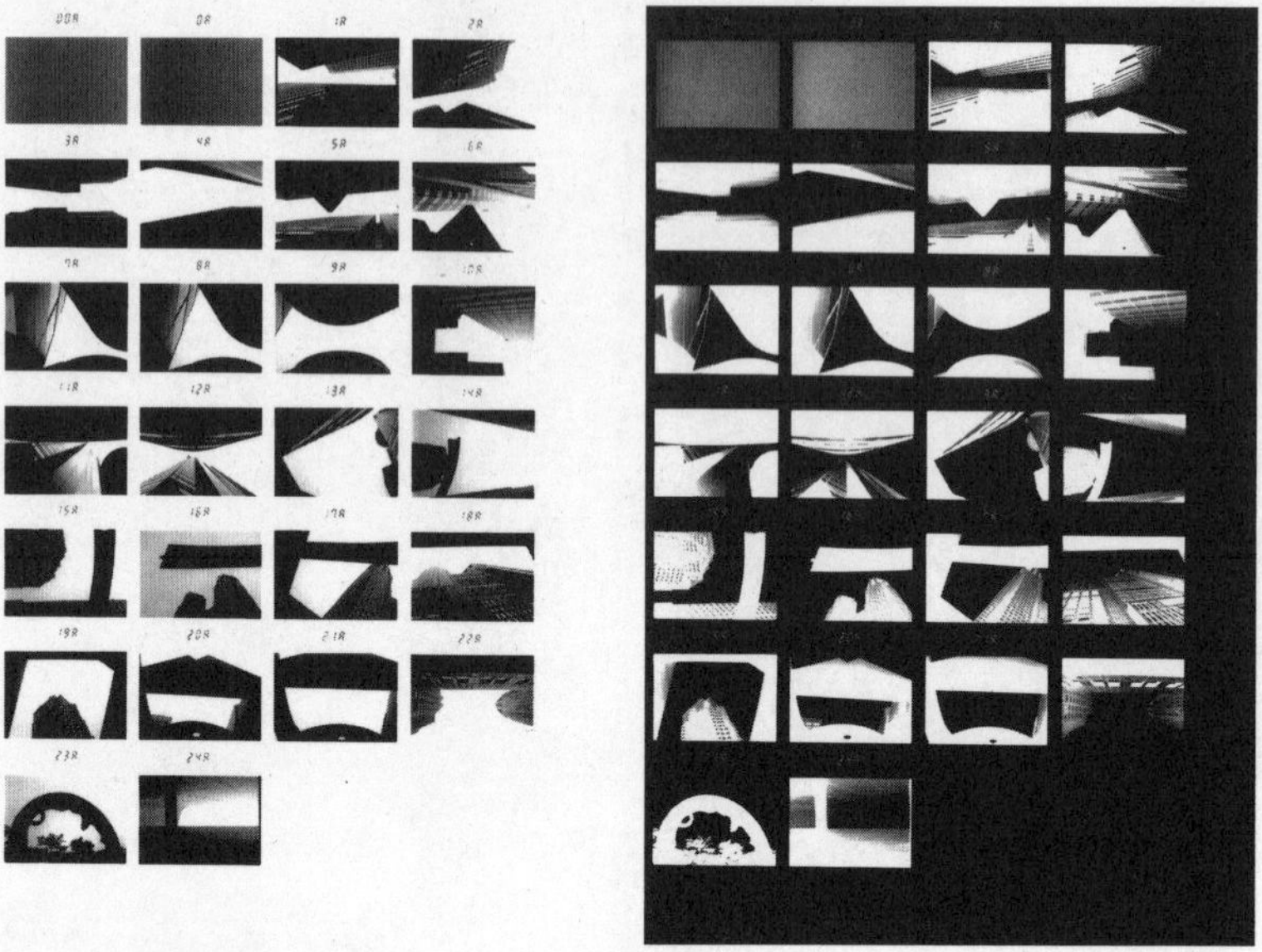

新宿・超高層ビルの隙間を撮影し白黒反転させる試み「TYPE I SUKIMA」1994年

性を広げていくような印象を持っていました。そんな事務所で働いてみたいと思いました。事務所に電話してお会いしたんです。

五十嵐　このポートフォリオを持っていったんですよね。どんな反応でしたか。

永山　青木さんはすごく丁寧に見てくださったんですが、卒業設計よりこっちのほうが面白いとおっしゃって（笑）。

五十嵐　これは、都庁の写真ですか？　白黒反転していますね（上図）。

永山　はい。一年生のとき、都市の写真を撮ってくるという課題があったんです。私は新宿に行ったんですが、超高層のビルとビルの隙間が面白かったので、そのマッスとヴォイドの関係を反転させたらどうなるか試してみたんです。

　青木さんには、このグラフィックもかわいいと言われました（次頁）。

五十嵐　これは地図ですか。

永山　地図から拾った都市の形です。地図上で面白い形を見つけたらはさみでチョキチョキ切っていく。

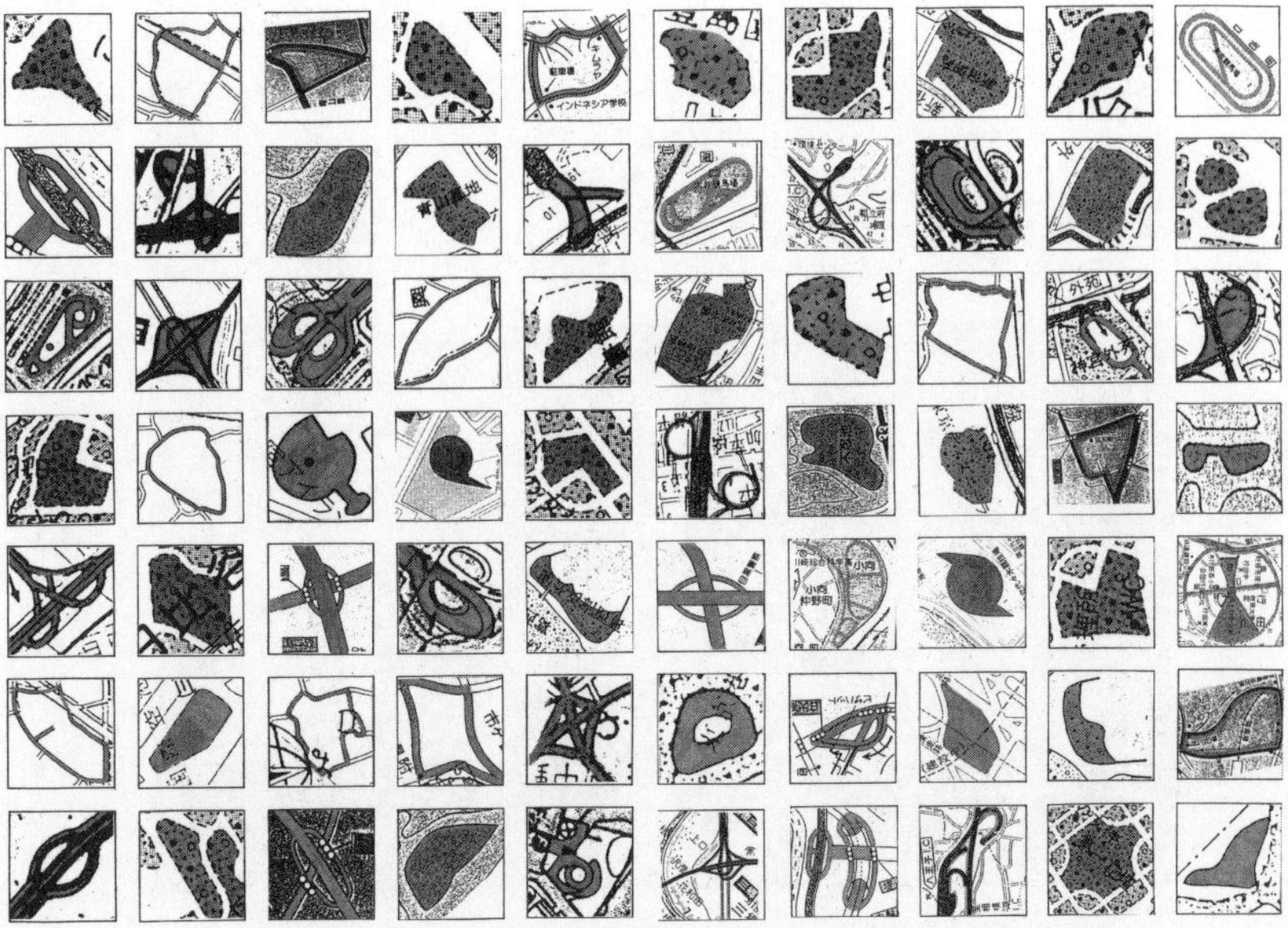

東京の地図から面白い形を選んだ「TYPE 2 MAP」1997年

形の意味は考えず、あくまで感覚的に選んだものです。

五十嵐　青木さんが興味を持ちそうな不思議なイメージが多いですが、いつごろの課題ですか。

永山　これは課題ではなく、自分で勝手に（笑）。東京にはいろんな形があふれていますから、そこで新しい形を生み出すというより、面白い要素を見つけることに関心があったんだと思います。

五十嵐　「国立代々木競技場」（一九六四年）もありますね。

永山　そうですね。自分が「いいなあ」と思う形は、丹下健三さんの建築とか、ジャンクションや中央分離帯だったりするんですね。地図に現れる建物の形は、その場では認識できないかもしれないけれど、それぞれ意味があると気づきました。

　建築とはいえないこういう作品も含め、青木さんはこのポートフォリオを面白がってくれて、卒業設計でうまくいかなかった私を拾ってくださった。青木さんのもとで四年間、それこそ身を粉にして働きましたが（笑）、あらゆる分野を引き合いにしながらのエスキスは、ボキャブラリーの幅

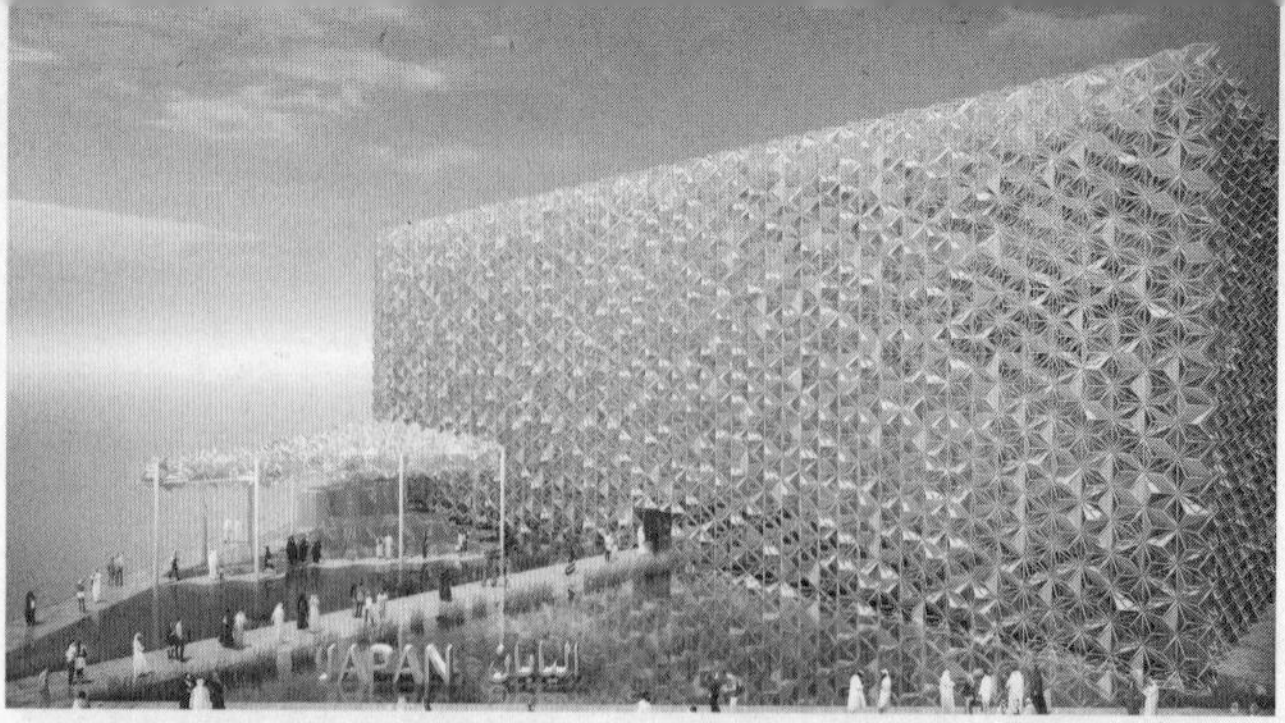

上：「ドバイ国際博覧会日本館」2020 年予定
下：「新宿 TOKYU MILANO 再開発計画」2022 年竣工予定

が広くて本当に面白かった。何も知らない私に、青木さんは何から何まで教えてくださいました。

◈ 自分の関心にきちんと向き合う ◈

五十嵐　卒業設計では悔しい思いをしたということですが、いま振り返ってみていかがですか。

永山　私は卒業設計に取り組むことで、自分がどんなことに興味があるのか理解できたと思っています。また、さきほど話題にあがった「エキナカ」のように、当時考えていたことに時代が近づいていると感じることもある。さらにその後、谷中で「カヤバ珈琲」をやることになり、いまの仕事になんとなくつながっていたりして……。面白いですよね。「中之島新線駅企画デザインコンペ」(二〇〇四年)では駅に図書館の機能を持たせ、電車で本を輸送することを提案したんですが、これも卒業設計で考えたことが反映されていると思います。

五十嵐　代官山に計画したドライブスルー図書館の影響も感じます。

永山　そうですね。実は代官山に「T-SITE」(二〇一一年)ができたとき、当時のことを思い出して、「おおっ」と思ったんです(笑)。学生時代、その未来像も含めて徹底的に考えたことは、その後、自分が世の中を見ていく根底にあり続けるのでしょうね。

五十嵐　最近は大きな仕事が増えているようですが、現在進行中のプロジェクトとの関連についてはいかがですか。

永山　新宿歌舞伎町の超高層ビル(「新宿TOKYU MILANO再開発計画」二〇二二年竣工予定)のファサードのデザインなど、都市の風景にかかわるプロジェクトに携わっていますが、そこで導くコンセプトやアイデアは、都市のインフラの未来像を考えた卒業設計と連続するところもあると思います。

また、「ドバイ国際博覧会日本館」(二〇二〇年予定)のデザインでは、ヒューマンスケールで感じられる形はもちろん、地図に現れる形に意味を見出すことも大切だと、日本独自の白銀比を用いた単純な幾何学を用いていますが、その視点は学生時代に地図を切り抜いていた自分に近いものがある。

やはり、自分の気になったことをきちんと見つめ、咀嚼していくことは大切だと思います。私の場合はスクラップブックでしたが、いまならネットサーフィンしながら面白い画像を拾ったり、SNSでみんなと共有したりすることもできますね。どんな方法でも構いません。学生時代にきちんと向き合ったことは、その後の建築人生のなかで、重要な役割を果たしてくれるのではないでしょうか。

Ryuji Fujimura

修士設計
パブリック・スクール・プロジェクト

2002

聞き手　市川紘司

間仕切りが上下に分割され、それぞれ別々の平面を辿る。結果、動線的に切り取られる室のサイズと、視覚的／聴覚的に切り取られる室のサイズにばらつきが出て、内部にいる者の主観によって意識されるサイズが異なるような室が出来上がる。

スタディー2
通常構造体は活動領域の周縁に配置される。ここでは構造体を細分化し、背景となる壁面をストライプ状の模様とすることで、視覚的には構造体は線に分解され、平面的に知覚されることで構造体と混ざりあうように活動領域を配置されることを意図している。

スタディー3
壁はグリッドの交点を辿る。様々な角度と、様々な素材が用いられることにより、境界面には様々な場所にいる他者が映り、予期しない経験に遭遇することが意図された。

スタディー4
反射率ゼロの素材で覆われた内部空間を想定し、入射光が回折しないものと仮定すると、内部のあらゆるオブジェクトの「見え」は、オブジェクトの表面の反射率と、開口の配置と構成により定義される。

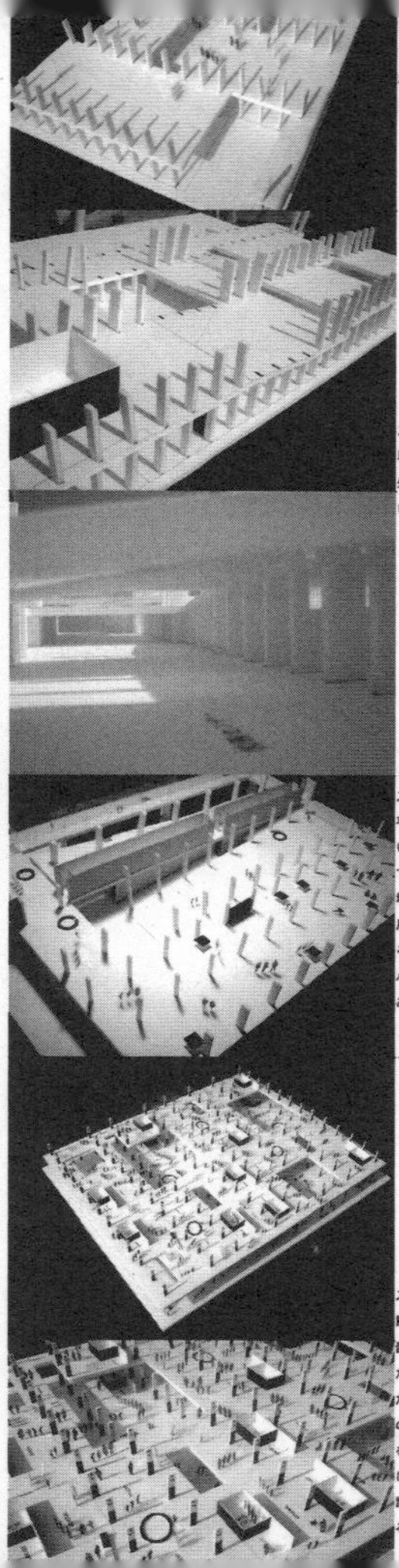

ンニングとして利用者の自明性に依存し、他者に対しての開放性がないことが問題化され、構造体の反復性を軸にしたスタディーを始めた。

スタディー１２
単位空間の反復によって多様な空間を生み出すためのスタディー。中庭、スロープ、吹き抜けなどが作られた。

スタディー１３
平面は東西方向に帯状に分割され、強い方向性を持つ。それぞれの帯のなかで規則性が保存されれば、それぞれの場所相互の関係は階層構造化され、利用者に明解な図形的明瞭性を明示し得ることから、それぞれの帯の反復のスパンは場所の性格に応じて変型可能であることがわかった。

スタディー１４
計画規模である5000㎡に展開。集中配置、2層の構成とし、ボイドが穿たれた。構造体は空間に方向性を生み出すため壁柱とし、一室空間のなかに活動のための空間単位を示すためにスパンを細かく設定した。また構造体の配置に従ってそれぞれの柱に固有の記号が設定され、利用者の検索可能性を高めることが意図された。

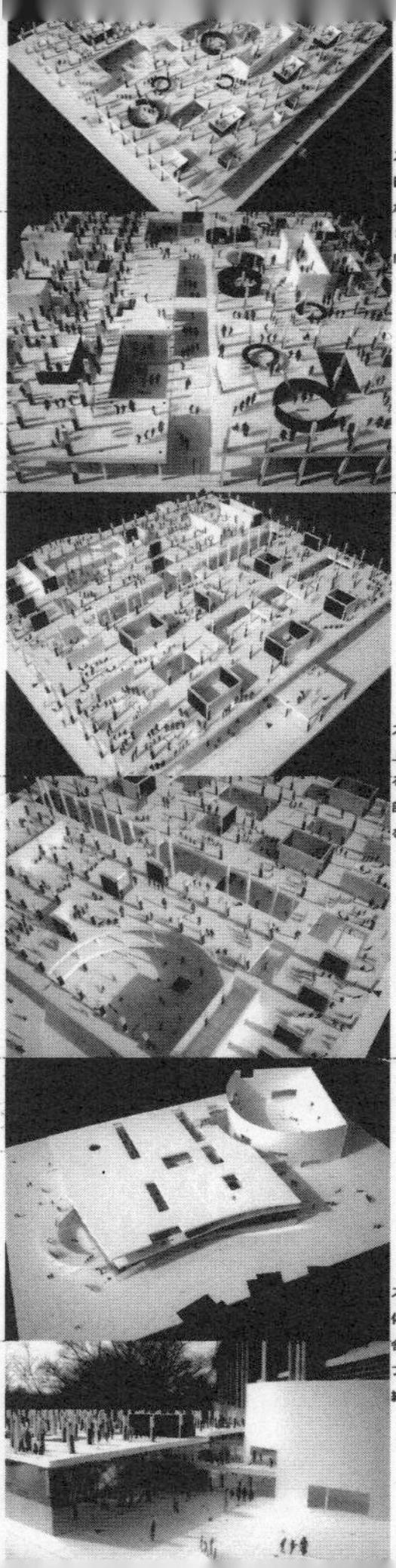

スタディー１５
図形的明瞭性を多水準で獲得する方向が模索された。平面は中央の南北軸で２分割され、東西で天井高、構造体の向きが変わる。

スタディー１６
上下階の視覚的、動線的連続性を高めるため、中２階が設定された。この一部は外部へ逸脱し、内部空間の完結性を弱めることが意図されている。

スタディー１７
体育館の配置、周辺道路との関係、校舎周囲のあり方がスタディーされた。ファサードがスタディーされ、ほぼ最終案となる。

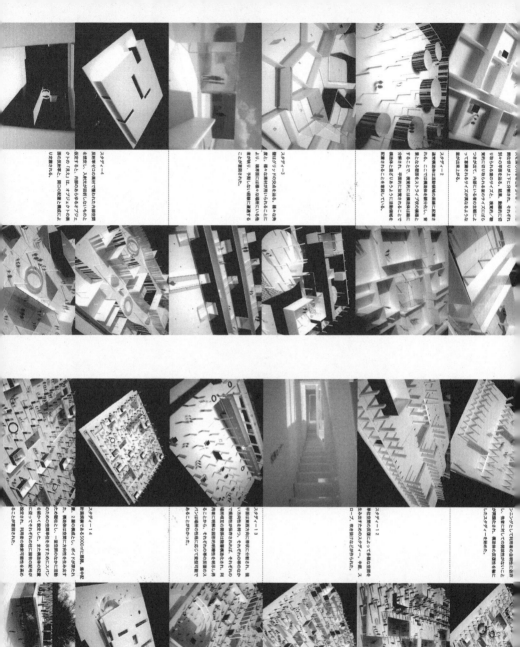

◈都市計画への興味から社会工学を専攻◈

市川　藤村さんは東京工業大学の社会工学科を卒業したあと、修士で建築を専攻されています。まず、学部時代のお話からうかがえますか。

藤村　もともと都市計画に興味があったんです。小学生のときの夢は神戸市長になることでした。神戸港の人工島「ポートアイランド」を造成するために、山を削りトンネルを掘り、その土砂をベルトコンベアで二四時間搬送して海を埋め立て、トンネルを下水道に利用するという非常に合理的な方法を考えたのは神戸市長の原口忠次郎という人で、京都大学出身の工学博士だったと父に吹き込まれ、ポートアイランドまで銅像を見に行くという、熱い小学生でした（笑）。

当時は建設の時代でしたから、青函トンネルや東京湾横断道路（東京湾アクアライン）、瀬戸大橋など、日本中で「地図に残る仕事」が支持されていたし、僕自身、丹下健三さんの自伝『一本の鉛筆から』（日本図書センター）を読んだりして、個人的な想像力を社会に問いかけていく建築家に憧れて大学に入ったんです。

でも、東工大に入ったころの建築学科は、すごく暗かった（笑）。バブル崩壊と阪神・淡路大震災のあとで先行き不透明、学生は課題がきつくて寝られないうえ、建築家はお金を稼げないと言われる（笑）。隣の社会工学科には建築の奥山信一先生、景観の中村良夫先生、都市計画の中井検裕先生のほか、統計学や経済学などいろんな分野の先生がいらして、広い枠組みの中で建築を考えるほうが自分の興味に近いかなと思って、進級の際にそちらを選びました。

市川　社会工学科では、どちらの研究室に所属されていたんですか。

藤村　私の中には、一番若い先生につくという単純なアルゴリズムがあって（笑）、土肥真人先生の研究室に入りました。当時はよく理解していなかったんですが、土肥研究室はカルフォルニア流のコミュニティデザインを実践していたんですね。一九九〇年代は地方分権の流れもあって、コンサルタント会社が市民参加型ワークショップの知見を持つ研究室に仕事を依頼していたので、先輩たちがいろんな現場に行っているのを見たり、同行してお手伝いしたりしたのが、自分のワークショップ体験の原点です。

市川　ここでワークショップに出合われるわけですね。卒業論文のテーマは何でしたか。

藤村　公共空間におけるデザインとプロセスの関係を研究しました（「公共空間におけるデザインとプロセスの関係――富山まちのかおづくりプロジェクトを事例として」二〇〇〇年）。磯崎新さんがコミッショナーを務めた富山の「まちのかおづくりプロジェクト」を対象に、地域性の表現を誰がどんなプロセスでどう決めていったのか、自治体の担当者をはじめ関係者一人ひとりに会いに行って、そのヒアリングをもとに論文をまとめたんです。

ロン・ヘロン、ダニエル・リベスキンド、エンリック・ミラーレスなど海外の有名建築家が富山にやってきて、地元の建築家の方々と組みフォリーがつくられましたが、建築家がパッと決めたものもあれば、地域住民にヒアリングして決めたもの、町長がこれだと決めたものとかいろいろなパターンがあり、それを一つひとつ聞き出していきました。

自治体の担当者の中には、デザインにまったく関心がなく、話が通じない人もいましたが（笑）、一七の自治体をとりまとめ、海外から建築家を連れてきて作品づくりをコーディネートしていくという発注の仕組みに触れることができたのは、すごくよかったと思います。

市川　デザインが生まれる背景のプロセスに注目して、膨大なヒアリングを重ねていくというのは、藤村さんのその後の活動に直接的につながっているように思います。

藤村　たしかに、「三つ子の魂百まで」といった感があります（笑）。

◈ 修士課程は塚本研究室へ ◈

市川　修士課程で社会工学から建築へと移った理由は何

だったのでしょうか。

藤村　土肥研究室でワークショップの手伝いをしていると、ありとあらゆることを全員で話し合って決めるので、非効率だと思っていました。「みんなでつくったカレーはおいしい」みたいな論理に聞こえて違和感があったんですね。まあ、いまの私が学生に言われそうなことですが（笑）。当時の私は研究室でそんなことばかり言っていたので、土肥先生に「もういい、おまえは建築に行け」と半ば追い出された（笑）。いや、背中を押してくださったんですね。

市川　（笑）そして、塚本研究室に入られた。

藤村　はい。自分のアルゴリズムにもとづいて（笑）、建築学科で一番若い塚本由晴先生のところに行こうと。でも塚本研は人気があったし、何も手がかりがない。難しいだろうと思いつつ、とにかく接点をつくろうと、社会工学科でやっていたことや四年生のときに参加したコロンビア大学のサマースクールで経験したことをポートフォリオにまとめて見てもらいました。

市川　サマースクールというのは？

藤村　社会工学科の友人と国際ワークショップなどに参加するうちに、外国人の友だちができたりして、アメリカに行きたいと思うようになったんです。当時のコロンビア大学にはグレッグ・リンがいたりして、世界的に発信力があったので行ってみようと。ＥＴＨをはじめ世界中の大学から学生が集まり、木炭で大きなドローイングを描いたり、針金で模型をつくったりしていて、外国のスタジオは面白いと思いましたね。さらに学生の気楽さもあって、ＫＰＦやＳＯＭといった組織事務所に勤める日本人を訪ねたりしていました。建築の手がかりをつかもうと思ったんですね。

市川　フットワークが軽いのも藤村さんならではですね。ポートフォリオに対する塚本さんの反応はどうでしたか。

藤村　塚本先生には「これは社会工学科に置いておくのはもったいない、いますぐ建築に来なさい、というほどでもないな」と言われて（笑）。

市川　厳しいですね（笑）。

藤村　それでもめげず、大学院を受ける前にご挨拶にと粘って（笑）、「アニ・ハウス論」を書いて持って行ったんです。「アニ・ハウス」（アトリエ・ワン、一九九七年）は三枚のフラットな床によって空間をキャラクター化していて、機能主義を超えた新しい建築原理を示している。当時はスーパーフラット論が出てきたころですから、そんなノリで書きました。塚本先生の反応もよかったんですが、「この論は、下水処理場みたいな高度な機能が求められる建築にはどう応用するのか」と質問されました。それでも私はしゃべり倒したから（笑）、ちょっと面白いと思ってくれたみたいです。土肥先生も、自治体にヒアリングしてまわったりして足で稼ぐような私のキャラクターを面白がってくれていたから、推薦してくれたんですね。

でも、最初は塚本研になじめませんでした。そもそも建築の図面が描けなかったし、建築の研究室独特のファミリー的な感覚に慣れるまで、時間がかかりましたね。ギャラリー・間の一五周年記念展「空間から状況へ」（二〇〇〇年）に向けて準備していた「ペット・アーキテクチャー」やその後の展覧会も一生懸命手伝ったんですが、私がつくる模型はちょっとディテールが甘かったりするので、よくダメ出しされましたね。でも、国際ワークショップなどでは、私は英語が好きだったし、何でもいやがらず引き受けていたから、だんだん居場所が見出されてきた（笑）。

◈ 地道にインタビューを積み上げる ◈

市川　修士論文ではなく修士設計を選択されているんですよね？

藤村　塚本研では、学部生のうちに建築の構成論に触れて卒論を書き、修士ではそれをさらに詰めていくのが一般的でした。でも、私は塚本研で卒論を書いていないし、もっと現代的な問題に直接アプローチしたいと考えていたので、論文ではなく設計をすることにしたんです。

私はなんとなく公共空間のことをやりたいと思っていて、それを考える場として「パブリック・

スペース研究会（パブ研）」を立ち上げウェブサイトをつくりました。その直後、附属池田小学校・児童殺傷事件が起こり、塚本先生に「小学校について考えたらどうか」と言われたんです。私も直感的に「はい、やります」と言って、なにか手がかりをつかもうと工藤和美さんのレクチャーを聞きに行きました。ちょうど「福岡市立博多小学校」（シーラカンスK&H、二〇〇一年）が竣工したばかりで、工藤さんの話をもっと聞いてみたいと思って「学校ガイドブック」をつくることにしたんです。塚本研ではいろんなガイドブックをつくっていたし、それがいいだろうと（笑）。

そして、「博多」をはじめ「千葉市立打瀬小学校」（シーラカンス、一九九五年）、「岩手山中学校」（山本理顕設計工場、一九九六年）、「はこだて未来大学」（山本理顕設計工場、二〇〇〇年）を見に行って、工藤さん、小嶋一浩さん、山本理顕さんにインタビューを申し込みました。それを原稿にまとめて、Illustratorでレイアウトしたのがこれです（一三三頁）。全部ひとりでやりました。

市川　きちんとレイアウトもされていてすごいですね。配布などもしたんですか？

藤村　配布もしましたが、むしろウェブで公開したほうがいいだろうと、パブ研のサイトでテキストやPDFを公開しました。

当時、文科省をはじめ慶應義塾大学の金子郁容さんが提起していたコミュニティ・スクール構想に興味を持っていたので、学校を地域に開く取り組みをしている建築家や現場の人にヒアリングしたわけですが、オープンスクール批判について工藤さんに意見を求めたところ、学校を開くといっても入り口は限られているし、大人の目が行き届くように備えてあるから問題ないと言い切っていたのが印象に残っています。

市川　制作の前提となる現在進行形の問題をあぶり出すために、ヒアリングしたわけですね。

藤村　そうですね。品川区が学校選択制を始めたら大規模校に児童が集中してしまい、小さな八潮北小学校の入学児童数が激減したと新聞で報道されたので、校長先生にアポを取ってお邪魔したところ、

「地域を信頼したほうがいいと思う」とおっしゃっていました。地域の大人と日常的な関係をつくることこそが最大の安全対策なんだと。小学校の存続が危うくなったことで急に盛り上がったという「おやじの会」や大学生のボランティアの方々にもインタビューしました。

◈空間と社会の原理を結びつける◈

市川　こうした調査を設計にどう反映していったんですか。

藤村　要求は九枚で、合計一二枚の図面を提出したんですが、そのうち三枚はヒアリングをまとめたものです。文字が並んでいたから「これは図面ではない」と言われましたが、これが大事なんだと言って掲示した記憶があります。

市川　具体的にはどのような小学校を設計しましたか。

藤村　「パブリック・スクール・プロジェクト――学校を拠点とする公共空間の再編」というタイトルで、複数の社会的なアドレスをもつ市民同士が流動的に出会うためのパブリック・スペースを設けた小学校を考えました。

設計の前提として、そもそも人が離散的、流動的に出会う空間とは何か、商業空間における検索可能性や遭遇可能性を引き合いにして考えました。コンビニやスーパーに行くと、空間上部がサインの層、下部は商品の層と分かれていますよね。私はそこに着目して、一般に天井高三〇〇〇ミリとされている学校の空間を半分の高さ（一五〇〇ミリ）で仕切ることを考えたんです。そうすると、椅子に座った子どもたちにとって、隣の空間にいる子どもは姿は見えないけれど声は聞こえる存在になる。でも、家具のような高さで仕切られているから大人の視線は通るわけです。空間を上下二層に分け視覚的、聴覚的に錯綜した空間をつくることによって、離散的な関係が成立するのではないかと考えたんですね。

最終提案に至る過程として、ゼミのたびに模型をひとつ持って行くと決めました。塚本先生は、原理的な模型に始まり、徐々に学校のような集団（クラス）を分けて集団が編成される。児童は必ずいずれかのホームに所属し、登校時、下校時などに集合して担当の先生を中心にミーティングを行う。各ホームの人数は均等ではなく、集団によって大きさが異なり、大きな集団では教師が複数名で指導を行う。

授業　この学校では新学習指導要領に従い、これまで行われてきたような単元に従った系統的な学習を行う場合と、教師や児童が主体的に設定したテーマに従って経験的な学習を行う場合とが想定される。児童は1階のスタジオ、2階ホームベース、中2階、あるいは外部など、移動しながら授業に参加していく。

安全性　安全対策として、1階スタジオは周囲に対して視覚的に開放されており、さらに中2階から全体を見下ろせるような構成としている。
2階のホームベースへの立ち入りは基本的に自由だがその場合でも管理者や学校にいる人々は2階へ進入しようとする人を常にチェックできるよう、来訪者の動線は中2階を経由する。

市民参加と公共性　教師のフォロー、クラブ活動、行事づくり、安全管理など学校運営の様々な場面において、地域住民の参加が前提とされる。1階のスタジオは一般市民に開放され、教育関係のNPOなどを始め、市民の教育への参加をきっかけとした様々な関係性の構築の舞台＝公共空間となる。

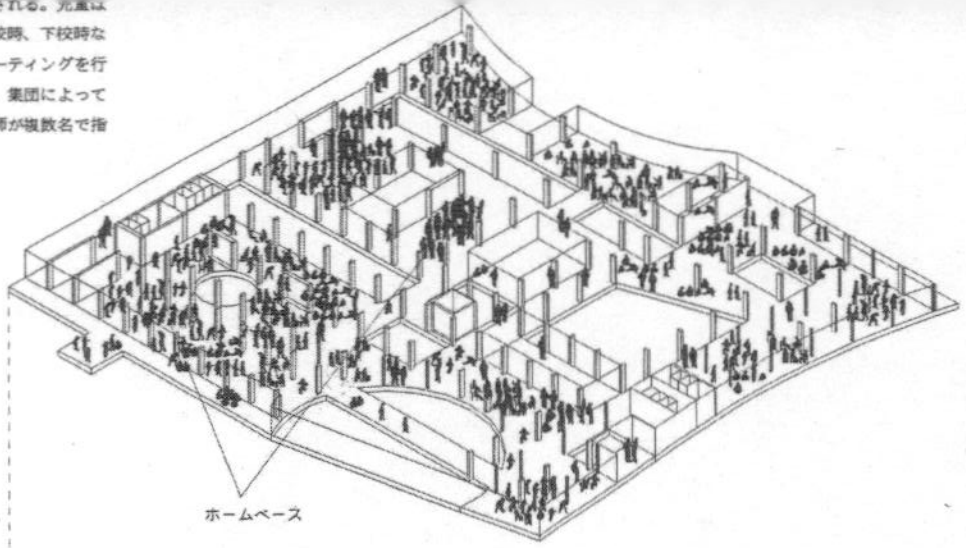

2階

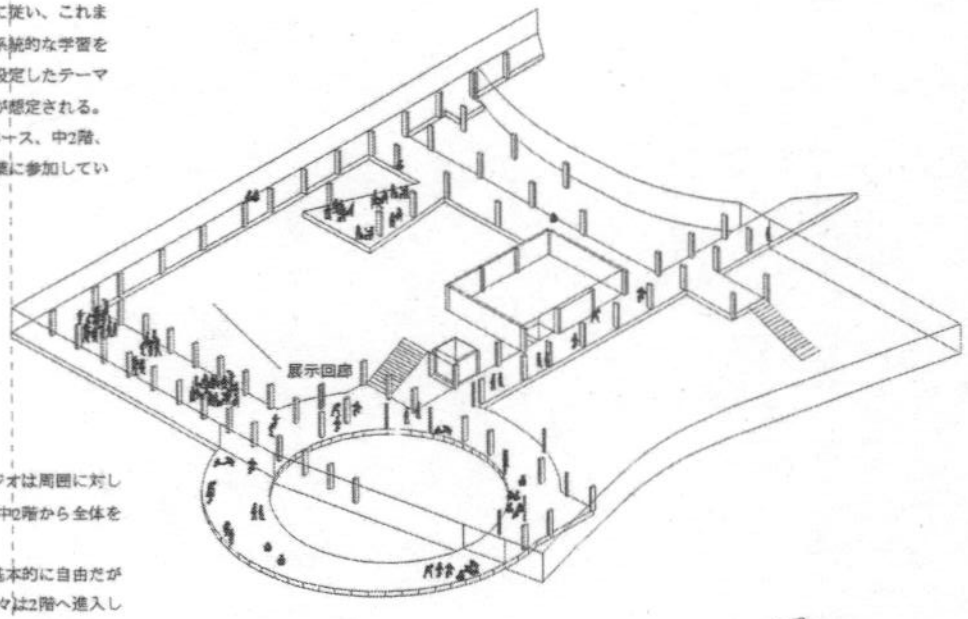

中2階

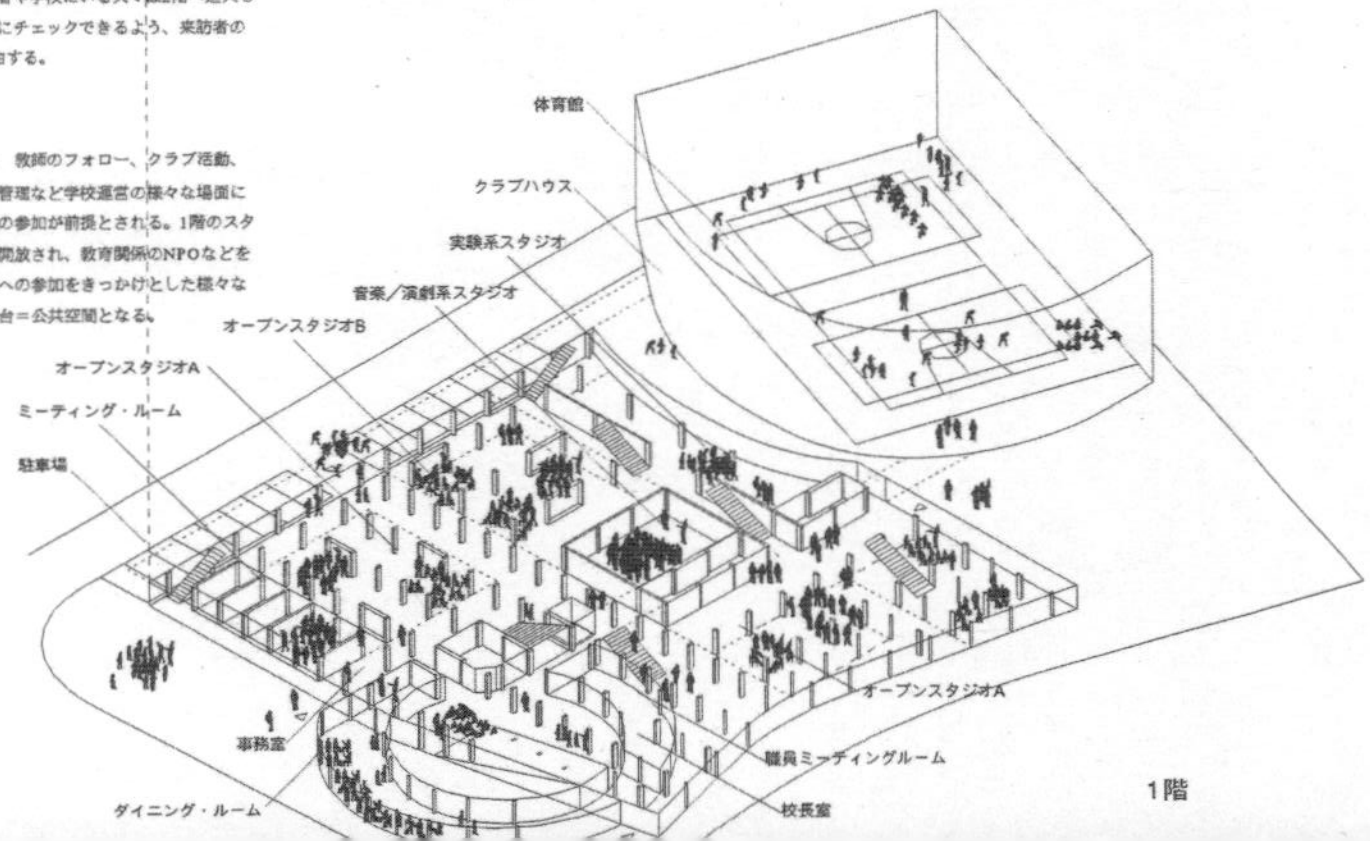

1階

2階　ホームベースのフロア
各ホームの学校生活上の拠点となる「ホームベース」の集まるフロア。それぞれの大きさは異なっている。他者の教育や学習の様子が互いに見えるよう、ボイド、中庭などが配置される。

中2階　メディアギャラリーのフロア
オープンスタジオの上部をまわる回廊によって構成され、児童や市民の活動の成果を掲示する場所として使用される。1階オープンスタジオと2階のホームベースを視覚的、動線的に接続する役目を持ち、基本的に動線的な性格が強いが、部分的に非動線的な場所が作られ、資料などが集積する場所となる。

1階　オープンスタジオのフロア
基本的には視線的、動線的に開放的なバザールのような空間だが、場所により柱のスパンを変え、動線的な場所と非動線的な場所を暗示している。動線は内部、外部ともに活動領域の周囲を循環できることが意図され、参加の態度を保留したまま関係を持つこと（やや距離をおいて覗き込むこと、など）が可能になっている。また、おもに中2階のボリューム部分はスタジオをおおまかに分節し、小集会室、事務管理諸室ランチルーム、倉庫、トイレなどを内包し、実験系スタジオ、音楽室、などが関係付けて配置されている。

2階：ホームベース＝朝と帰りに必ず集合する家のような場所

1階：オープンスタジオ＝地域の人も混じって、様々な授業が展開

形になっていくプロセスを見て「プロセスが成果であるという制作方法もあるな」とフラッとおっしゃった。ただのスタディだと思っていたけれど、そういう考え方もあるなと気がついたんです。

市川 「ジャンプしない、枝分かれしない、後戻りしない」を原則とした藤村さんの方法論はここからつながっていくんですね。「超線形設計プロセス論」のように、段階的にパラメーターをひとつずつ増やしていくようなことも考えていたんですか。

藤村 ゼミに向けて模型をひとつつくるというリズムを決めただけで、当時はそこまで整理していませんでしたね。

同級生たちはみな構成論をやっているから、ゼミでは住宅の反復表現がうんぬんといった資料が多くてだんだん疲れてくるんですよ。すると塚本先生は「ちょっと眠くなってきたから、藤村の模型でも見て目を覚まそう」と言って(笑)、私がいきなり「この間、おやじの会という人たちに会って……」とビビッドな社会の話を始める。空間の原理と社会の原理は無関係ではないのだから、並行して考えようとしていました。

市川 一階は地域に開かれた空間になっていて、二階がいわゆる小学校的な空間、その二つをつなぐ層として中二階が設けられていますね(一三七頁)。

藤村 そうですね。当時、ゆとり教育に移行しようとしていたころでしたから、一階にはいまでいう総合的な学習に対応して、市民活動にも開放できるオープンスタジオなどを配置しました。

土肥研究室にいたころ、ワークショップでは「一テーブル七人まで」とよく言われていたんです。それ以上になると話を聞くだけの人が出てきて、ディスカッションが成立しない。コミュニケーションのモジュールとして七人が座る天板を三六板(九〇〇×一八〇〇ミリ)にして、そのまわりに人が座るスペース七五〇ミリずつ加えた二四〇〇×三六〇〇ミリという空間の原単位があるはずだと。ここではその倍数のピッチで柱を立てて、空間に直結させています。

市川 そこで学部時代の経験が反映されているんですね。塚本さんやほかの先生方の評価はいかがでしたか。

藤村　塚本先生は私が「遭遇可能性」「検索可能性」といった言葉を出して議論を組み立てるようになったことを面白がってくださいました。講評会で仙田満先生は「リアリティには触れているが、もうちょっとディテールがあればね」とおっしゃっていた。柱と家具しかないわけですから、その通りですが当時の自分の建築的な想像力ではそれが限界でした。博士課程で実務をやるまで、建築や家具の具体的な寸法は身についていませんでした。

◈ 自らメディアを立ち上げる ◈

市川　現在進行形で発生している問題に直接アクセスし、その社会的な課題をメディア化してまとめ、それを踏まえて新しい建築を設計しようという卒業設計の方法は、いま見ても新鮮です。当時、そういう問題意識を共有する同年代の学生はいたんですか。

藤村　あまりいなかったかもしれない。構成論は過去何十年分の『新建築』を分析するレトロスペクティブ（回顧的）なアプローチを採るので、都市や社会でいままさに起こっている問題とは距離があると感じていました。だから「学校ガイドブック」を始めたわけですが、当時『10＋1』や『建築文化』で精力的に執筆していた五十嵐太郎さんたちが「パブ研」のサイトを見つけてくれて、徐々に反響が集まりBBSで議論が始まった。面白かったですね。

市川　修士設計のリサーチが別の展開をしていったと。修士を終えた藤村さんは、さらに新しい議論の場として『ROUNDABOUT JOURNAL』という新しいメディアを立ち上げていますね。

藤村　はい。修士を終えてオランダのベルラーヘ・インスティテュートに留学するまでの約半年間、塚本先生のお手伝いとして「踊る建築」の映像をつくったり、「トーキョー・カスタマイゼーション・ワークショップ」のレポート記事を書かせてもらったりしていました（『建築文化』二〇〇一年一〇月号）。そのころ、『10＋1』に保健室論を書いていた山崎泰寛さんと知り合いました。山崎さんが専攻されていた教育社会学に興味があり、一緒にやりましょう、と始めたのが『ROUNDABOUT JOURNAL』です。

本格的な活動は留学を終えてからということで、まずウェブサイトで当時はやっていた「ぼむ企画」をまねして二人で日記を始めました。私が書いていたのは、自転車が盗まれたとか、当時校長だったアレハンドロ（・ザエラ・ポロ）が議論しているときの顔が片岡鶴太郎に似ているといったずっこけ留学日記なんですが（笑）、それと並行してベルラーへで毎週行われるレクチャーシリーズもレポートしたんですね。私は毎回参加して英語で必ず質問すると自分に課して、それがうまくいったり的外れだったりするのですが、レポートし続けました。それが、『ROUNDABOUT JOURNAL』初期のコンテンツの中心になっていきます。

市川　ゼミには毎回模型をつくって臨むとか、レクチャーには毎回出席して英語で質問するとか、常に蓄積していこうとする態度が徹底していますね。体育会系ノリというか（笑）。

藤村　そういうのが好きなのかもしれません。できるだけ単純化したルーティンワークを積み上げていくことに、クリエイティビティを感じていたんです。

市川　『ROUNDABOUT JOURNAL』を僕は学部生時代に知りましたが、藤村さんの最初の個展（「藤村龍至展」二〇〇七年／プリズミックギャラリー）でタブロイド判を無料配布したりイベントをやったりする動きは衝撃的で、すごく話題になっていました。まわりの学生の多くも展覧会に行ってこのフリーペーパーを持っていましたね。

藤村　五〇〇〇部刷りましたから（笑）。初めて個展をやることになりパッと思いついたのが、このフリーペーパーなんです。「一九九五年以後の建築・都市」という特集を組んで、石上純也さんに「神奈川工科大学KAIT工房」（二〇〇八年）のデザインプロセスについてインタビューして、スタバで音声を聞きながら、石上さんの口癖が乗り移るくらいの勢いで文字起こしをしたりしていた

「藤村龍至展」2007年／プリズミックギャラリー。会場で山積みになっているのは『ROUNDABOUT JOURNAL』Vol.1、Vol.2合併号（左）。Vol.1の特集は「1995年以後の建築」、Vol.2の特集は「1995年以後の都市」

んです（笑）。

『ROUNDABOUT JOURNAL』を始めたころ、私たちの活動に共感してくれたのは家成俊勝さんとか、柳原照弘さんとか、関西で活躍する同世代が中心でした。いま思うと、彼らは阪神・淡路大震災（一九九五年）を経験した世代で、関西には社会的な課題から建築が立ち上がっていくダイナミズムに興味がある人たちが集まっていたんだと思います。でも二〇一二年くらいになるとそれが反転してくるんですね。三・一一を経て東日本で社会的な関心が高まり、西日本の人たちが少し内向きになっていく。

◇社会工学と建築の接点◇

藤村　学生のころからウェブで発信・議論したり、オランダから帰国してからもブログを書いたりしていましたが、実は、そういう活動がつまらなくなった時期がありました。当時全盛だったミクシィは「足跡」がついたりして（笑）、内輪ノリだし。

でも二〇〇九年ぐらいでしょうか、Twitterに出合い、自分が考えていることをウェブで発信して、その反応を受けて再び発信するという動きを取り戻した。二〇一四年に刊行した『批判的工学主義』（NTT出版）は東浩紀さんの活動に参加して、そこで広がったTwitterでの議論を通じて考えたことが下敷きになっています。そして二〇一〇年、東洋大学に着任して学生時代にインタビューした工藤さんと再びご一緒するようになり、さらにTwitterを通じて鶴ヶ島市長と出会い「鶴ヶ島プロジェクト」（二〇一一～一六年）が始まりました。

市川　学生時代の活動が具体的な仕事にもつながっていますね。

藤村　修士設計から一〇年を経て、「郊外都市の小学校を拠点にした公共空間の再編」という課題に具体的に取り組んだのが鶴ヶ島プロジェクトです。学生時代に考えていたことに立ち戻り、かつ公共施設の老朽化や財政問題といった発注側のリアリティもあわせて構想できるようになってきました。

縮小社会を迎え、公共投資をどこに集中するべきかといった社会的な課題が顕在化してくると、空間と経済の問題を一緒に扱わなきゃいけないという、一九六〇年代末と同じような状況が生まれてくるんですね。公共投資の配置を最適化するという当時の社会工学で扱っていたような問題が現実に起こってきた。

二〇一二年にスイスに行ったとき、公共施設の設計者を選定する際、設計者が提案した図面や五〇〇分の一の模型をもとに住民投票が行われると法律で決められていることを知り、すごく刺激を受けたんです。それで、鶴ヶ島プロジェクトの提案模型は五〇〇分の一と決めました。社会工学科でも、キャンパスやオープンスペースといった課題があり、そこで扱うスケールも五〇〇分の一でしたね。都市の広がりを理解しつつ建築に収束できるスケールなんだと思います。

最近の卒業設計を見ていると、タイポロジーを深く考えずいきなり巨大模型をつくって盛り上げ

「鶴ヶ島プロジェクト」2011～16年。パブリックミーティングでの集合写真

ていくような傾向がありますが、無批判に巨大模型をつくって点景ばかり設計するような風潮をやや批判的にとらえているので、大学の課題ではまず五〇〇分の一で検討して最後に二〇〇分の一に拡大するというオーソドックスな手順を取り入れるようにしています。

◈建築的な想像力で社会の課題に応える◈

市川　子どものころの夢は神戸市長になることというお話でしたが、建築や都市計画から政治的な世界にもコミットしていくことは考えていらっしゃいますか。

藤村　目指すのは政治そのものというより、社会的な課題に対して政治家とも渡り合いながら建築的な想像力で処していく立場ですね。
　鶴ヶ島プロジェクトのように、市長の顔が見える距離で現場に入っていくことは本当に刺激的なことです。社会課題にかかわるにはコミュニティにかかわる一般市民をインボルブするのも大事です。政治家や行政職員というプロと一緒に考えていったほうが断然面白い。

ただ、現在のところ、そういう活動の対象は埼玉県内だけにすると、一応リミットを決めているんです。年間で自分の使える時間は、土日祝日などの休みを除いて年間二四〇日。大学の教員としての時間が一二〇日、事務所の経営者としての時間が一二〇日だと想定すると、年間九〇日は講義や会議、入試などに拘束されますから、行政関係のプロジェクトに使える時間は年間三〇日しかないんです。「ちのかたち」展（二〇一八年／TOTOギャラリー・間）を研究室の活動と連動させたように、大学と事務所の仕事を相互作用させないと、事務所の仕事に集中している同世代の建築家に負けてしまう。他方で大学では設計事務所のビジネスに乗らないような新しい試みを活動に取り込むこともできるのでそういう強みもある。そこは自覚的にやらなきゃとは思っています。

四〇代になってから、今後は建築作品の評価が決定的になってくるという意識が強くなりました。「ちのかたち」展でも、プリズミックギャラリーで仕掛けたようなメディアづくりに取り組むべきかと思いましたが、実作がほとんどなかった当時とは意図的に切り離さないとダメだろうと。自分のスキルを活かす場所はリアルな現場に移ったわけだから、今回はそれはやるまいと考え直しました。今後は意図的に少し保守的な挑戦というか、図面集や写真集がつくれるような作家像を目指していくべきだと考えています。

市川　藤村さんは、三〇代、四〇代、五〇代……というふうに、キャリアの積み方を自覚的に考えていらっしゃいますね。同世代の建築家をライバルとしてとらえて、意識的に自分の立ち位置を定めながら活動されているようにも見えます。

藤村　むしろコミュニティ意識が強いのかもしれません（笑）。経験を重ねてくるとそこに開き直ってしまいがちですが、意識して同世代建築家が何を考えているか気にするようにしているし、お互いに対する関心を表明し合ったほうが伸びていくと思っています。

藤村龍至展「ちのかたち」2018年／TOTOギャラリー・間

◈ 離散空間、自由曲面、人工知能 ◈

市川　いまはどんなプロジェクトが進行中ですか。

藤村　福島県南相馬市で社会企業家の和田智行さんたちと進めてきた「小高パイオニアビレッジ」がちょうど竣工したところです。ゲストハウスやコワーキングスペース、アトリエを含むインキュベーション施設です。さらに、ニュータウンにある私の実家を地域の小さな活動拠点にするとか。いま進めている保育園では離散的な概念を持ち込もうと、天井高の半分で空間を分けることを試みていて、家具のディテールを検討中です。

市川　まさに修士設計で考えていたことですね。本当に一貫されていますね（笑）。

藤村　そこは「初心忘るべからず」ということで（笑）。

離散空間のスタディは「ちのかたち」展でも試みています。構造家の金田充弘さんにアドバイスいただきながら、厚紙という弱々しい素材を使いながらも、それらをネットワークさせること

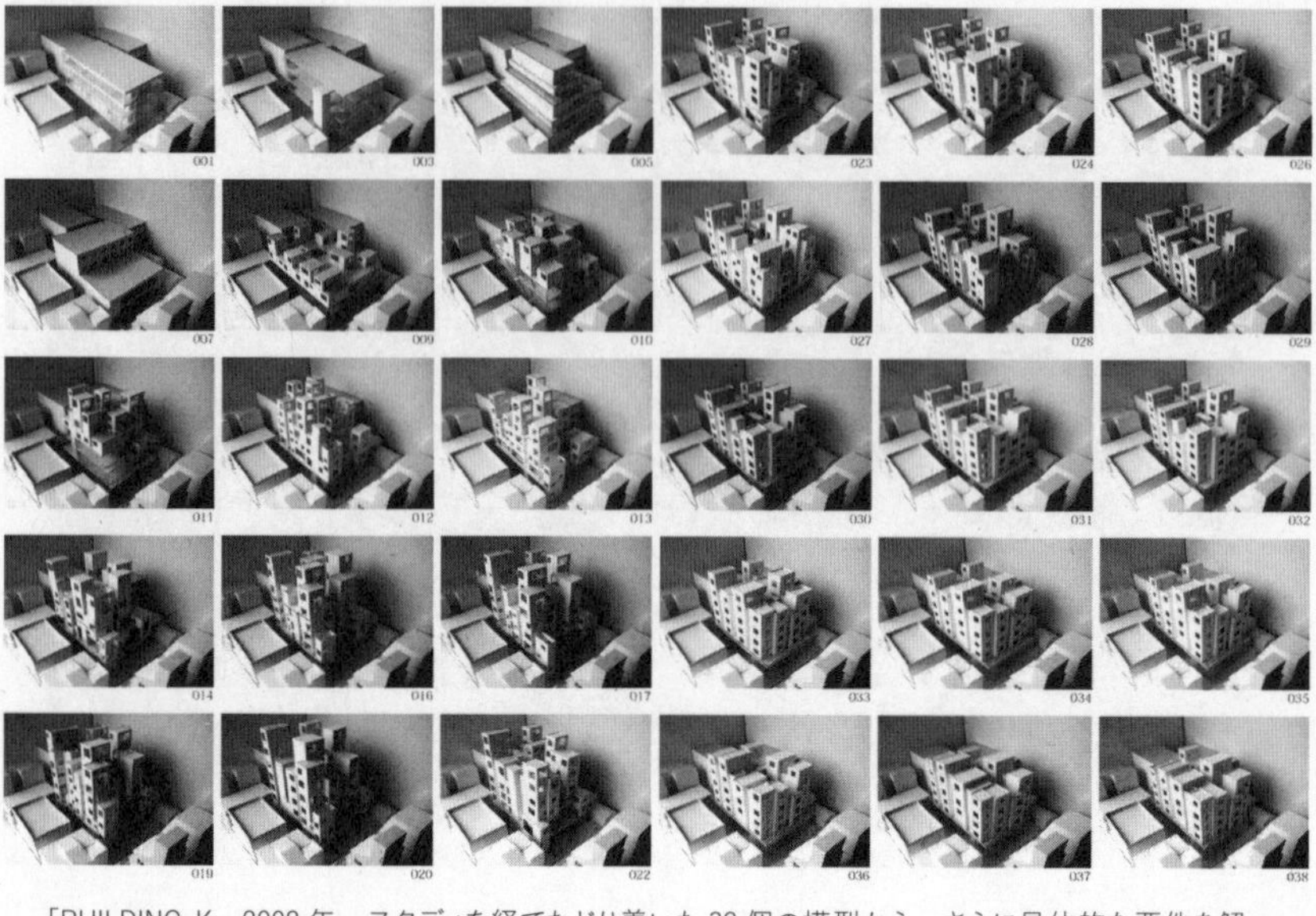

「BUILDING K」2008年。スタディを経てたどり着いた38個の模型から、さらに具体的な要件を解決しながら最終形を定めていく

で自律する構造体をつくりました。超線形プロセス的に模型でスタディしたうえで、RhinocerosとGrasshopperを使って具体的なジオメトリーに置き換え、最後は手作業で留めていった。次の段階では、その組み立て方を問い直していきたいですね。

　こういう思考はいきなり沸き起こったわけではなく、学部時代にコロンビア大学でペーパレススタジオの空気を共有したことがルーツになっていると思います。実際、「VOXEL HOUSE」(二〇〇四年)や「SHOP UJ」(二〇〇五年)ではデジタル・ファブリケーションを試みています。でも当時の建築生産体制では、それを集合住宅やオフィスビルのようなジェネリックな建築に展開することはできなかった。いま振り返ると、三〇代は「BUILDING K」(二〇〇八年)や「家の家」(二〇一二年)といった建築を実現するプロセスで、一般的な建築のつくり方や慣習的なボキャブラリーを身につける期間だったのだと思います。

　でも最近ようやく、「すばる保育園」(二〇一八

「すばる保育園」2018年

年）で試みたような自由曲面も実現できるようになりました。伊東豊雄さんや磯崎新さんが大型公共施設で試みていたことが、保育園のような身近なプロジェクトでも応用できるようになってきた。さらにAI（人工知能）も発達してきていますから、ディスカッション型だけではない、ポスト人間時代のアプローチを自分なりにどう構築していくのかが、今後のテーマになってくると思います。

稲垣淳哉

卒業設計

学校錦繍

2004

聞き手　五十嵐太郎

というもので、かれこれ二〇年以上続く課題です。僕の卒業設計はその焼き直しともいえますね。もう一度やれば、すごいことができるだろうと(笑)。

五十嵐　稲垣さんが所属していた早稲田大学古谷誠章研究室では、当時、新潟県上越市で旧月影小学校の利活用プロジェクトに携わっていましたね。

稲垣　はい。竣工直後に五十嵐さんにも見に来ていただきましたが、法政大学、日本女子大学、横浜国立大学との混成チームで、廃校となった旧月影小学校の再生計画を進めていました。私はそのプロジェクトの四代目で、実施設計に携わりながらいろんな事例をリサーチしたんですが、それがとても面白かったんですよ。そこで、卒業論文では廃校のリニューアルをテーマに、宮城県石巻市の無医村の島で病院となった旧網長小学校、アトリエやギャラリーとして再生された鹿児島県旧野首小学校など一九の廃校を対象に、運営する方々へのヒアリングや現地調査を進め、論文にまとめたんです（稲垣淳哉、平田哲「廃校リノベーションに見る学校制度・空間研究」二〇〇四年）。

◈すべての学校が廃校に?◈

五十嵐　これが卒業設計の現物ですか。きちんと綴じて、きれいに製本されていますね。

稲垣　はい。スノーマットを裏打ちしたボードを屏風綴じにしているので、なんとか保存できています(笑)。

五十嵐　現物が残っていない人も多いので嬉しいですね。どういう卒業設計だったのでしょうか。

稲垣　自分が卒業した小学校の建替え計画です。あまのじゃくかもしれませんが、卒業設計だからといってヒロイックなテーマや敷地ではない方向でやりたいという気持ちがあり、三年生のときの課題「ハイパースクール」と同じテーマに取り組むことにしたんです。

五十嵐　「ハイパースクール」というのは、三年生以下の課題作品を対象にした「建築新人戦」でも毎年上位に上がってくる早稲田の名物課題ですね。

稲垣　はい。自分の出身小学校とその周辺に対する三〇年後の未来、既存の学校を超えるものを提案する

建築学大系
7
建築学大系
37

五十嵐　卒論の締切りはいつごろなんですか。

稲垣　一一月だったと思います。

五十嵐　では、卒業設計はそれから？

稲垣　そうですね。卒論は同級生との共著でしたが、卒業設計はひとりでやりました。

実は、廃校の調査を進めるうちに、自分の母校もいずれ廃校になるんじゃないかと思うようになったんです。僕の出身地である愛知県は、いまでも人口は自然増・社会増で推移しています。でも、全国で年間三〇〇～四〇〇の学校が廃校となっている現実や、都内でも小学校の統廃合が進んでいるのを目の当たりにして、すべての学校は廃校になる可能性があると。

そこで卒業設計では、廃校になることを前提として、用途が変わったり異なる用途が複合したりしても受け止められる、むしろそれによって価値が高まるような学校建築を考えることにしたんです。三年時の「ハイパースクール」でも地域施設と学校施設がハイブリッドした案を計画したんですが、廃校の問題までは念頭にありませんでした。

古谷先生は「研究と設計は両輪」とよく言っていましたが、卒論で研究したことと卒業設計を結びつけたいと考えたんです。

◈ボロノイ図法で空間を分割する◈

五十嵐　たくさんのダイアグラムが描かれていますね。

稲垣　いま見るとなんだかよくわからないものですが（笑）、病院や住宅など、どんな用途変更が生じても受け入れられるような空間をイメージしてこのダイアグラムを考えました。L字形の角壁（コーナー壁柱）を立て、そこに屋根を架けるという単純な構成ですが、隣接関係に応じて複数のスペースを連鎖させたり分割したりして、大小さまざまな空間をつくっていく。そのシステムをダイアグラムとともに、一〇〇分の一の部分模型で説明しています。

さらに、そういう空間を分布させていく方法として、ボロノイ図法を用いることにしました。というのも、当時、古谷研究室でボロノイ図法を

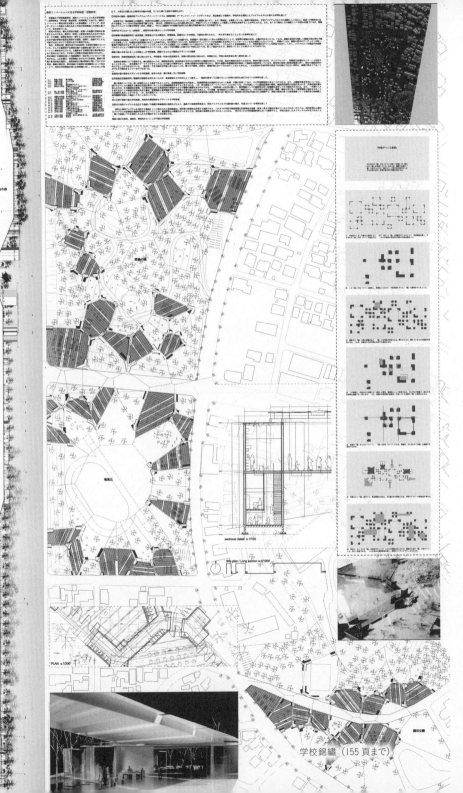

廃校リノベーションに見る学校制度・空間研究

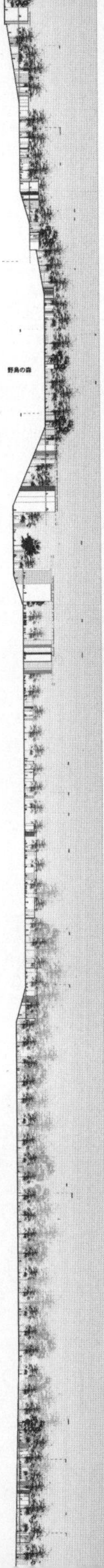

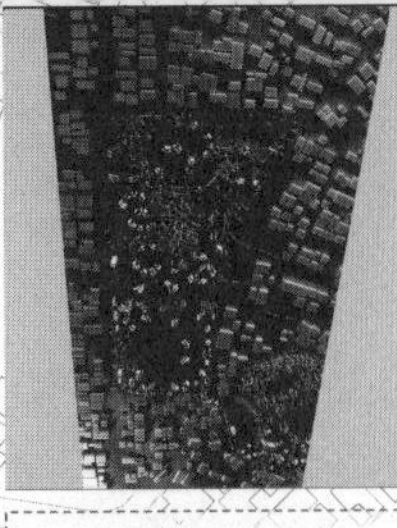

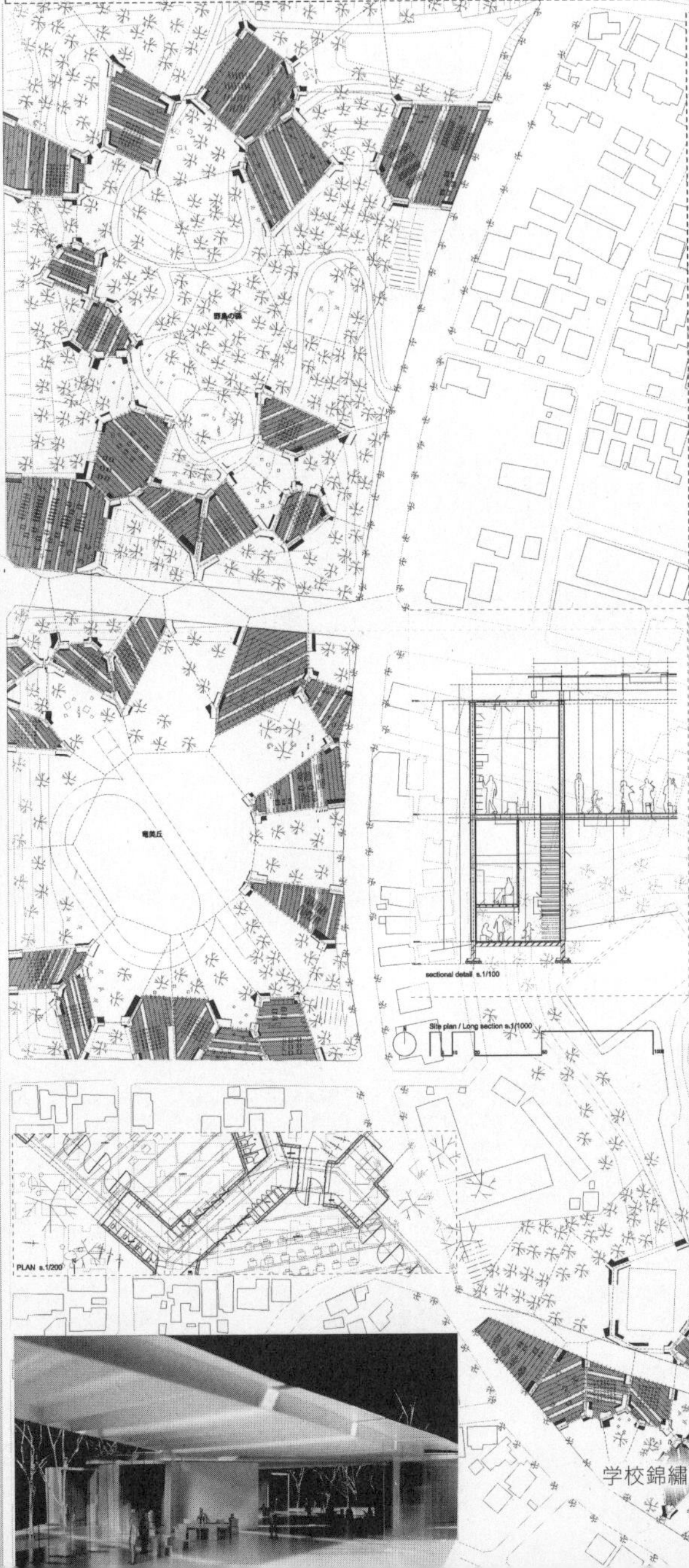

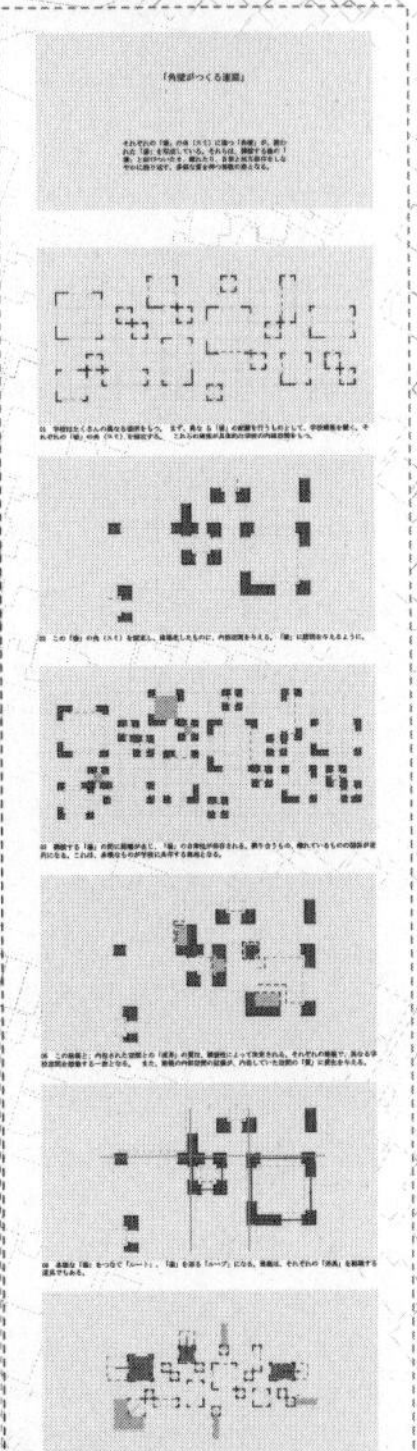

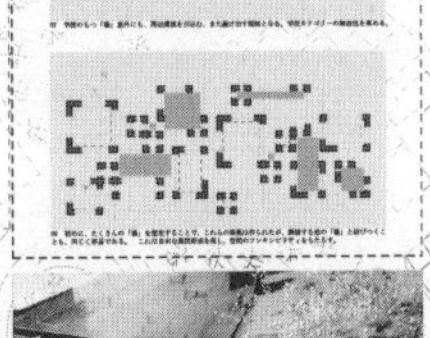

学校錦繍（155 頁まで）

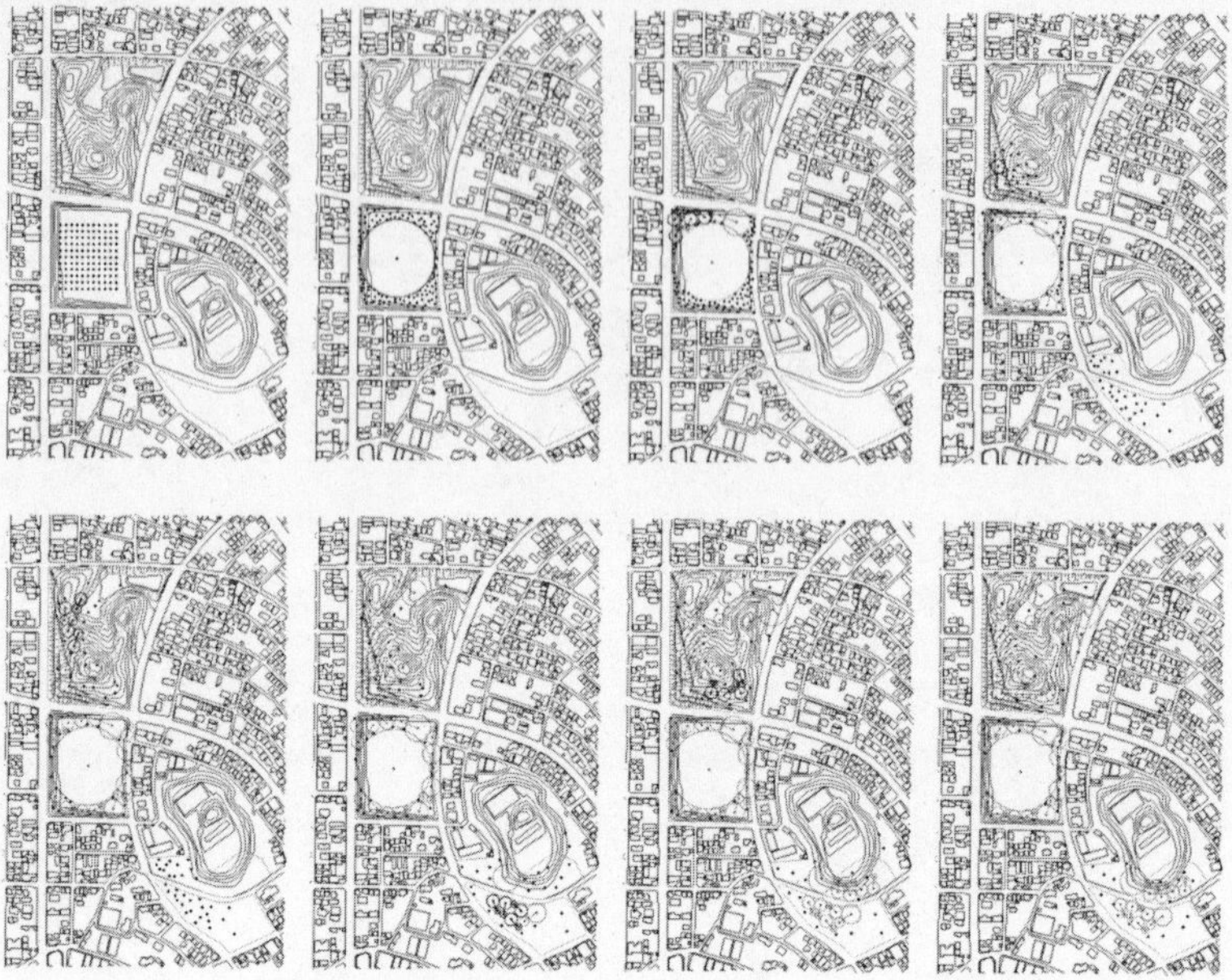

敷地に121の母点をプロット

使った都市分析を進めていたんですね。それがとても生成的で面白そうだったので、ボロノイの母点として「理科室」「体育館」といった場所の名前を複数打つと、それが自然に座標をつくり空間が分割されていくようなことができないかと考えました。

五十嵐　具体的な設計条件は？

稲垣　私が卒業した岡崎市立竜美丘小学校の北には大きな「野鳥の森」、東には浄水場、さらにその南側の縁に「棚田公園」という公園があるんですが、卒業設計ではこの二つの公園も含めて敷地とし、小学校とさまざまな用途の施設を分散させることにしました。

　具体的には、普通教室が六学年で二四、理科室などの特別教室は四、教員室、会議室、デイケアセンター、斜面の広場、ミカン畑など、全部で一二一の場所を敷地に配置していきました。これがそのプロセスを示したものですが、一二一の母点をさまざまな人たちの意見を順々に取り入れるようにして敷地にプロットしています（上図）。

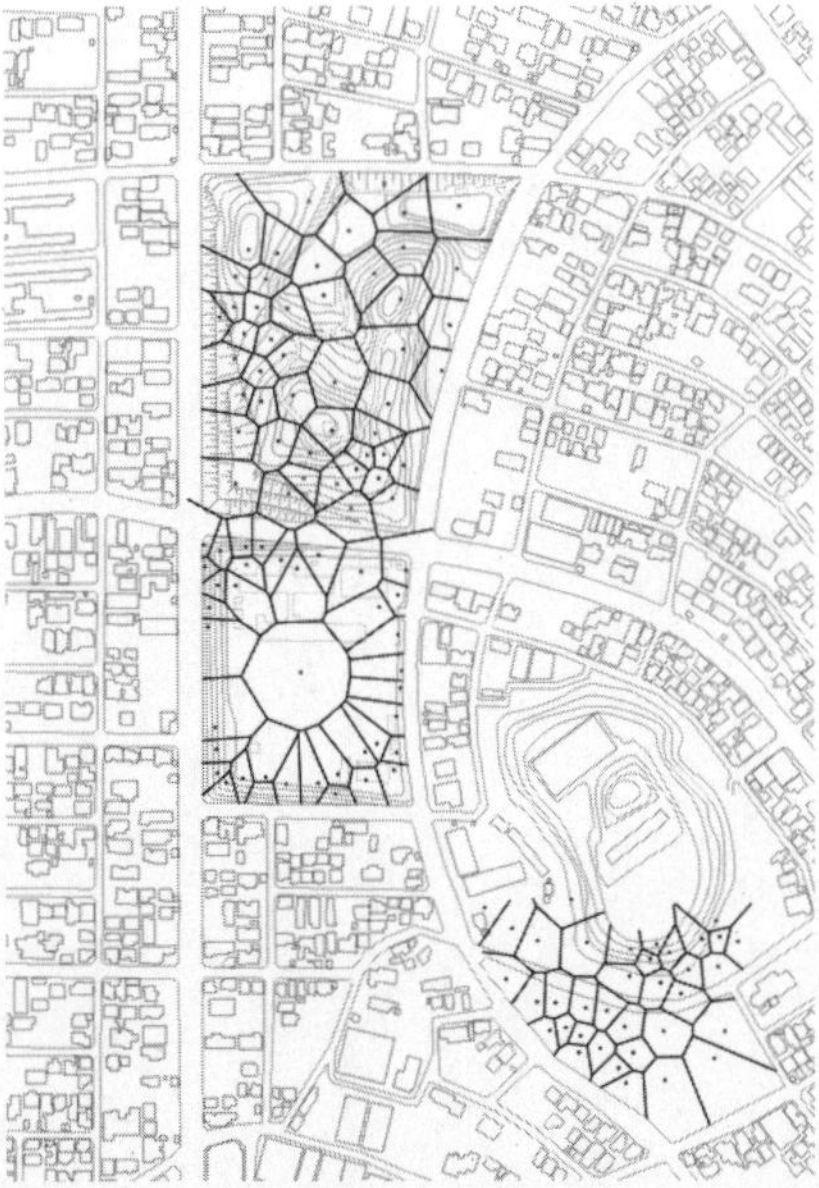

ボロノイ図

展望台のように絶対位置が重要なもの、プールや体育館のように大きさが決まっているものなど、要件が明確な空間のほかに、同学年の教室は近傍に集めるとか、室内空間が連ならないよう教室の隣には庭を配置するなど、いろんな条件を連ねつつ順々にずらしていくんです。運動場のまわりに教室を並べて、等高線をたどると同学年の教室を行き来できるようなことも考えました。これはかなり試行錯誤しましたね。

これが、ボロノイ図です（上図）。いまの時代だったら、アルゴリズムを駆使して自動生成させるのでしょうが、当時はCAD上で図面に点を置いてみることから始めました。

五十嵐　いまや万博の会場デザインにも使われますが、この境界線は一つひとつ引いていったんですか。

稲垣　そうですね。そこはアナログ的に（笑）。こうして描いたボロノイの結節点に角壁を立てて屋根を架けていくんです。

これが模型写真です（一四九頁）。抽象的ですが、広域の敷地に対してどのようにアプローチするのかを表現しました。全体模型をしっかりつくり込んでいくことは一切していません。時間が限られていたからとはいえ、いまの自分だとできないような割り切りかたです。それでもインパクトを与えようと、模型写真は大きく印刷してボードに貼りました。

五十嵐　学内ではどういう評価でしたか。

稲垣　最優秀でした。「せんだいデザインリーグ二〇〇四　卒業設計日本一決定戦」にも参加したんですが、日本一は東京大学の宮内義孝さん、僕は特別賞に入選しました。当時は規模も小さく、入賞したのは東京の大学ばかりでしたね。

五十嵐　その後「せんだい」の参加者も急増し、模型も巨大化しました。

稲垣　それまで早稲田で純粋培養されていましたが（笑）、レモン展（学生建築設計優秀作品展）やJIA全国卒業設計コンクールにも参加したことで、宮内さんや南俊允さん（東京理科大学［当時］）など他大学の友だちができて、それ以降互いに独立したいまも親しくしています。

JIAのコンクールでは内藤廣さんが審査委員長、審査員は北山恒さん、妹島和世さん、小嶋一浩さん、手塚貴晴さんというそうそうたるメンバーだったんですが、ちょうど、旧月影小学校に常駐していたので僕は審査会に行かなかったんです。実は、あとから聞いた話なんですが、妹島さんや小嶋さんが僕の作品を評価してくださったそうなんですね。でも本人が欠席だから二位の銀賞となったと聞き、無理をしてでも審査会に行けばよかったと、いまでも本当に後悔しています。

◈ 修士では廃校再生とコンペに没頭 ◈

五十嵐　当時の古谷研究室には、八〇人ぐらいの学生が所属していたと聞いたことがありますが。

稲垣　そうですね。正確な人数は覚えていませんが、卒論生が二五人くらいいて、僕のようにそのまま修士に進む人も多く、研修生や留学生、ドクターも含めると、六〇人は軽く超える人数だったと思います。

研究室の中には、カルロ・スカルパを中心とした作家論、木質空間、アジアの集落や高密度都市、学校や病院建築といった研究テーマごとにゼミがありました。

五十嵐　それほどの大所帯ですから、研究テーマも多岐にわたりますよね。自分で好きなゼミを選ぶんですか。

稲垣　そうですね。僕は「ハイパースクール」の課題を古谷先生に評価していただいたこともあり、学校建築ゼミを選択しました。そこから旧月影小学校の再生計画にかかわっていくわけですが、それと並行して、研究室で参加していたコンペを手伝ったりしていましたね。あるコンペでは二次審査と卒業設計の提出日が前後していたので、「稲垣君、これで卒業できなくなったね」と先輩に言われたりして（笑）。さすがに卒業設計の提出間際にはコンペチームから離脱しましたが、とにかくずっと研究室でつくり続けていたような状況でした。

修士に進んでからは、旧月影小学校のプロジェクトに没頭して、一年生の後期から数カ月間は現場常駐。東京に戻り修士二年では、専門学校やフリースクールといわれる学校が新しい取り組みをしている事例などを調査して修士論文をまとめました（稲垣淳哉「教育特区認定学校に見る学校制度・空間研究」二〇〇六年）。

その一方、いま一緒にEurekaをやっている佐野（哲史）や後輩たちとコンペに応募したりしていました。SDレビュー二〇〇五では朝倉賞に入選したんです（佐野哲史＋稲垣淳哉＋鳥海宏太＋松浦勇一「HOUSE 8」）。長谷川豪さんが鹿島賞、石上純也さんがSD賞に入選した年です。しばらく新潟に籠っていた反動か（笑）、コンペがやりたくなったんですね。

◈近代を受容するアジアの集落◈

五十嵐　修士設計も取り組みましたか。

稲垣　いいえ。修士のあとも大学で研究を続けるつもりだったので、論文で修士を終えたほうがいいだろうと。設計ということでは、博士課程に進んでから、「高崎市立桜山小学校」（古谷誠章＋NASCA、二〇〇九年）のプロポーザルから実施設計まで担当しました。群馬県高崎市と合併した旧群馬町周辺は、バイパスが通り巨大なショッピングモールができたことで人口が急増。既存の小学校のキャパシティではまかないきれなくなったことから、分離新設校として計画されたのが桜山小学校です。

人口増のために計画されたとはいえ、少子高齢化が進むなか、いずれ生徒数は減少することも予想できます。そこで、生徒の増減に左右されない空間として、一年生から六年生までの普通教室をすべて二階に配置して、全学年が行き来しやすいひとつながりのオープンプランとしています。自由度の高い平面計画によって、将来、生徒数が減少しても、生徒たちの流れやまとまりは維持できると考えています。

当時、高崎市では珍しいオープンプラン型の学校でしたから、ここで働くことになる先生方や地域の方々に新しい小学校を理解してもらうためのワークショップとして、古い小学校の体育館に発泡スチロールの原寸模型をつくり、学習環境デザインを専門とする苅宿俊文先生（大東文化大学［当時］、青山学院大学）の研究室と一緒に模擬授業を行ったりしました。

五十嵐　稲垣さんがアジアで集落調査をしていたのは、このころですよね。

稲垣　そうですね。桜山小学校のプロジェクト当時、少し違うこともやりたいと思って、アジアの集落研究（半透明空間研究ゼミ）にも参加しました。同じ研究室ですから、少し隣にずれただけなんですが、自分の中では大きな転換でした。少し疲れてきてしまったんだと思います。

五十嵐　学校の設計は、制度といった厳しいハードルもありますからね。

稲垣　そうですね。僕も若かったですし、理念を実現するまでにはもっと修業が必要だと感じてしまったんです。

集落調査では中国陝西省や河南省の地中住居

「ヤオトン」、深圳の違法増築された高密度都市空間「城中村」、インドネシアのジャカルタにある都市内集落「カンポン」、香港の大澳、鹿児島県徳之島などを調査しました(一六一頁)。

先行研究の知見を踏まえ、われわれもプリミティブなものが見られると期待して、現地を訪れるわけですが、必ずしもそうではないんですね。例えば河南省では、フラットだと思っていたヤオトンの地上部にレンガ造のバラックが建て込んでいて、地下部がどんどん崩落している。その中でも状態のいいヤオトンを選び実測調査をしましたが、この状況は一体何だろうと。

また、かつては毛沢東率いる中国共産党の拠点であり、革命の聖地といわれた延安には、斜面に横穴を空けていく「カオサン式」のヤオトンが数多く残っているんですが、都市化に伴い、外部から流入してきた人たちによって、コンクリートで増床されていたりしている。タイの水系集落では、洪水被害に抗してプレキャストコンクリートの柱でピロティを少し高くしたり、基壇部をコンクリートで打ったりして、原形をアレンジしながら住宅を更新している。そういう現状を調査していくわけです。

でも、そういう暮らしぶりはとても大切だと思いました。集落は変化しているわけですから、一九六〇〜八〇年代に行われていた集落調査とは違う眼差しで、集落が近代をどう受容し変化しているか、そこに着目して分析するべきだと。

そういう経験から、日本の集合住宅においても、住んでいる人が自ら改変したりしながら、建物を更新していくことの可能性について考えるようになったんです。どうすれば、日本の集合住宅でそれができるのか、ウンウンうなりながら設計したのが「Dragon Court Village」(二〇一四年)です。

◈集落調査での学びを設計に活かす◈

五十嵐 アーツ前橋で行われた「ここに棲む」展(二〇一五年)では、アジアの集落調査と岡崎のDragon

Court Villageを一緒に展示して、その関連性を解説していましたね。

稲垣　そうですね。実は、Dragon Court Villageで参考にしていたのは、福建省福州市にある伝統住居です（正座式住居）。京都の町家のように間口が狭く奥に空間が重層していくような構成なんですが、僕らは特に大きな軒下空間（正座）に着目しました。

もともと大家族が一世帯で住んでいた住居ですが、都市からの人口流入によって、六世帯ぐらいが一緒に住んでいました。その様子を観察すると、複数の世帯による緊密な暮らしを許容できるのは、たっぷりした軒下空間があるからなんですね。住宅の中に寛容な軒下空間があれば、ちょっとした増築もできるし、住人たちの交流空間にもなる。

この軒下空間から発想したのが、Dragon Court Villageの半屋外空間です。集合住宅の中に多様な活動を許容してくれる半屋外空間があれば、住人が主体的にかかわることができるのではないかと考えたんですね。

さらに、ここで住戸のヴォリュームを点在させているのは、自然災害に対して寛容に受け流す東南アジアの集落からの学びがあります。昨今、日本でも異常気象による豪雨が多発していますが、アジアの集落に見受けられる柔軟性は建築のサスティナビリティを高めるという理解から、気候のシミュレーションを通じて敷地の微気候を視覚化し、余白のある建て方を検討していきました。

五十嵐　僕がDragon Court Villageを訪れたとき、ちょうど月一回のマルシェをやっているという絶好のタイミングでした。あのイベントはどのように始まったんですか。

稲垣　それは本当に幸せな話で、住人であるひとりの女性が「ここで八百屋をやりたい」と相談に来てくれたんです。

五十嵐　八百屋？

稲垣　ええ。八百屋をしながら暮らしたいと（笑）。普通の賃貸住宅ではそんなことできませんよね。でも、私たちは軒下の半屋外空間をうまく使ってく

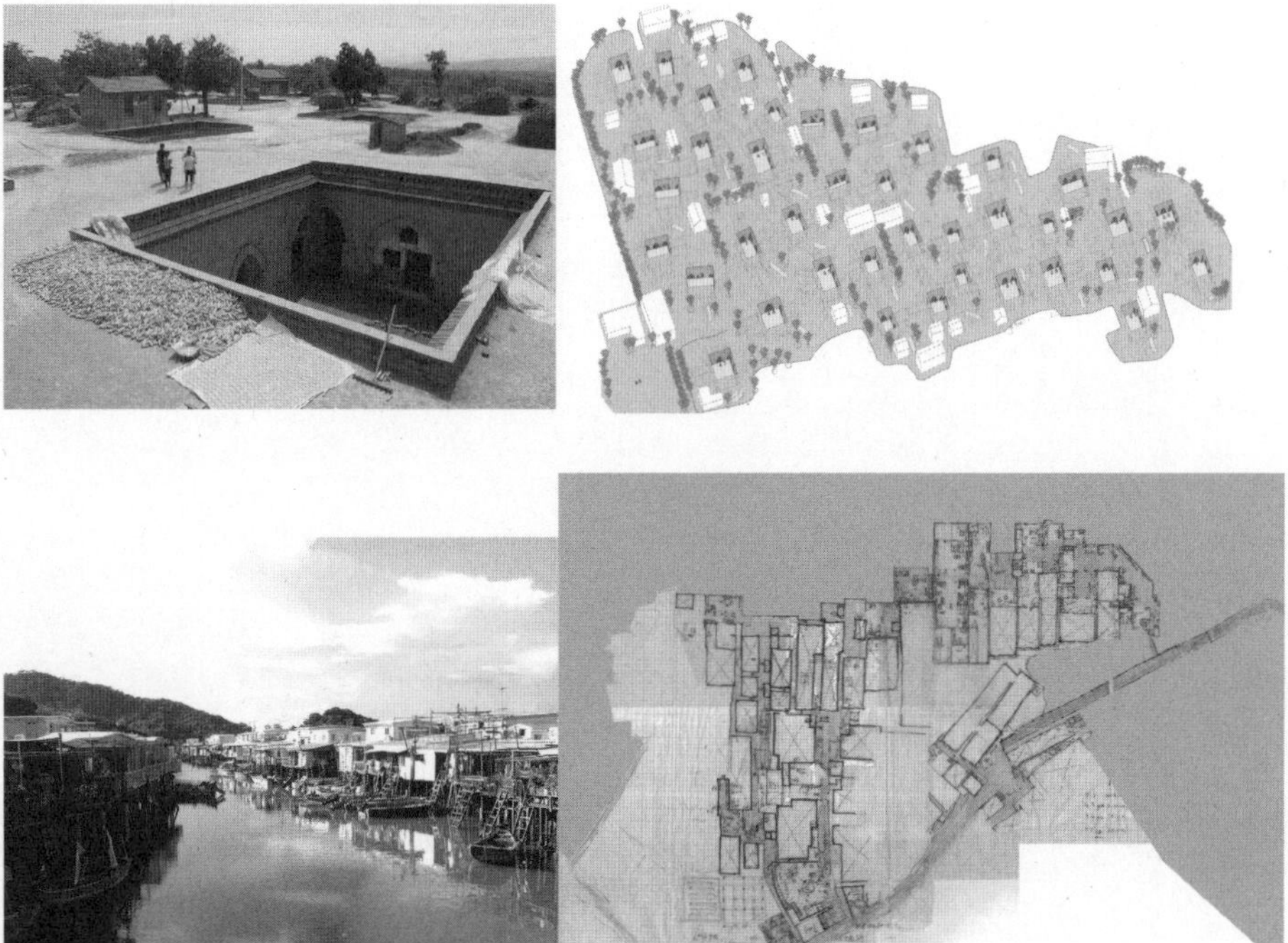

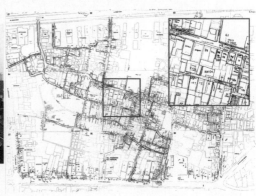

東・東南アジアでの都市・集落のフィールドワーク
上：中国・河南省窟底村「ヤオトン」
中：香港・大澳
下：インドネシア・ジャカルタ「カンポン」

れることを期待して設計していたわけですから、ぜひやってみようと。冷蔵庫はどこに置くのかとか、具体的な問題を一つひとつクリアしながら、竣工一年後、初めてマルシェを行いました。当初は二カ月に一回の頻度でしたが、ほかの住人も参加してくれて、さらにその仲間たちもどんどん呼び寄せられ、月に一度開催するようになりました。このマルシェを「スミビラキ」という自分の生活の一部として、みなさん誇りに思って取り組んでくださった。

実は、八百屋をやりたいと言い出してくれた彼女が結婚に伴い引っ越すことになり、こうした動きにはひと区切りつきました。でもこの三年間、ここで築かれたコミュニティは今後も維持できそうで、彼女の偉大さを感じています。

五十嵐　Dragon Court Village に見受けられるような複雑な立体構成も、アジアでのフィールドワークの影響が大きいのでしょうか。というのも、稲垣さんは卒業設計でも半屋外的な共有空間をつくっていますが、断面はシンプルで平面的に展開しています。敷地条件でそうせざるを得ないのかもしれませんが、どうしてこんなに変わったのかなと。

稲垣　たしかに卒業設計は平面的ですが、決してそういうものばかり考えていたわけでなく（笑）、学生時代から立体的な空間への志向は強かったと思います。でも、にぎやかなコモン空間を実現するには、プライバシーが安定した空間を上層に用意しなくてはならないと立体的に考えるようになったのは、アジアの集落調査があったからでしょうね。

また、台湾をはじめとしたアジアの都市で、集合住宅を勝手に増築して住人の暮らし方が外部に露出している風景を見ると、日本ではどうして均質なバルコニーばかりなのか、私たちの暮らし方が風景に現れないのはなぜなのか疑問がわいてくる。そのカオティックな風景をそのまま日本に移植することはできないけれど、その作法は見出したい。こうした視点が「Around the Corner Grain」（二〇一六年）のような複雑な立体に結びついていると思います。

「Dragon Court Village」で行われたマルシェの風景

「Around the Corner Grain」2016年

のパーソナリティを共存させるすべを見つけようと模索したことは、自分にとって大事なことだったと思います。地域で起こっている問題に独りよがりのトライアルは許されないかもしれないし、むしろそれは愚かなことかもしれませんが（笑）、卒業設計では突き抜けた構想力を見せてほしいと思いますね。

◈ 現実から突き抜けた構想力を ◈

五十嵐　これから卒業設計を迎える学生に、ぜひメッセージを。

稲垣　いま、岡山県勝田郡奈義町のまちづくりにかかわっているんですが、僕らの学生時代に比べてこうした取り組みに対する意識が高まっていますね。卒業設計でもそういう作品が多く、外への過敏さは仕方がないとは思うんですが、似かよったテーマの作品が多い印象はありますね。

卒業設計でこういうテーマを扱うと、現実的な着地点を考えてしまいがちです。そのリアリティも大事だとは思うんですが、そこに縛られない自由さがあってもいいのではないでしょうか。僕らが旧月影小学校を計画しているとき、地元の方々には見せられないような、現実から解き放たれた案をつくれる風土がありました。どちらも大事なんですよね。

僕の卒業設計に時代性があったのかどうかわかりませんが、廃校の増加という社会的事象と自分

大西麻貴

卒業設計
図書×住宅

2006

聞き手　五十嵐太郎

◈本の空間と住宅が交差する◈

五十嵐　大西さんの卒業設計は「京都六大学合同卒業設計展」で金賞、「せんだいデザインリーグ二〇〇六卒業設計日本一決定戦」で日本三、福岡で行われた「デザインレビュー二〇〇六」では最優秀賞に選ばれましたね。この三大会すべて、僕もシンポジウムの司会や審査員のひとりとして参加していたので(*1)、大西さんの卒業設計がすごく話題になったことをよく覚えています。学内ではどのような評価を受けたんですか。

大西　武田五一賞という最優秀賞をいただきました。

五十嵐　学内でも評価が高かったんですね。「図書×住宅」というテーマは、どういうところから発想したのでしょうか。

大西　卒業設計を始めたころは、京都で出合った自分の好きなシーンを寄せ集めた空間をつくろうと、いろんな機能が入り混じったものを考えていました。でも、それだけではテーマがはっきりしないので、自分が好きだった古本屋さんのような本の空間と、自分にとって身近な家という二つに絞って、その二つをかけ合わせてみようと思ったんです。そこから、チューブのような図書館と集合住宅が網目状に重なり合うようなプログラムが生まれました。敷地は、実家に近い名古屋市内の公園を選びました。

五十嵐　「せんだい」の最終審査では、敷地との関係が希薄だと、審査員に指摘されていましたね。

大西　はい。道を重ねたような計画にもかかわらず、その端部が周囲の道と関係していないのはどういうことかと(笑)。実際に設計のプロセスにおいて、UFOが着地したように、その場にポンと置かれているようなものを考えてしまっていたので、敷地そのものには当時あまり興味がなかったんです。

五十嵐　チューブの輪郭や配置はどのように決めたんですか。

大西　細いチューブと太いチューブがあり、最も細いところは壁一面に本が積まれた幅一・一メートルほどの廊下のような空間です。太いチューブは幅二、三メートルほどあり、中庭に面して大きな開口部

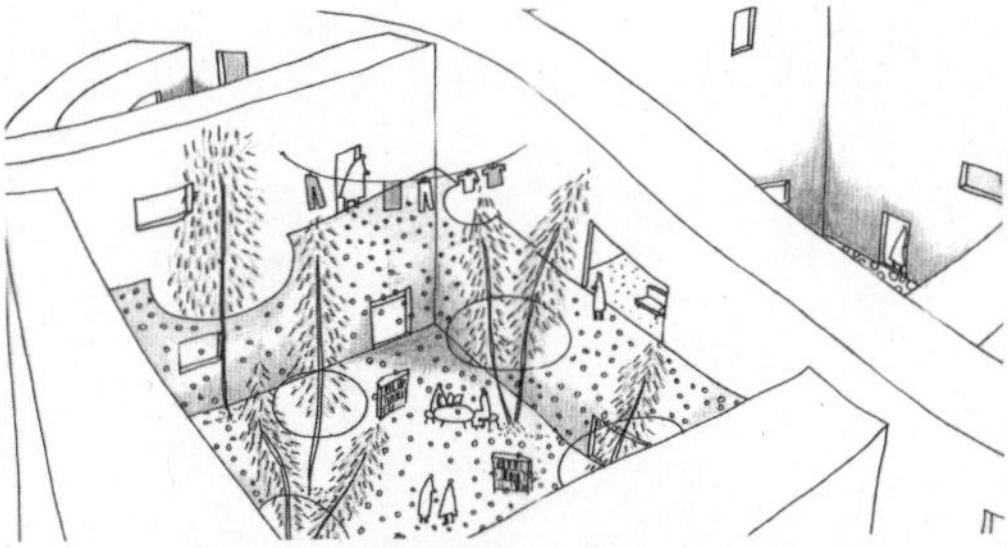

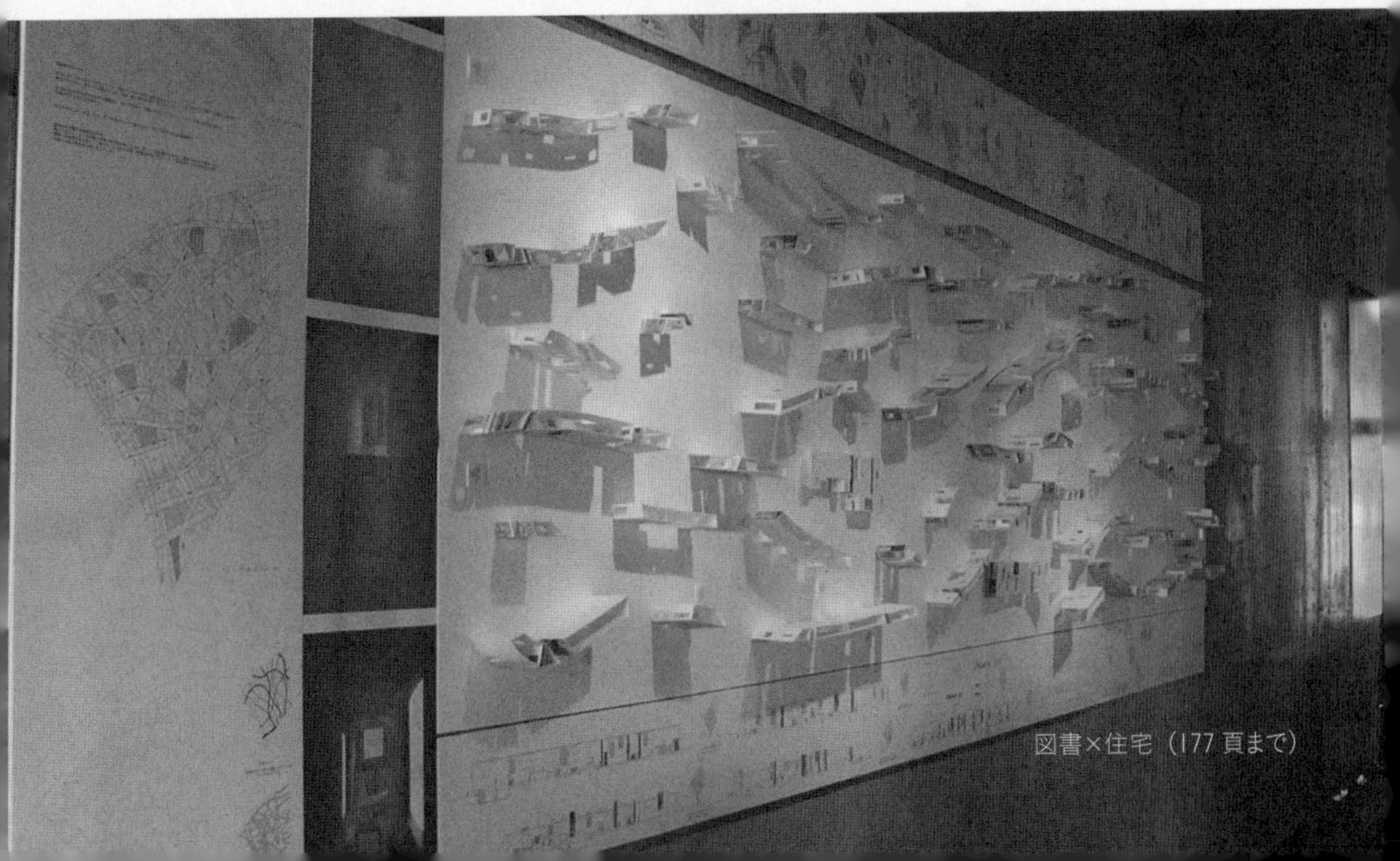

図書×住宅（177 頁まで）

を持ち、広がりのある開放的な場所になったりしています。

一転して、住宅内部は真っ白な空間で、少し湾曲した先に人の気配が感じられたり、窓の向こうには図書館のチューブが浮かんでいて本が見えたりします。狭かったり広かったり、天井が高かったり暗かったり……、いろいろなシーンを体験できるようなものを考えました。

チューブが重なってできるヴォイド空間は、中庭になっています。プライベートな中庭や図書館の一部として使われるような中庭、ギャラリーのように使われる小さな中庭、屋内化される中庭など、いろんな大きさや特徴のある中庭が重なり合うような構成です。書斎のように狭くて親密な空間と、中庭のように開かれた公共的な空間が連続しているようなイメージです。

（模型写真を見せながら）色がついているところが集合住宅で、それ以外は図書館です。七〇戸くらいある住宅はすべて大きさが違うので、全住戸を取り出して模型をつくりました。実は、まともな平面図というのはほとんど描いていないんです。その代わりに、いろいろなシーンのスケッチをたくさん描いて貼っていきました。いま見ると迫力のある図面もないし、スケッチも全然描けていませんね（笑）。

◈卒業設計イベントでの高い注目◈

五十嵐　「せんだい」の審査委員長は藤森照信さんでした。たしかファイナリストの一〇番目ですね、大西さんが発表したのは。

大西　はい、最後でした。

五十嵐　それまで、戸井田雄さん（武蔵野美術大学［当時］）の詩的な語りとか、わりと内向的な発表が続いていたせいか、大西さんが話し始めたとたんシャキンとして、場の雰囲気が変わったのを覚えています。

僕は大西さんの作品をずっと推していたんだけど、最終審査の途中で藤森さんが「大西さんの案は、僕には理解できない」と発言し、曽我部昌史

さんも「僕は認めん」と言って、次に小野田泰明さんの票も離れ始めた。結局、一位は中田裕一さん（武蔵工業大学［当時］）の都心に積層する小学校のような作品で、迫力のあるドローイングが印象に残っています。三位となった大西さんは、審査が終わったあとの交流会で曽我部さんにかみついていましたね。泣かされていたような記憶がある（笑）。

大西　はい（笑）。でもいま振り返ると、自分にはおごりがあったんだと思います。その後大学院に進んでこのときのことを思い出すたびに、落ち込んでいました。私にとってはトラウマです（笑）。

あんなに大勢の人の前で批評を受けるということが、初めての経験だったんです。よく覚えているのは、小野田さんから指摘を受けたとき、「私がこんなにがんばってつくったのに、なんで理解してもらえないのかわからない」と発言してしまったことです。小野田さんが「そんなことを言ってはダメだ」とおっしゃったのをよく覚えています。審査が終わってからはあまりにもショックで、ダメだったところを曽我部さんにうかがいに行ったんですが、興奮していたのか、何を話したかまったく覚えていません。とにかく悔しくて泣きながら帰りました（笑）。

五十嵐　交流会のそのシーンは僕も覚えています。実は、曽我部さんに卒業設計のことをインタビューしたとき、裏原宿のキャットストリートに遊園地みたいなものをつくっていた曽我部さんに対し、篠原一男さんは「曽我部君のだけはダメですからね」と言ったというエピソードを聞いたんですよ（＊2）。その曽我部さんが大西さんに対して「認めない」と言ったわけだから、輪廻というか（笑）、曽我部さんが篠原さんの立場になったような不思議さを感じました。

特別賞に選ばれた戸井田さんは、その後アーティストとして活動していて、「あいちトリエンナーレ二〇一〇」での公募枠の審査など、僕は何度か会う機会がありましたが、制作の方法やコストのことについてしっかり話をしていて、ずいぶん成長したなあと思いました。いま、熱海のまちの再生にも取り組んでいますね。一位に選ばれた中田さんは、いまどんな活動をしているんですか。

大西　中田さんはゼネコンに勤めたあと工務店を設立して、面白いことをやっているとお聞きしています。熱海には、戸井田さんと中田さんが一緒につくったゲストハウスがあって、「せんだい」で一緒になった人たちと集まろうと計画したこともありました。結局、みんなの予定が合わなくて実現しませんでしたが……。みんなそれぞれ、がんばっていると思います。

五十嵐　「せんだい」のあとに福岡で行われた「デザインレビュー二〇〇六」は、初日に応募作品からファイナリストを選び、翌日、トーナメント形式で勝ち抜いた人が最優秀賞になるというシステムでした。一泊二日で審査員を拘束するので、初日の晩は学生と審査員が一緒に飲めるというのも、とてもよかった（笑）。学生も一晩寝てからファイナルを迎えられるので、落ち着いて発表できるし。「せんだい」は予選から最終決戦まで一日でやるから、現場はけっこうドタバタで、その雰囲気に舞い上がってきちんと話ができない学生もいるんです。

さらに、デザインレビューの提出作品は卒業設計に限定されていなくて、大学の課題でもいいし、修士の学生が参加してもいい。まれに、そういうのもファイナルに残ったりするのも面白いですね。二日目はトーナメント形式だから、一回戦で重量級がぶつかって、実質的な決勝戦みたいなことも起こり得る。

大西　そうですね。他大学はもちろん、違う学年とのつながりができたのもよかったです。

五十嵐　伊東豊雄さんが審査委員長で、大西さんは圧勝でしたね。

大西　このとき伊東さんからいただいた言葉は、大切にしたいと思っています。「僕たちの世代は、批評こそが建築をつくるうえで大切なことだったけれど、今日、みんなの話を聞いて、批評というより、もっと前向きなエネルギーから建築をつくっていけるかもしれないと思いました」とおっしゃってくださって……。それは、いまでも私の心の支えになっています。

◈エスキスは放任主義◈

五十嵐　大西さんは竹山聖研究室の出身ですね。卒業設計のエスキスはどんな感じだったんですか。

大西　竹山先生は基本的に放任主義で、みんなそれぞれに先生の背中を見て育っていくという感じでした。エスキスを受けたのは数えるくらいだったと思います。研究室の先輩と議論しながらつくっていくような感じでした。

当時、西沢立衛さんがプロジェクトとして発表された「江田の集合住宅」やSANAAの「ロレックス・ラーニング・センター」（二〇〇九年）を見ながら、斜面の上にピロティ形式でヴォリュームが浮いているようなものをつくっていました。SANAAの建築には学生時代からずっと大きく影響を受けました。また、伊東豊雄さんの「中野本町の家」（一九七六年）も好きでよく図面や写真を眺めていました。でも、先輩から「誰かの真似はしないほうがいい。一〇年後、誰かに指摘されて恥ずかしい思いをしないものをつくらないと」と指摘されたんです。それで、より深く自分のやりたいことを考え直すことになりました。

五十嵐　当時、伊東さんは、京都大学で設計を教えていたんですよね？

大西　私が二年生のとき、ひとつ上の学年の授業に教えに来られていました。当時の私は、伊東さんのことをあまりよく知らなかったんですが、授業を受けてみたいと思い、三年生の課題を勝手につくって見せに行ったりしていました。

私が三年生になってからも伊東さんは教えにいらしていたんですが、伊東スタジオは優秀な人しか入れなかったんです。私は落ちこぼれの学生だったので、伊東さんを待ち伏せして課題を見てもらったりしていました（笑）。

五十嵐　スタジオには何人ぐらいの学生がいたの？

大西　伊東スタジオは約一〇人、竹山スタジオは三人程度でした。伊東さんが来てくださる前には、山本

理顕さん、妹島和世さんがいらしていたんです。いま考えるとすごいことですよね。

五十嵐　「せんだい」で大西さんが三位になった翌年、さらにその翌年も京大の学生が一位で、竹山研究室の学生も多く入賞していた。このころ、京大の強い時代が続いて、フォルマリズムというか強い形式性を持った作品が目立っていましたね。

大西　このころ、大学のカリキュラムがガラッと変わったんです。二年生と三年生の課題を入れ替えたり、課題そのものを変えたり。その成果が表れたのかなと竹山先生はおっしゃっていました。ただ、私のように敷地のことはあまり考えていないという学生が多かったのではないかと思います（笑）。

五十嵐　でも、その形態に強さというか、勢いがありましたよね。驚いたのは、大西さんが三位になった翌年、大西さんの卒業設計に明らかに影響を受けたと思われるものが大量発生したこと。チューブ形の作品がたくさん出てきたんですよ。

大御所の建築家の作品を真似することは、当然これまでもあったんだけれど、前年度の上位作品が露骨にコピーされているのを目の当たりにしたのは初めてでした。それだけ強い案だったということですね。

◈ 建築家への道 ◈

五十嵐　大西さんは、その後大学院に進み、百田有希さんと共同設計した「千ヶ滝の別荘」で「SDレビュー」の鹿島賞に選ばれました。あれは卒業設計から何年後でしたっけ？

大西　翌年の二〇〇七年です。

五十嵐　早い！　大学院生でSDレビューに入選？

大西　はい。

五十嵐　「アイランドシティ・フォリー」のワークショップに参加したのも、このころですか。

大西　大学院一年生のときです。東京に出てきて、伊東さんの事務所でオープンデスクに参加していたとき、ちょうど福岡でワークショップがあるというので、夏休みに参加したんです。全国から参加してきた学生がチームになって案をつくり、選ばれたものは伊東さんの指導を受けながら実際につくることができるというプロジェクトでした。

五十嵐　それが「地層のフォリー」（設計：大西麻貴＋小川勇樹＋熊澤智広＋百田有希＋南方雄貴／監修：矢作昌生）ですね。出来上がったのは大学院を出たあとですか？

大西　はい。完成まで二年半ほどかかりました。

五十嵐　多摩美術大学の長谷川祐子ゼミが企画した展覧会「ダブルクロノス」（二〇〇八年）に出展したのもこのころ？

大西　大学院二年生のときに声をかけていただいて、「都市の中のけもの、屋根、山脈」という作品をつくりました。

五十嵐　東京都現代美術館での展覧会（大西麻貴＋百田有希「夢の中の洞窟」展）も、同時期でしたよね？

大西　そうですね。二〇〇九年ですから、大学院を出たばかりのころでとても大変でした。

五十嵐　大西さんは二〇一〇年から「Under 30 Architects

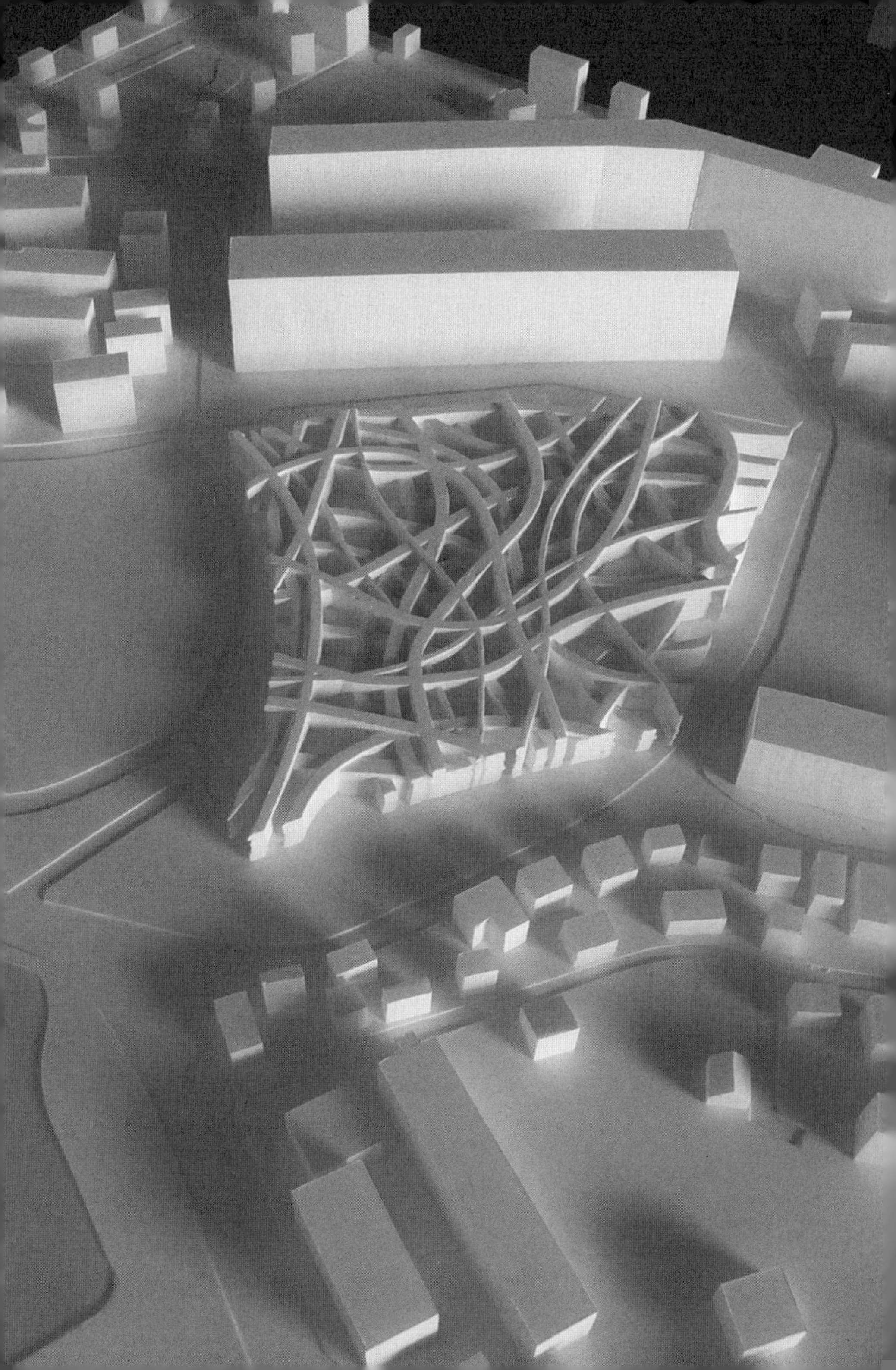

exhibition」にも二回参加しているし、若くして人目にさらされる苦労が続くという（笑）、希有な体験をしていますね。

大西　人前に出て行くということがいやだなあと初めて思ったのは、やっぱり卒業設計ですね。それまでは京都で人知れずやっていたのに、「仙台の日本一決定戦で審査員に怒られていた人だ」「生意気なことを言っていたあの人ね」というふうに見られてしまう（笑）。思い出すたびに恥ずかしい気持ちになりました。

五十嵐　卒業設計で有名になったことでプレッシャーも大きかったと思いますが、いろんな人と知り合うきっかけになったのでは？

大西　そうですね。大学院で東京に来たこともあって、いろんなことに声をかけていただくことが増えました。

　でも最近少し反省しているのは、人前であまり歯に衣着せぬ発言をしなくなってきていることです。もっと率直に発言できるようになったほうがいいと思っているんです。

◈卒業設計から続く「道」というテーマ◈

五十嵐　大西さんは、実作も早かったですね。

大西　「千ヶ滝の別荘」を見てくれた方が依頼してくださったのが、「二重螺旋の家」（二〇一一年）です。路地からのアプローチが建物にらせん状に巻きつくような構成は、卒業設計のときに考えたチューブ形というか、まちの道がそのまま内部になっていくようなことがテーマになっています。

　これは、古谷誠章さんらナスカのみなさんや、MARU。architectureさんと一緒に取り組んだコンペ案ですが（一八二頁）、ここでも道のようなものを計画しました（「東根市図書館美術館PFIコンペ」二〇一四年）。いろいろな道が伸びていくような平屋なんですが、中心から離れるほど専門性が高い場所になっています。入り口をたくさんつくることで、周囲のまち並みとのつながりを持たせました。敷地のそばに学校があるので、学生たちが通り抜けられるような入り口や道をつくったり、美術館を二つに分けることで、展示室

「千ヶ滝の別荘」2006 年〜（「SD レビュー 2007」鹿島賞）

「地層のフォリー」2009 年（小川勇樹、熊澤智広、百田有希、南方雄貴との協働。監修：矢作昌生）

と展示室を移動するときに図書館を通り抜けられるようにもしました。施工や運営も含めた面白いチームの提案で、ぜひ実現したかったんですが……。残念ながらコンペは負けてしまいました。

五十嵐　「道」というテーマは、卒業設計から続いているということですね。

大西　そうですね。修士論文は、「湾曲する坂道の視覚体験の研究」というもので、東京の曲がっている坂道をひたすら歩き、どういう視覚的な効果が表れるのかを研究しました。「道」というのは、自分のなかで大事なテーマになりつつあるような気がします。

実は、いま設計している住宅も「道」なんです。都内の傾斜地で三方道路に囲まれているところなので、路地をそのまま屋外階段として扱い、その階段をぐるっと上がると、半屋内的に使える場所があって、さらに上がるとテラス、そして最上階の茶室と露地につながっていく。道を歩いていると、いつの間にか家の中に入っていくようなものを計画しています。小さな住宅ですが、外と内の関係が面白いものをつくりたいと思っています。

◈ 自分の興味を言葉にしてみる ◈

五十嵐　そもそも、大西さんが建築家になろうと思ったきっかけはなんですか。

大西　中学生のときに、バルセロナのサグラダ・ファミリアを訪れて、建築に興味を持ったことです。建築がつくられている現場に観光客が訪れ、建築が生まれると同時に街の歴史の一部となっていることに感動しました。

当時は現代建築というより、ヨーロッパのカテドラルや京都のお寺など、古いものに興味があったんです。現代建築への意識が高まったのは、やはり伊東さんや竹山先生との出会いが大きいと思います。伊東さんが大学に教えに来られたとき、「サグラダ・ファミリアやゴシックのカテドラルを超えるような建築を、これからもつくることはできるのでしょうか」とお聞きしたことがあるんです。そのとき伊東さんはちょっと考えて、「つくれる」と言ってくださった。そのとき、建築家というのは言葉で向かうべき未来を指し示し、夢

「都市の中のけもの、屋根、山脈」2008 年（「ダブルクロノス」出展作品／ Zuishoji Art Projects）

「東根市図書館美術館 PFI コンペ案」2014 年（ナスカ、MARU。architecture との協働）

を実現していく人なんだと思ったんです。建築家になりたいと思わせてくださったのは、伊東さんかもしれません。

五十嵐　卒業設計をやって、建築家になる自信がついたのではないですか？

大西　うーん。どうなんでしょう（笑）。

五十嵐　最近、政治的な正しさを強く打ち出すような卒業設計が評価されるような傾向があるような気がしていて、少し違和感があるんですね。大西さんが学生のころは、やりたい形態を追求するような勢いがありました。いまの学生に対して、何かメッセージをいただけませんか。

大西　やはり、自分の好きなことをやるしかないと思います。たくさんある自分の興味のなかから、これだと決めて言葉にしてみることが、後々自分が帰っていける場所になっていくと感じていますね。

　私自身、卒業設計のときに、まだモヤモヤと悩んでいるなかから、もしかしたら自分が興味があるのは「道」ではないかと思って、実際に言ってみた。それは、卒業設計を考えるきっかけに過ぎないものだったかもしれないけれど、時間が経つうちに、「そういえば、私はあのとき『道』と言ったな」と振り返るようになって、きっかけに過ぎなかったテーマを繰り返し考えるようになる。それを積み重ねていくうちに、だんだん強度のあるものになっていくような気がしています。こうして徐々に、自分の歴史の一部になっていくのではないでしょうか。私にとっては、卒業設計で「道」に取り組んだということが、その後、自分が立ち戻れる存在になっているような気がするんです。

註

＊1　京都六大学合同卒業設計展の「キョウトソダチ」シンポジウムは、『卒業設計で考えたこと、そしていま　2』（彰国社、二〇〇六年）にてレポートしている。

＊2　曽我部氏へのインタビューは同書に収録。

増田信吾

卒業設計
街の滑り台

大坪克亘

卒業設計
loose

2007

聞き手　市川紘司

増田信吾「街の滑り台」

◇本当に使われる場所を求めて◇

市川　まずは大坪さんにおうかがいします。東京藝術大学での卒業設計ではどんなことを考えていたのでしょうか。

大坪　いろんなプログラムが混在しているコミュニティセンターみたいなものを計画しようと思いました。敷地は原宿の竹下通りの裏、以前、旧渋谷区立中央図書館があったあたりです。住宅や商店街が入り混じり、実際にコミュニティセンターが建つことはなさそうな場所を選びました。

こうした施設には多目的ホールというものがありがちですが、有効に使われているところは、案外少ないじゃないですか。僕はそれが気になっていたので、本当に多目的に使われる場所というのはどうすれば実現するのか考えてみようと思ったんです。だから、僕が設計したいと思っていたのは、実は中央にあるこの小さな広場だけです。広場に人をどうアプローチさせて、どのようなものをまわりにつくれば本当に使われる場所になるのか。建物をつくることによって、建物そのものではなく、そのまわりでどんなことが起こるのかに興味がありました。

市川　大きな円形は屋根ですか。

大坪　はい。地下の広場に対して、人工地盤のようなHPシェル構造の屋根が載っています。道路から広場まで、カーブしながらアクセスできて、周辺を散歩しているとスタジオが入っている凹凸のある建物がちらちら見えるような状態をつくろうと考えました。道を歩いていると、いつの間にかこの敷地に入り込む。そして、この広場にポッとたどり着いたとき、どんな気持ちになるのか想像しながらつくっていきました。

市川　模型でスタディしていましたか。

大坪　そうですね。プライザー（人形の模型）に合わせて、一〇〇分の一の模型で検討しました。形が人に及ぼす影響を疑似体験しながら、一つひとつ構築していきました。

卒業設計の前に文明史博物館を設計するという課題があったんですが、そのとき僕は「遊び」を

大坪克亘「loose」

テーマにしたんです。人間が進化するうえで、遊びというものが一番重要だと説くヨハン・ホイジンガの影響もあって、目的もないのに勝手に身体が動いてしまうような遊びの場所を考えました。そのころからですね、多目的に使われる場所はいったいどういうものなのか考え始めたのは。

市川　『ホモ・ルーデンス』を参照されたということですね。

大坪　そうですね。正直、それほど本を読む学生ではなかったのですが、いまでもその本のことは思い出します。アフォーダンスの考え方に近いのかもしれませんが、目的のはっきりしない意図的に野放しにされた状況は、逆に多様な場所を生み出すのではないかと考えて、「loose」というタイトルをつけました。

◆身体感覚を頼りにする◆

市川　模型でスタディをしていたということですが、ドローイングや図面でのスタディや最終的な表現はどのようにされましたか。

大坪　ドローイングは描いていないんです。CADで図面を描き、Illustratorで加工してプレゼンテーションボードに貼りました。

市川　藝大生はドローイングで勝負することも多いような気がしますが、大坪さんは何かこだわりがあって描かなかったんですか。

大坪　実は間に合わなかったんです（笑）。模型に時間をかけ過ぎてしまったんですね。

当時の僕は、人に伝えることより、自分の中にある疑問に対してああだこうだと考える時間が一番大切だと思っていたんです。でも、あまり大きなスケールで考えてしまうと理解しきれない。自分で把握しやすい身体感覚をベースに考えました。

市川　全体を計画するというより、身体感覚で得られる一つひとつの断片的な関係から建築をつくっていった、ということでしょうか。

大坪　そうです。自分で理解できる断片を組み立てることしかできなかったんでしょうね。

市川　そのような態度から結果的に大きな円の形が導かれているのが興味深いですね。講評会での評価はいかがでしたか。

大坪　あまりよくなかったのは覚えています（笑）。自分はこう考えたから、このように構築したと説明していくんですが、そもそも伝えることのために時間をほとんど割いていなかったので、説明の途中で僕自身よくわからなくなりまして（笑）、ちょっと笑ってしまったんです。講評会のあと、「途中まではよかったのに、なんで笑っちゃったの？」と友人に言われてしまいました。

　根本的な疑問が解決できていないのに、それを自分のなかに押さえ込み、ひたすら模型だけで考えてつくり込んでいたから、いざプレゼンの場になってみると、自分が納得できていないことが露呈してしまって、思わず苦笑してしまったんだと思います。自分なりに自分を苦しめて、考え切ったつもりだったけれど、結局、建築のことはよくわからないまま、大学四年間が終わりました。

市川　卒業設計後についてはどのように考えていたのでしょうか。

大坪　純粋にモノ自体と向き合って考えようと先端芸術表現科の大学院を受けたんですが、落ちてしまったという経緯もあり、本当に何もない状態でした。とはいえ、このまま実家にいたら引きこもりになってしまうと思って（笑）、ひとり暮らしをすることにしました。お金を稼がないと生活ができないという状況に自分を置いて、とにかく人生を転がしていこうと。

　こうして、働きながらひとり暮らしを始めたら、増田から仕事に誘われて、あれよあれよという間に巻き込まれ、いまに至るという感じです。

◈建築は思考の方法◈

市川　続いて、増田さんの卒業設計についてお話しいただけますか。

増田　神楽坂商店街の裏にある白銀公園をリノベーションする計画です（一八五頁）。この公園は実家にも近く、子どものころからよく通っていました。

四方を道路に囲まれていて、マンションや住宅がまわりに立ち、高低差も少しある密集地です。

市川　どういう公園をつくろうとしたんですか。

増田　遊具で遊んだときの楽しさって、高いところに登ったり、何かに乗って回ったりしながら日常の景色への視点が変わるところにあると思ったんです。卒業設計では、既存の山や遊具がある公園内に厚さ一五〇ミリの壁を無数に立て、それを一筆描きでつないで、人が通れたり、視線が抜けたりするたくさんの開口部を設け、遊具のように日常の視点が変わるような場所を考えたかった。その壁の隙間や開口部をくぐっていく長い滑り台をつくりました。公園や遊具の図面を入手して、スプリングで動く馬や神楽坂商店街にある街灯など、街の要素を具体的に描き、園内にちりばめていきました。街が楽しく体感できる大きな遊具のような場所をつくろうと考えたんです。

市川　壁の操作に特化することで、逆にいろんな場所をつくろうという意識がうかがえます。

増田　そうですね。遊具や街に転がっている要素がちりばめられているところを壁でどう区切りどう開くのか、いろんな線をつないだり切ったりしながら考えていきました。建物を設計するということより、場所のあり方を考えたかったんだと思います。

僕は、高校を出て就職した会社を辞めて大学に入ったんですが、進学する前から、建築学科はアウトプットを前提とした思考を学ぶ学科だと、調べもせずに勝手に決めていました。だから、建築学科では物事を考え生産する力をつけたいと思っていました。子どもっぽい話ですが、課題では建物らしいものの設計から逃げてきたんです。

一年生のときから興味があったのは、壁を立てることでした。場所を囲うだけでなく、囲いつつ一部を開いて奥へ人を通すこともできるし、視線だけを抜くこともできる。重力のある地球上で、そして体を持つ人間にとって一番影響力があるのは壁なんじゃないか、と思っていました。

市川　卒業設計に入る前には当然、住宅や図書館の設計課題もあったわけですよね。そういうものに対してはどのように応えたんですか。

左：増田氏、右：大坪氏

増田　一年生の最初の課題は公園に小屋を設計するというもので、部材の取り合いを考えながら基本的な図面を一式描けるようになることを期待されていました。しかし僕は、壁単体に興味を持ってしまい、公園で遊ぶ子どもとそこを通り抜ける大人の動線が交錯する交通を操作する壁を立て、そこに人が休んだり会話する行為がいっとき生まれるだけで、単一の目的が行われる仮の建物としての「小屋」になるのでは、と考えて提案しました。

「分節を再考する」という三年生の課題はとても面白かったです。おもに間仕切りなどをどう考えるかが課題テーマだったのですが、そのときは自分の体が直接触れて、自重を支えている境界である床の硬さが変わるとどうなるのかと床に集中して考えました。

市川　大坪さんは模型でスタディしていたということでしたが、増田さんはいかがでしょうか。

増田　模型はあまりつくりませんでしたね。スタディはスケッチやＣＡＤでした。

大坪　でも、増田の模型技術はすごいですよ。

増田　いや、模型というよりいろんな素材を試すのが好きだったんです（笑）。東急ハンズの店員に聞いたり、ネットで調べたりしながら、曲面はどうやってつくるのか、樹脂はどのくらいの温度で固まるのか、アクリルで風船をつくってみたり、いろんなことを試していました。アクリルを大量に消費するから、すごくお金を使いましたね。模型はひとつもつくっていないのに、なぜ俺はこんなにお金がなくなるのかと（笑）。

市川　課題に縛られずに自由にマテリアルの実験をされていたというのは、とても面白いですね。

◈ 自ら場所をつくり自立する ◈

市川　増田さんの卒業設計に対する、学内での評価はいかがでしたか。

増田　建築的な評価は特になかったです。ある先生には「好きなことをやって楽しかったでしょう」と言われました（笑）。アプローチが個人的過ぎました。

市川　当時、影響を受けた建築家や建築はありますか。

増田　僕が初めて知った建築家は、北山恒さんなんです。父が北山さんと高校の同級生で、僕はarchitecture WORKSHOPが駆け出しのときに設計した家で育ちました。高校を卒業して就職した会社を辞めたとき、ちょうどギャラリー・間で北山さんの展覧会「On the Situation」（二〇〇二年）が開催されていて、父に案内の手紙が届いていました。それを哲学科に行った高校の親友が見つけて見に行こうと誘ってきた。身近にそういった機会があったことは大きく影響していると思います。あまり建築の本を読まない学生時代だったのですが、北山さんの本は読んでいました。

市川　（本を見ながら）たしかに、たくさんの線が引いてありますね。

増田　ほかにもいろんな建築家の作品を見ましたが、よく覚えているのは、荒川修作＋マンドリン・ギンズやディラー＆スコフィディオです。「養老天命反転地」（一九九五年）には学生時代に行きました。ディラー＆スコフィディオはまだ実作が少なかったんですが、インスタレーションが面白かった。それから、スーパースタジオ。大学四年生のときに代表のクリスチアーノが来日したとき、伊東豊雄さんとの対談会場に飛んで聞きに行ったのを覚えています（「テアトロ・スーパースタジオ」二〇〇六年）。

市川　卒業設計後の展開についても教えてください。

増田　卒業設計が不完全燃焼だったこともあり、まだ勉強を続けたいと思いました。アルゴリズムやセル・オートマトンなどの計算モデルの可能性に対する関心もあって、半月ほどドイツに行ってニール・デナリのスタジオにもぐって参加したこともあります。形の生成や物事を決める際の決定方法として興味があったのですが、自分が求めていたものとは少し違うと思って帰国しました。それでもやっぱり建築を続けたいという気持ちがあったから、この場所を借りたんです。

市川　増田さんおひとりで？

増田　いや、進路が決まってない男子五人で。三六板の机を置いて、いつでも建築の話ができて、ポートフォリオをつくったり、コンペの作業をしたりするための部屋を確保しようと考えたんです。

市川　いまで言うシェアオフィスみたいなことですね。

増田　そうですね。その家賃を払うために、僕は風力発電会社でアルバイトを始めました。市民に説明するための巨大な模型をつくる仕事だったんですが、人手が足りなくなり、大坪も誘いました。

さらにその後、会社が出展する展示会の設営に携わることになったんです。でもそれはアルバイトとしてではなく、自分たちの仕事として取り組みたいと社長に意思表明をして、バイト先ではなくこの場所でやっていました。ここで案をつくり、それを持って電車に乗って社長にプレゼンしに行くというプロセスが大事だろうと（笑）。

こんな感じで、大学を出たばかりの僕らが建築について話をしたり、夜遅くまで仕事をしたりしている様子を見て、社長は「あれこれ悩んでいるくらいなら、小さいけれど設計してみないか」と建築の仕事を依頼してくださったんです。

市川　それが「SDレビュー2008」に入選した「風がみえる小さな丘」（増田伸吾＋大坪克亘＋島田雄太、二〇〇八年）。

増田　そうです。翌年の「たたずむ壁」（増田信吾＋大坪克亘＋平山裕章、二〇〇九年）も社長からの依頼です。地元の広大な土地を有効に使う方法を求められたので、風が強く、木が育たない一面熊笹が広がる敷地に僕らは二枚の鋼板を立てることで陰をつくり、風の流れを操作し、周辺の植物や動物の関係性を変えて、人が寄りつきやすくなるような場所全体のあり方を探っていきました。

こうした作品を発表したことによって、若手の建築家と仕事をしたいという方に出会い、「躯体の窓」（二〇一三年）というプロジェクトにつながったんです。

◈ 設計対象は空間というより場所 ◈

市川　「たたずむ壁」は壁、「躯体の窓」は窓、そして「始めの屋根」（二〇一六年）では屋根がそれぞれ設計で焦点化されています。作品ごとに異なる部位がテーマとなっているようで興味深いです。

「風がみえる小さな丘」2008年（SDレビュー2008入選、島田雄太との協働）

増田　でもあれくらい高いと、庭の天井くらいに感じて、その上面を感じる屋根として見えてきません。あくまでも空間をつくるという意識よりも家と庭の境界として考えました。なんで「屋根」をタイトルにつけたんだろう（笑）。家が先か、あの屋根が先か、わからないくらいあの敷地の場所に対しての前提として存在させたかったんです。

僕らは、空間というより場所をつくることに興味があります。例えば、六畳の部屋を森の中につくるのか、都市部の密集地につくるかによって、開口部から取り込まれる環境によって空間の質は変わる。窓の先の状況によって変わるのであれば、むしろ、外を設計したほうが結果的に空間はよくなるのではないか。空間自体のつくり込みより、まわりの場所が大事であるという目線で建築をつくりたいんだということが、自分たちなりにわかってきたように思います。

市川　原広司さんの議論を思い出しました。原さんは空間を仕切るビルディング・エレメントから空間そのものを語ることの可能性を「空間の文法」（一九九〇年代後半に『GA Japan』誌上で書かれた連載論考）などで検討しています。これは建築家の主題が近代以降、モノではなく空間になっている以上、空間そのものを論じる「文法」が専門的に不可欠のはずだという認識が原さんにあったからですが、増田さんの関心にも近いのかなと思いました。

増田　そうかもしれませんね。ビルディング・エレメントに対する意識は、実体験としても感じていることなんです。例えば、東京という密集している都市においては窓や玄関や、さまざまなエレメントがとても大きな面積を占めているわけです。そうなると空間というよりエレメントに支配されていると感じるんですね。であれば、エレメントを設計したほうがいいのではないか。窓と壁の関係というより、窓が外とどうつながっているのかという視点から窓を設計したほうが、この場所に対していい影響を与え、結果的に空間自体の質を揺るがす根本に触れられるのではないか。

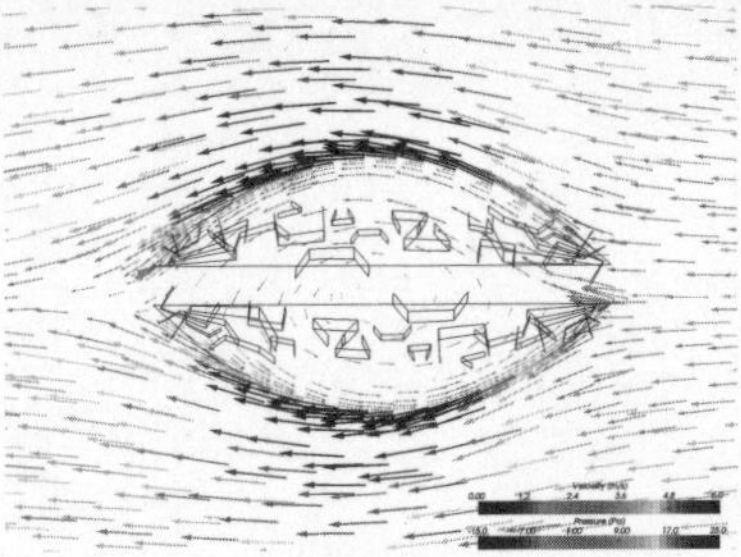

「たたずむ壁」2009年（SDレビュー2009入選、平山裕章との協働）

◈ 美しいドローイングや模型に頼らない ◈

市川　お二人は大学は違いますが、いつからのお付き合いなんでしょうか。

大坪　同じ予備校に通っていたんです。当時から建築についてよく話をしていました。大学は別々でしたが、増田が通っていた武蔵野美術大学に行って、どんな課題をつくっているのか見せてもらったりしていました。当時、藝大と武蔵美の学生は、予備校で一緒だった人が多く、大半が顔なじみでしたね。

市川　卒業後には二人で事務所を設立していますが、学生時代と建築の考え方や手法に変化がありましたか。

大坪　それまでの僕は、誰かを説得する必要がなかったけれど、増田と一緒に仕事をすると、当然、まず増田を説得しなくちゃいけない。なんでもひとりで考えてつくるという、これまでの自分のやり方を変えざるを得ないわけです。増田にどう伝えるかを前提に設計していくから、設計プロセスのなかに「言葉」が出てきた。そこが、学生時代とは一八〇度違うところです。

市川　スタディのツールとして言葉が生まれてきたと。

大坪　そうですね。遅過ぎたのかもしれないけれど、言葉はスケッチと同じぐらい重要なツールであること、そして、自分が考えていたことは、案外たいしたことではなかったことに気づかされました。

増田　たしかに、幼稚だったりたとえ話であったりすることもありますが、僕らは言葉で意識の共有を図ります。あとはCGですね。CGはスケールがないから、いきなり取り合いからも考えられるからストレスがない。

一〇〇分の一の縮尺で配置を考え、建物のヴォリュームをつくり、プランを検討していくという、学校で教えられる設計行為というのは、設計を終わらせるためのプロセスのような気がするんです。でも、ずっと探していたいじゃないですか（笑）。たくさんの人に頼むことができるなら、無数の模型をつくり検討できるかもしれませんが、僕らにとってそれは現実的ではありません。CG

であれば、仕事を始めた当初のようにスタッフがいなくても検討し続けられるし、ディテールと全体配置を簡単に行き来していろんな可能性を探すことができたんです。

市川　近年の日本では比較的、模型をベースにスタディすることが主流派かと思いますが、お二人の考え方は違うんですね。

増田　そうですね。CGや断面図で可能性を探ります。模型というのは、雰囲気に呑まれてしまうところが妨げに感じることがあります。僕らのことを知らない第三者がつくった模型であればドライに見られますが、Aさんという人が時間をかけてつくってくれて、かつ自分も手を加えたような模型だと、それなりによく見えちゃうし、変えたくなくなってしまう（笑）。そういう愛着みたいなもので惑わされたり、足踏みしたりしてしまうのがいやなんですね。

市川　ただ、「風がみえる小さな丘」「たたずむ壁」を見ると最終成果物としてはドローイングと模型でプレゼンしていますね。これは水彩ですか。

増田　模型写真と色鉛筆による合成です。実はそれ以来、そういうプレゼンはやめたんです。プレゼンがうまくないんでしょうね。絵をきれいに描いたり、模型をきれいにつくるのは、コンセプトを雑味なく伝えることが目的だったんですが、「絵がうまいね」「よくできた模型だね」という評価に収束してしまって。僕らの考えやプロジェクトの背景を伝えるために絵を描いてきたのにそれが伝えられなくて。SDレビューの展覧会でそれを実感したんです。

僕らは美大出身だからといって、絵が特段好きだというわけではありません。当たり前のことだけど、太陽の当たり方や素材の反射率をもとに壁に植物を育てていこうとか、一つひとつ検討したことを、設計に反映しています。だから、僕らがつくる模型は、仕組みを伝えるための断面模型であることが大半です。

市川　興味深いです。たしかに美大出身の建築家の作品には絵や模型の美しさばかりを求めてしまうところがあります（笑）。そのような素材を主役とす

「躯体の窓」2014 年

「始めの屋根」2016 年

るプレゼンとはあえて逆のアプローチを採っているわけですね。

増田　そうですね。共有する対象として、仕組み自体の話に終始していますね。

◈ 未知の世界を求める ◈

市川　最後に、卒業設計を前にする学生のみなさんに一言いただけますか。

増田　講評会で先生に言われたように僕は卒業設計で楽しみはしましたが、あまりうまくできなかった意識があります。でも救われたのは、その後に学生時代を振り返りながら、何も頼りのない三年間をそのあとで過ごすことができたこと。それがあったから、大学で学んだこと、予備校時代に思っていたことが一体的に自分の中で処理でき始めて、一つひとつつくっていくことができました。

いま、卒業設計に関する情報量が多いというのは、学生のアドバンテージではあるんだけど、あくまでそれはレファレンスとして扱う程度で、正解探しをするのはよくない。型にはめていくことは簡単です。一番難しいことかもしれませんが、失敗してもいいから自分の気持ちに対して正直に取り組んだらいいのではないでしょうか。世の中には無数の設計事務所があります。極端ですが、自分たちにしかできない何かを生み出せないと仕事は来ません。ここにしか出せないものを探さなくてはならないと僕らも思っています。

大坪　評価や就職を目的に取り組んでしまうと、本当に自分のためになるのかどうか疑問があります。自分で強く実感している問題にトライしたほうが、たとえものができていなくても、説得できるものになると思います。

卒業設計はひとつの過程でしかありません。学生時代に考えたことはその後もずっと考え続けることになるので、建築を続けていくのであれば、破綻してもいいから、粘りに粘って、自分がまだ見ていないものに挑戦するべきではないでしょうか。

座談会　# 2020年代の建築表現に向けて

門脇耕三×古澤大輔×五十嵐太郎×市川紘司

門脇耕三

古澤大輔

五十嵐太郎

市川紘司

◆ 卒業設計イベントをめぐる状況 ◆

門脇　『卒業設計で考えたこと。そしていま』は、「せんだいデザインリーグ卒業設計日本一決定戦」をはじめとする二〇〇〇年代に始まった卒業設計イベントの波に乗って刊行された本ですね。シリーズ一、二冊目に登場した建築家は、こうしたイベントが誕生する前の世代でしたが、三冊目の今回、二〇〇六年の「せんだい」で注目された大西麻貴さんが若手建築家のひとりとして登場している(一六六頁)。とても興味深いですね。

五十嵐　「せんだい」は、「せんだいメディアテーク」(二〇〇一年)ができたときに、目玉となるコンテンツをつくろうと発想されたイベントです。当時、阿部仁史さんが九州の「デザインレビュー」の審査員に呼ばれて、これはいいと(笑)。二〇〇二年三月に「仙台建築アワード」が行われ、翌年には「日本一」というラベルがつけられた(*1)。その後、全国的に注目されるようになり、一時期七〇〇人以上の学生が登録するまでになりました。当初は応募数も少なく、学生は各自で作品を搬入していましたが、ある規模を超えたところで宅配業者を使うようになり、模型が壊れクレームを受けるといった事態に対応するための保険が掛けられ、徐々に制度化されていきましたね。入りきらないので、最終審査は別会場にした時期もありました。

門脇　「せんだい」で注目された大西さんは卒業してすぐに建築家としてデビュー。同世代の中でも一本早いバスに乗ったと思います。

五十嵐　たしかに、彼女は同世代の中でも突出して注目され、その後もSDレビュー、Under 30 Architects exhibitionに出品しました。ラッキーというか、苦労したというか(笑)。

市川　たしかに大西さんは「一本早いバスに乗った」という感じがします。増田信吾＋大坪克亘さんや403architecture[dajiba]などが同世代ですが、彼らが目立つようになったのは二〇一〇年代に入ってからですよね。大西さんはもっと早い。つくっている建築を見ても、むしろ一九七〇年代生まれの建築家のカルチャーに属しているような印象も当時はありました。

門脇　大西さんたちが手がけた「地層のフォリー」（二〇〇九年）は僕も見に行きましたが、すごくよかったんですよ。最小限の操作できわめて多様な空間が生み出されている。二〇〇〇年代の図式的な建築の系譜を正統に受け継いでいると感じましたね。

五十嵐　二〇一一年の「せんだい」で日本一になった冨永美保さんは、その直後に東日本大震災が起こり、大学院生のころから被災地の集落でフィールドワークを続けてきた。でも、その環境を読み取り、形としてフィードバックできなかったという思いが残り、それが多国籍・多世代交流施設「カサコ／CASACO」（二〇一六年）や「真鶴出版２号店」（二〇一八年）につながっていると語っていました。

古澤　以前、冨永さんに「カサコ」の説明をしてもらったのですが、プロジェクトにどういう人たちがかかわり、その地域でどんなことが起きつつあるのかが一枚の図にまとめられていました。モノとコトの関係をノーテーションして作品を説明する姿が印象的でしたが、たしかに、フィールドワークの経験が活きていると感じます。

門脇　二〇一一年の夏、アーキエイドが牡鹿半島で行ったサマーキャンプに彼女も参加していましたから、震災の経験はたしかに大きいと思います。

歳は近いのに、大西さんと冨永さんの表現には大きな断絶がありますね。大西さんが有名になったころの図式的な卒業設計は理念的な純粋形を追求する傾向がありましたが、それを横目に見ていた建築家には、リアルな建築ならではの勝負をしようという思いがあったはずです。それが、建築を構成するモノそのもの、つまり下地材のようなエレメントをそのまま現すような二〇一〇年代の建築表現を生んだ気がします。

古澤　一方で最近では、そういう表現が卒業設計のレファレンスになっていて、既視感が出てきたのも事実ですね。エレメント的な表現には、本来モノとモノとがどう組み合わされるべきで、そのモノ自体がどういった生産組織に属しているのかという実務的な構法に対する知識が必要になるので、学生にとっては難しいと思うんですが、卒業設計と実務が刺激し合える健全な関係が築かれるのを期待したいですね。

門脇　プロと学生を比べたら、当然プロのほうが技術も経験もあるけれど、考えていることがすぐに形にできるという点では学生が圧倒的に有利。学生の作品から新鮮な考え、時代の気分に合ったものが出てくるのは至極当然です。プロはそこにプレッシャーを感じつつも、建築が実現するまで、仮に三年かかるとしたら、そのぶん作品に迫力をまとわせていく。そういう競争ができるとよいですね。

◈一九九〇年代以降に進んだ建築教育の透明化◈

五十嵐　そもそも卒業設計がこんなに注目されていること自体、歴史的にも異様な事態ですよ。各地で行われているイベントが書籍化され、学生の作品が注目される一方、『建築文化』をはじめとした建築専門誌は休刊し、独立してすぐの建築家が発表する場は減っている。ねじれた現象だと思いますね。でも、卒業設計のイベントの多くは資格学校のような企業のスポンサーがいるから成立しているわけで、その供給元が蛇口を閉めたらどうなってしまうのかという懸念もある。

市川　ポートフォリオに「せんだい〇〇位入選」と書けると設計事務所の就職につながるからがんばる、という意識も学生には確実にあるように思いますが、実際どうなんでしょうか。

古澤　自分が学生のころは卒業設計を表彰するイベントがとても少なかったこともあってか、卒業設計が就職に直結するという感覚はなかったと思います。インターン制度もなかったし。一方で、某アトリエに入るためには、アイデアコンペで一等を取らないとダメといった類のうわさが広まっていたのでアイデアコンペには積極的に応募していました。結果、幸運にもあるコンペで一等を頂いたのですが、それで自信がついたせいか、大学院を出た年に仲間とメジロスタジオという事務所をつくって独立してしまいました。

五十嵐　アイデアコンペの審査員が上位入賞者をスタッフとして採用する動きもありましたね。石上純也さんは「エス・バイ・エル住宅設計コンペ」で優勝したことで、審査員を務めていた妹島和世さんに認識されたと思います。「せんだい」でも、二〇〇三年日本一の庵原義隆さん、日本三の秋山隆浩さんが審査員の伊東豊雄さんの事務所に就職しました。
　ただ、レモン展の出品者の追跡調査によると（左図）、昔はアトリエ志向が強かったのに対し、近年は

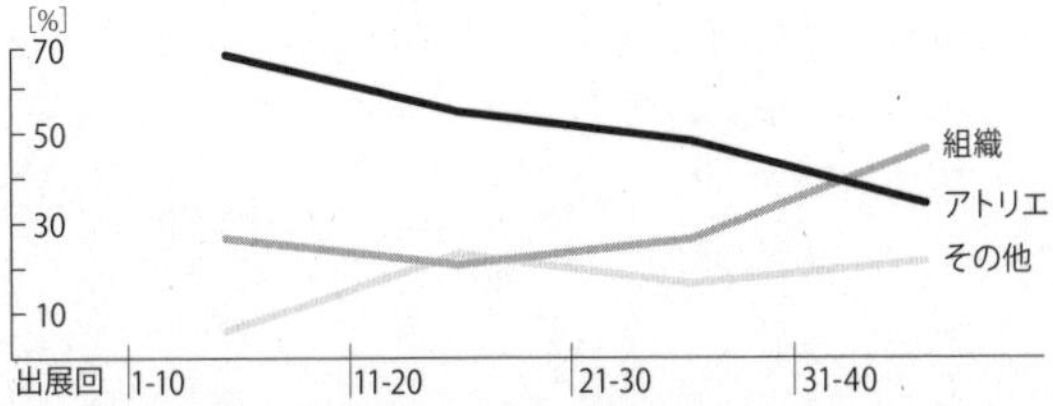

レモン展主展者の職種の推移（研究対象：1869人［レモン展学生ワーキンググループのアーカイブより］／職業判明：857人／出典：『学生設計優秀作品展―建築・都市・環境　40回記念出版』レモン画翠出版部、2017年）

組織設計事務所に就職する人が多いみたいですね。

古澤　アイデアコンペに参加するとき、就職活動のことも念頭にあるとはいえ、設定された課題を考えること自体を楽しんでいたと思います。いまはイベントが充実したぶん、その弊害もあるのかもしれないと感じています。というのも、大西さんのインタビューを読んでいて思ったのですが、自分の卒業設計への評価に対して一喜一憂しすぎなんじゃないかと心配になりました（笑）。彼女に限らず、審査される学生たちが皆アドレナリンを出しすぎて体調を崩してしまわないかが心配。評価されなかったからといって、即座に「リベンジしよう」とスポーツみたいに反応してしまうのは危ないと思うんです。
　僕は自分の卒業設計をレモン展とJIA全国学生卒業設計コンクールに出展することになったのですが、JIAの審査で三位に選ばれたんです。不勉強でそもそも賞が授与されるような展覧会だとは知らなかったのにもかかわらず、一位になれなかったことがくやしくて、ちょっとその後調子が狂いましたからね。あれはよくない効果だった（笑）。

門脇　本来、自分の問題意識を突き詰めるべき時間なのに、賞を取ることが目的になってしまうと、費やす時間がもったいない。

五十嵐　四年生の三月を卒業設計イベントのツアーで使うくらいなら、旅行に行ったほうがいいと思います（笑）。そもそも一九九〇年代になってからですよね、在野で活躍している建築家も普通に大学の教員になり、講評会が広く公開されるようになったのは。

門脇　そうした動きをつくったのが小嶋一浩さんたちの世代ですね。僕らは、小泉雅生さん、塚本由晴さんといった建築家が大学に戻り、研究室を持った初期に学生だった世代なんです。古澤さんも、小泉研究室の一期生でしょう？

古澤　そうですね。それ以前は、建築家が大学の教員になることは珍しかったと思います。

門脇　当時はまだ、講評会で「これは建築じゃない」と言うだけの先生もいて、僕らはそのマジカルな感じにすごい反発を感じたんですよ。建築をもっとロジカルに語りたいという思いが、藤村龍至さんのような同世代の建築家を生み、建築の評価の言語化を促したのではないかと思います。

古澤　たしかにロジカルとは真逆のブラックボックスというか、作品の良し悪しがセンスの側面に収斂されてしまうことに対して、もっとトレーサビリティ（追跡可能性）の向上を求めて、教員間の議論を開示してほしいと思っていましたね。

門脇　そう。だから、学校では評価されなかったけれど、「せんだい」という開かれた場で建築家の議論を通じて自分の案が選ばれるというのは、学生たちにとってすごく爽快な出来事だったと思う。「せんだい」は名実ともに日本一決定戦となったわけですが、そのあと類似のイベントが各地に生まれ、いまや全国に分散化した。こういう状況を受けてか、大学も教育の透明化を進めていると思います。

古澤　学生が主体的に建築教育を変えていったという文脈で、卒業設計イベントをとらえることもできるかもしれませんね。でも、五十嵐さんが言われたように制度化していくと、学生はカスタマーとなり、審査を受ける権利を行使するという場に変化してしまうことも懸念されますね。

門脇　最近、卒業設計に一年間かけるのは、長過ぎるんじゃないかと思っているんです。

五十嵐　論文と設計、両方やればいいじゃないですか。一一月まで卒業論文を書いて、残り三カ月で設計をする。デザイン系の学生こそ、思考の訓練として卒論をやったほうがいいと思います。

門脇　卒業設計ではない道もあるのは重要ですね。卒業設計には、個人的な発想やアイデアで突破するというロマンティシズムがあり、「せんだい」はそれを最大限にあおるという意味で、うまく機能していると思います。でも、それは単に、これから経験する場面のひとつでしかないと受け止めるのが健全。あるいは卒論にも顕彰的な舞台をつくるなど、もう少し別のチャンスがあるといい。市川さんは学生時代、論文のコンペで優秀賞を取りましたよね。

市川　修士一年のときの大和ハウスのアイデアコンペですね(市川紘司「『二〇一〇年代＝テン年代』的住居設計の在り方をめぐる小話」二〇〇九年)。従来は設計のアイデアコンペでしたが、なぜか数年間だけ論文コンペになっていました。昔は『建築文化』などで論文コンペがたくさんありましたが、ゼロ年代はなかなかそういう機会はありませんでした。

門脇　山本理顕さん、藤森照信さんが審査した論文コンペでしたね。そこで選ばれたことで、市川さんは学生時代から執筆の機会が広がったと思うんです。そういう評価の場はとても大切ですよね。

◇ ビルディングタイプをずらす ◇

五十嵐　最近、「おばあちゃんの家」のリノベーションみたいな卒業設計も出てきましたよね。僕らの時代には考えられないテーマなんだけど(笑)。

門脇　僕のまわりにも何人かいますよ、田舎にある実家の改修計画とか。でもリアルではない。本当に改修するつもりで設計する学生は以前からいたと思いますが、いまはそれが架空のプロジェクトになっている。解くべき問題が身近にあることの現れなんでしょうね。地方が衰退して空き家も増えている。おばあちゃんの家はそういうところにありますから。

大西さんの卒業設計は空間やプログラムの実験

としては興味深いけれど、いまの日本のリアルな問題とは接続しないでしょう。ここ数年で日本は悲壮感を増したんだと思います。

市川　空間や形態の実験よりも社会の新しい問題やニーズに応えるという姿勢のほうが確実に目立っていますね。図書館や庁舎といった既存のビルディングタイプを疑って複合化を考えたり、新しいビルディングタイプを生み出そうという意識が強いのはその現れだと思います。

古澤　たしかに、一九七〇〜八〇年代は比較的シンプルでビルディングタイプが特定しやすかったと思います。いま門脇さんとともにレモン展の組織委員を担当していて、以前行った学生企画で一九七八年から二〇一五年までの各大学の卒業設計をリサーチしたんですが（「卒業設計アーカイブス――過去の卒業設計から学ぶこと」二〇一六年）、七〇年代は博物館や教育施設といった作品が中心で、八〇年代以降、だんだん複合化してくる。二〇一〇年以降はさらにそれが加速し、かつ政治的な正しさを追求していく傾向が見受けられます。

門脇　僕の理解では、一九七〇年代ごろまで建築家たちはビルディングタイプの範囲で設計していたけれど、バブルの時代にアーバンコンプレックスという概念が生まれて、竹山聖さんたちアモルフ世代が各地で都市複合施設をつくり出した。

二〇〇〇年代になると、少子高齢化の影響から、歯抜けになったシャッター商店街に教室を挿入して商店街と学校を複合させるといったように、ビルディングタイプをずらす、あるいは解体する想像力が生まれる。古澤さんたちが改修設計した「アーツ千代田３３３１」（二〇一一年）も、ビルディングタイプをずらす試みだと思います。余った空間にいろんなプログラムを詰め込んでいくのは、複合とは違うのでしょうね。

古澤　そうですね。実務の世界でコンバージョンが当たり前になってきて、先行する既存形態と更新された機能との間にずれを内包したビルディングタイプが生まれている。いまの学生は、それがリアリティとして実装されてきたんだと思う。

五十嵐　稲垣淳哉さんの卒業設計は、まさにそういうものですね（一四八頁）。廃校のコンバージョンを調査した卒論を踏まえ、廃校を前提とした複合施設を設計しています。これが二〇〇四年です。

古澤　五十嵐さんたちが編集した『リノベーション・スタディーズ　第三の方法』（ＩＮＡＸ出版）が出たのが二〇〇三年。当時、リノベーションはまだ完全には定着していなかったし、コンバージョンという言葉もほとんど知られていなかったと思います。この本で取り上げられていたガソリンスタンド再生計画などはいまでも印象に残っています。ちなみに僕は修士設計でガソリンスタンドやファミレスやコンビニなどのロードサイドショップを公共的な施設へとコンバージョンするプロジェクトに取り組みました。それが二〇〇二年のことです。

五十嵐　『ＳＤ』で「東京リノベーション」（一九九九年一〇月号）という特集が組まれたころから、徐々にリノベーションが認知されるようになったと思います。

門脇　二〇〇〇年代はリノベーション、コンバージョン時代の幕開けともいえますが、概念としてのリノベーションにとどまっていたと思うんです。いまの学生は、生活環境の再構築に対する想像力が高まっていて、おばあちゃんの家だけでなく、その周辺の産業的な連関を組み立て直すことにも関心を抱くようになっている。これはたぶん、塚本由晴さんや貝島桃代さんの影響なんだと思います。塚本さんたちはアーキエイドでの漁村の復興支援などを通じて、生活の再建のためには建築だけではなく、建築を含む生産のネットワークを再生することが重要だと気づいたと言っていましたが、その後はこの気づきを理論化して実践にも組み込み、随所で発信していますね。

◆ 政治的過激さから、政治的正しさへ ◆

古澤　これは、さきほどお話ししたレモン展の学生企画のリサーチをもとに作成した卒業設計の変遷ダイアグラムです（次頁）。一九七二年卒の山本圭介さんと一九八六年卒の佐藤光彦さん、そして二〇〇〇年卒の僕と二〇一五年卒の学生、約半世紀離れた四つの世代の卒業設計に関する時代背景を分析してい

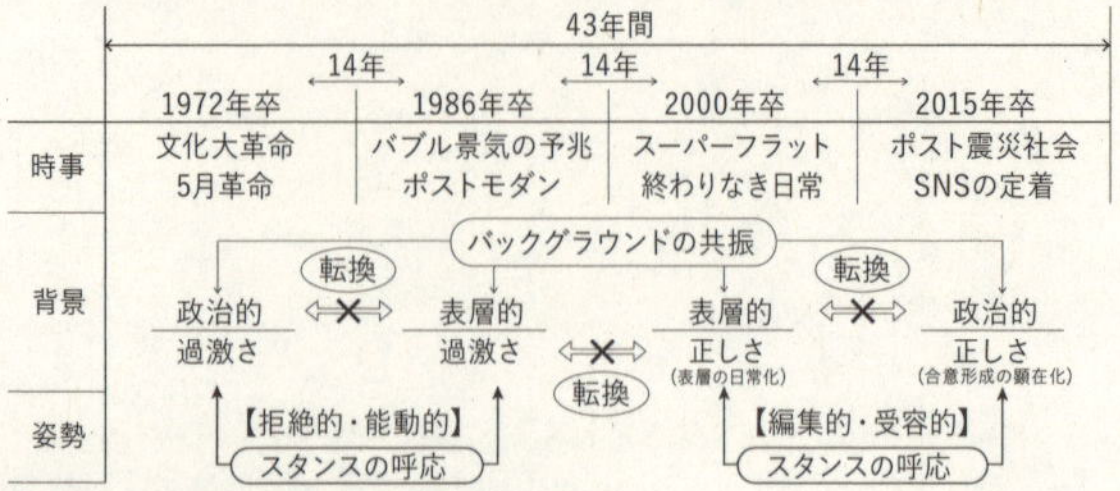

卒業設計の変遷ダイアグラム

佐藤光彦氏の卒業設計「DOJUNKAI AOYAMA APARTMENT REDEVELOPMENT PROJECT」1986年

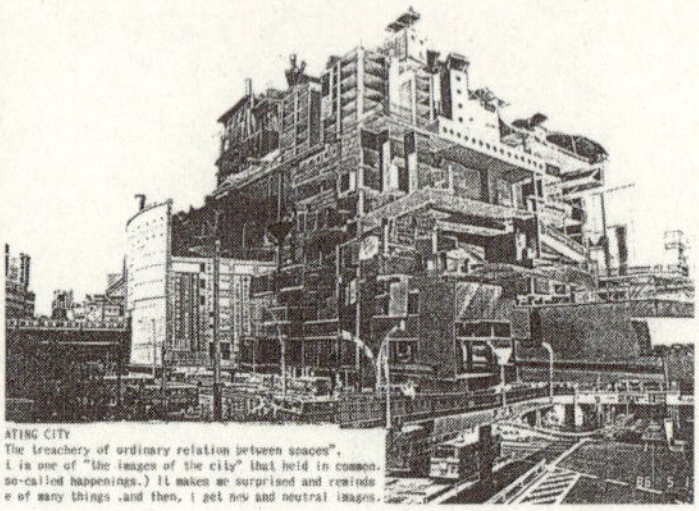

塚本由晴氏の卒業設計「FLOATING CITY」1987年

ます。一九七二年卒は、文化大革命や五月革命などの時代で、反社会的なスタンスを取らなければならないといった政治的な過激さがテーマにありました。一方で一九八六年卒だと、今度はポストモダンの形態的過熱というバブル期になるので、デコラティブで表層的な過激さの時代になります。だけど二〇〇〇年卒の僕のときはバブルもはじけていたので、経済的高揚の反作用として表層的なものを過激じゃなくて日常のものとして受け入れていて、そして二〇一五年卒の学生たちは三・一一以降の政治的な正しさの社会にいます。つまり政治的な過激さ、表層的な過激さ、表層的な日常、政治的な日常といった具合に世代変遷しているのです。一九七二年卒の時代は政治的な激しさをもって卒業設計に取り組んでいたということなのですが、内藤廣さんや藤森照信さんのインタビューを読んでも、とにかく熱いじゃないですか。内藤さんは「建築的なものを否定したい」「大学そのものを解体しよう」といった当時の気分を振り返り（一一三頁）、藤森照信さんも「既存の都市を全部に廃墟にしようと思った」と語る(＊2)。過激な発言ですよね(笑)。

門脇　一九六八年以降、一九七〇年代は革命の時代ですからね。一方で一九八〇年代は資本主義的な暴走に身を任せた巨大さと複雑さがありました。

古澤　渋谷駅を題材にした塚本さんの卒業設計は、いろんなプログラムを徹底的にコンプレックスさせたものので、いまでもリアリティを感じますね(＊3)。しかし塚本さんと同時代に制作された佐藤光彦さんの卒業設計(＊4)の表現には距離がある。その違いはなんでしょうね。

門脇　塚本さんは九龍城的な想像力、佐藤さんはデコンストラクティヴィズムの影響でしょうか。

古澤　表参道の同潤会アパートの建て替え計画として、時間軸を盛り込みつつ非常に抽象的に描かれた佐藤さんの卒業設計は、ダニエル・リベスキンド的な表現の投影を感じます。この世代の学生も建築の表現が熱くて過激だった。社会が熱いというのは、一九七〇年代も一九八〇年代も同じなんでしょうね。

門脇　一九九〇年代はどうでしょう？　一九九一年のバブル崩壊、一九九五年の阪神・淡路大震災以降は空白な気がします。妹島さんや青木淳さんも活躍し始めていたけれど、建築の表現としてこれだ！というものがなかったと思うんです。当時、僕らは学生で卒業設計の当事者だったからわからないのかもしれないけれど(笑)。

古澤　一九九五年は、「せんだいメディアテーク」「横浜港大さん橋国際客船ターミナル」のコンペがありましたね。おそらくあのコンペの影響で卒業設計の雰囲気が変わったんじゃないかな。

市川　今回インタビューした島田陽さんはまさに一九九五年卒です。当初はデコン的なデザインで進めていたけれど、震災直後の三宮の状況を目の当たりにして、方針をガラッと変え緊急避難住宅をセルフビルドする作品としたそうです(七〇頁)。

五十嵐　吉村靖孝さんも一九九五年卒ですが、やはり震災以降、それまで進めていた卒業設計に対してすっかりやる気をなくしてしまったと言っていました(＊5)。なんとか卒業はできたものの、締切に間に合わなかったので減点されてしまったとか。

門脇　一九九八年卒業の藤野高志さんの卒業設計はマン

ガですからね(八六頁)。当時の学生は悩んでいたような気がします。

古澤　ヘルツォーク&ド・ムーロンの「シグナル・ボックス」が発表されたのが一九九五年。建築が表層化し、その後、宮台真司さんの「終わりなき日常」の文脈のなかで、あらゆる表現がスーパーフラット化していく。

五十嵐　二〇〇〇年に卒業した古澤さんと門脇さんの卒業設計はどういうものなんですか。

古澤　僕は卒論で火葬場建築のシークエンスを分析し、それを卒業設計のテーマにしました。とにかく美しい建築をつくりたいと思っていたんですよ。動線が一筆書きに記述できるものがコントロールしやすいので、美術館でもよかったんですが、社会的な問題を実装させたいという気持ちもあったので、迷惑施設とされている火葬場にしました。妹島さんの「マルチメディア工房」(一九九六年)、ヘルツォーク&ド・ムーロンの作品などを織り交ぜたもので、参照した形態が編集的に立ち現れたような状態を意識しました。

門脇　FOAの「横浜港大さん橋」の後ろに谷口吉生さんの「葛西臨海公園」(一九九五年)もありますね(笑)。

市川　門脇さんの卒業設計は?

門脇　僕の卒業設計は横浜のみなとみらい21を対象にした複合施設です。循環する経路Aと経路Bを設定し、経路によって感じ方が違うものができないかと考えました。モンタージュ(編集)次第で同じ映像の意味が変わってしまう、映画理論でいうクレショフ効果を空間化しようとしたんです。

こうして振り返ると、われわれの時代は編集的だったのかもしれませんね。ベルナール・チュミの「ラ・ヴィレット公園」(一九九八年)のように記号を編集することに対して限界も感じていたけど、可能性も感じていたのかもしれない。記号ではないものを編集すればいいのではないかと。

古澤　僕らの世代は、建築の表層性というバックグラウンドは一九八〇年代と共振しているけれど、過激というより編集的に振る舞う方向に転換していると思います。

さきほどのダイアグラムで僕が面白いと思った

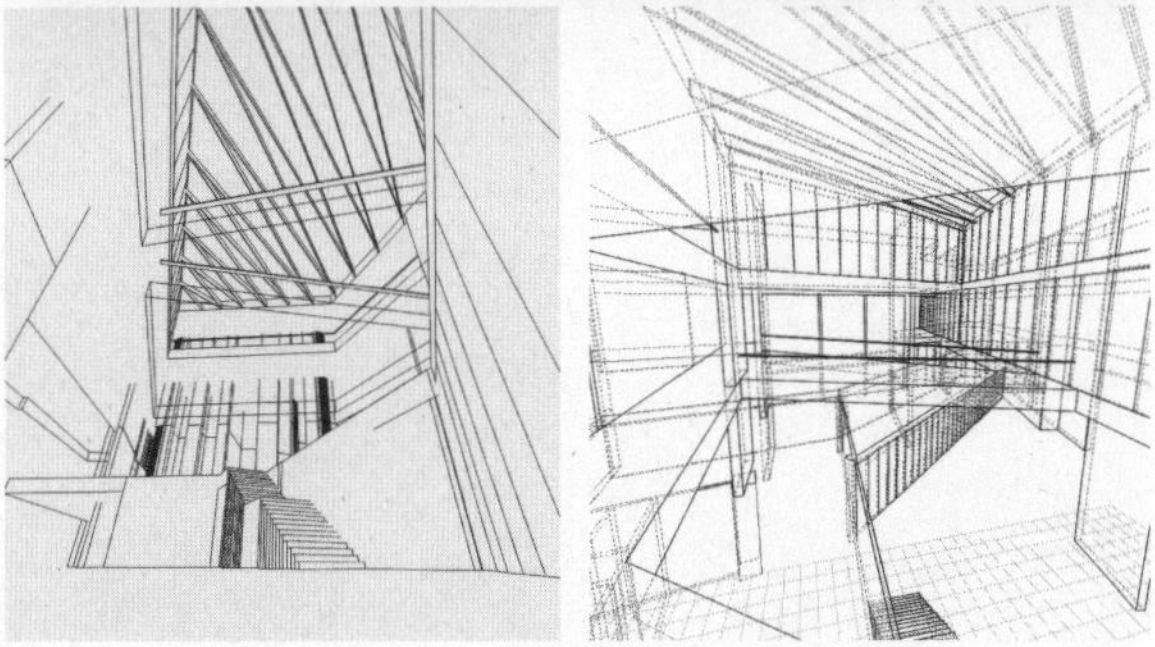

上：古澤大輔氏の卒業設計「phase.3 | crematory | factory」2000年
下：門脇耕三氏の卒業設計「Yokohama Canal Street Project」2000年

のは、政治的な問題を扱わなければいけないという姿勢が、一九七二年卒といまの学生、つまりおじいさん世代と孫世代が共振していることです。

五十嵐　政治的な問題を扱うといっても、ハチャメチャにやっていたおじいさんに対して、いまの学生たちは、政治的正しさを語るとてもいい子ちゃんな感じ。卒業設計のプレゼンで堂々と「僕はこのまちが好きなんです」と言われると、建築デザインの話とは違うよなあと思ってしまうんですよね。

門脇　僕は「建築家一二年周期説」を唱えているんですよ。おおよそ一二年が建築家の一世代で、その年齢差ごとに「親には反発、おじいちゃんは好き」という関係が繰り返されている。僕は一九七七年生まれで、ちょうど塚本さんが一九六五年生まれなんですが、やはり僕は学生時代、建築をポップにしたあの世代に反発を感じていました(笑)。でも、さらに一世代上の妹島さんは大好きなんです。
　僕らより一二歳下の世代に「反抗心をいだく建築家は誰？」と聞いたら、藤村さんの名前をあげていましたからね(笑)。やっぱり親世代は打倒したいんですよ。でも、おじいちゃん世代の塚本さんは大好きだと言っていました。

市川　ちょうど僕も門脇さんの一世代下になりますが、それはあるかもしれませんね(笑)。

門脇　わかるでしょう、感覚として(笑)。ひいおじいさんより上の世代は、区別がつかないから、みんないい人!という認識なんですよ。

◈技術を乗りこなす◈

市川　自分が学生だった二〇〇〇年代後半以降の卒業設計を見ると、例えば海外の巨匠の作品よりも身近な先輩や同級生のほうに強い影響を受けているような印象があります。限られた世界の中で自生的な秩序が生まれている。それが表現領域を狭めてしまうのではないかという懸念も感じます。

門脇　要するに、ガラパゴス化ですね。それはいいのではないでしょうか。そこから何か特殊なジャポニズムが生まれるかもしれません(笑)。

五十嵐　高松伸さんの卒業設計に描かれた断面パースには、ポール・ルドルフの影響が感じられる(＊6)。僕のころは、OMAやリベスキンド。いつの時代でも学生は流行の建築家をコピーするんですよ。でも大西さんが卒業した翌年、彼女のコピーが大量発生したときは、対象がそこまで近づいてしまったかと、本当に驚きました。

古澤　エスキスする際、学生に関心のある画像を持ってくるように言うと、インターネットで調べますから、大西さんの卒業設計と巨匠の作品が等価に検索されることも、その理由かもしれませんね。一方で、永山祐子さんは学生時代、図書館で書物にあたり、気になる図版をコピーしてスクラップしたと語っていますが(一一八頁)、本の大きさや重さ、ほこりをかぶっているかとか、そういう情報とともに参照事例をアーカイブしていたと思うんです。ネット検索では漂白されてしまう余分な情報が着想に影響を与えていたかもしれません。

門脇　作品の性質はその時代のメディウムに依存しますが、そのメディウムを最大限活用できる人が次の時代をつくるはずなので、インターネットの時代でも、自分が置かれている技術的な環境を見極め、それを乗りこなして先鋭化させる必要があると思います。そこに盲目的になると、環境に従順なものになってしまう。

市川　今回インタビューした建築家の卒業設計は、その時代の特徴を示す作品でありつつ、しかし同時に反時代的というか、流行を批判的にもとらえる、という構えのものが多い印象で、興味深かったです。時代の技術的環境を的確にとらえつつ、批判的な視点からそれをどう乗り越えるか。そういう両眼的な視点が次の表現を生むのでしょうね。

門脇　二〇〇〇年代の建築表現は白くて図式的、二〇一〇年代は素材現しのガチャガチャしたエレメント主義だとしたら、二〇二〇年代の建築表現は卒業設計から出てくるのか、建築家の作品から出るのか。まさにいま、次の表現が待たれますね。

五十嵐　いま「インポッシブル・アーキテクチャー」という展覧会(二〇一九年二月／埼玉県立近代美術館を皮切りに四館を巡回)を企画しているんだけど、そこで紹介する新しい世代のひとりに、マーク・フォスター・ゲージというアメリカの建築家がいます。彼の造形は非常に過剰な装飾的バロック様式なんだけど、インターネット上に落ちている三次元データをランダムに拾ってきて、それらをつなぎ合わせるというつくり方なんですね。

古澤　まさに、いまのメディウムを乗りこなそうとしていますね。

今回、山梨知彦さんがインタビューの中で発言していた、コンピュータと模型を組み合わせることによって、独自のマスカスタマイゼーションが生み出されるかもしれないという言葉には(六九頁)、希望を感じました。近い将来、そういう卒業設計も出てくるかもしれません。

市川　一方、坂茂さんは、3Dプリンターで模型をつくるなんてとんでもない、手でつくらなくてはダメだとおっしゃっていました(四九頁)。これも一理あります。

門脇　僕は最近つくづく思うのですが、スタディで一番面倒なのは、やはり手を動かすことなんですよ。例えば彫刻家はそこから逃れられないけれど、これからの建築家は逃れられるかもしれない。要するに、手を動かさず言葉を伝えるだけで設計するようなことができたらすごく面白いし、それは新しいメディウムになると思うんです。学生はそういうのにトライしてもいいんじゃないかな。

五十嵐　「言葉を伝えるだけでつくりました」と提出された卒業設計に対して、学校は単位をつけられるのかどうか……(笑)。

門脇　でも、もし「せんだい」でそういう作品が出てきたら、五十嵐さんは評価するでしょう(笑)。

五十嵐　もちろん意義があれば、評価しますよ。学校が評価しなかったとしても(笑)。

◈「つくる」だけでない新たな創造力◈

門脇　最近の学生は、アセンブルやフォレンジック・アーキテクチャーのような建築家も気になっているんじゃないかな。アセンブルは、社会問題に対して建築という手段を使って貢献していくという方向だったけれど、フォレンジックはより高度な空間情報テクノロジーを携えて社会問題を解決しようとしている。いまの学生はそっちに関心があるような気がしますね。でも学生は、まずそのためのスキルを得なきゃいけない。

古澤　たしかに僕のまわりの学生にも、デジタルツールを駆使して建築空間を再構築したいという学生がけっこういますね。それが時代の空気なんだと思います。

門脇　デジタルファブリケーションやPythonなどのプログラミング言語を習得したいと言いますよね。それが次のモードかなという気がしています。

古澤　デジタル教育をどう進めていくのかというのもこれからの課題です。マス教育だとそれなりの投資が必要だし、教え方も議論しなきゃいけない。研究室に配属されてからスキルを学ぶというのでは遅いし。

市川　「建築を拡張する」という流れはずっとあると思うんですが、フォレンジックはとてもラディカルですよね。社会的な事件の分析、それによる問題提起を建築として表現する。

古澤　AMOとの違いはどうとらえますか。

五十嵐　ＡＭＯはやはり資本主義をベースにしていて、フォレンジックは人道的主義の立場で社会的な問題を解決していくということなんでしょうね。ただ、その内容は修士設計レベルかもしれない。

門脇　そもそもインターネットは資本主義とはかなり異なった発想にもとづくもので、フォレンジックはその理念と共振していると思うんです。日本の若手では、モクチン企画の連勇太朗さんやＶＵＩＬＤの秋吉浩気さんもそういう思考を持っている。

市場原理からこぼれ落ちてしまう弱者が出てくるのであれば、それをどう救うのか。そういう問題に学生はリアリティを持っているのではないでしょうか。卒業設計でおばあちゃんの家を対象にするというのも、それに近い発想かもしれません。

市川　あとは単純に自律的かどうかという点でしょうか。ＡＭＯはＯＭＡのネガでありサポートですが、フォレンジックは社会的な関心が独立してそのまま建築にまで拡張していますね。

門脇　建築には結びつかなくても、マーケットのメカニズムとは違う、社会の新しい運動に建築的な創造力を動員するような創作が出てくると面白いですね。社会貢献をしたいという根本の思いは同じでも、今後はさらに高度なテクノロジーが介在してビジュアライゼーションされた卒業設計が出てくるのではないでしょうか。

註

＊1　「せんだいデザインリーグ 卒業設計日本一決定戦」が誕生した経緯は、五十嵐太郎と本江正茂による対談に詳しい（「卒業設計は時代とともにある。そしていま、僕らはどう向き合うか」『卒業設計で考えたこと。そしていま』彰国社、二〇〇五年）。

＊2　藤森照信氏インタビュー（前掲書、一四二頁）。

＊3　塚本由晴氏インタビュー（前掲書、八八頁）。

＊4　佐藤光彦氏インタビュー（前掲書、七〇頁）。

＊5　吉村靖孝氏インタビュー（『卒業設計で考えたこと。そしていま　2』彰国社、二〇〇六年、一六四頁）。

＊6　高松伸氏インタビュー（同、二八頁）。

あとがき

市川紘司

北京の清華大学への留学を終えて、二〇一五年から東京藝術大学に助手として在籍するようになって驚いたのが、自分が学生のころに読んでいた『卒業設計で考えたこと。そしていま』を最近の学生も同じように読んでいる、ということだった。第一弾の出版が二〇〇五年で、第二弾の出版は二〇〇六年。一〇年近く前である。そういえば留学先の中国でも同書は中国語に訳出されて流通していた。有名な建築家が学生時代にどんなことを考えて設計課題に取り組んでいたのか、あるいはもっと直接的に言えば、どうすれば彼らのように建築家になれるのか。そういう建築学生にとって普遍的な疑問に応えてくれる本は案外多くない。だからこそ、このシリーズは国や時間をまたぎながら読者を得続けているのだなあと再認識した。

そういう経験があり、久しぶりに第三弾をつくるのもよいのではないですか、という提案を、五十嵐太郎さんに雑談的にしたところから、本書の制作は始まった。前二冊の編集を担当された彰国社の神中智子さんを交えてインタビュイー候補をあげ、最終的に一〇組の建築家へのインタビューを、五十嵐さんと市川で分担して行った。

本書でインタビューさせていただいた建築家は前二冊と同じように多世代にわたるが、企画当初から個人的に重要だと思っていたのは、インタビューリストに一九八〇年前後以降に生まれた若手世代も含めることだった。二〇〇三年に始まった「せんだいデザインリーグ卒業設計日本一決定戦」は、近年の日本の卒業設計を語るうえで避けては通れないイベントだと言えるが、若手世代とはこのコンテストを学生時代に（直接的／間接的に）経験した最初の世代にほかならない。大西麻貴さん、稲垣淳哉さん、そして増田信吾さんと大坪克亘さんがこの世代に当たり、大西さんと稲垣さんはほかならぬ入選者でもある。

私自身、一九八五年生まれであり、「せんだい」があることを当たり前のこととして学生時代を過ごした。その分、このイベントが、学生にとって自分のオリジナルな思考を建築界や社会に発表できる貴重な舞台である一方、そこに大量に集められた作品表現が「データベース」となり、安易な模倣と参照を生み出したこともまた体感的に理解できる。例えば大西さんを真似したような作品などは大学で何度も見た。影響力と存在感はそれほど強かったように思う。

大学院生のころに研究室の仲間とつくっていた建築同人誌では、二〇一一年に「すばらしい建築プレゼンテーションの世界」という特集を組んだことがある（『ねもは02＋』）。主旨は、「せんだい」に象徴的に見られる「学生間の相互参照」というふるまいが、その他の二〇〇〇年代に行われた卒業設計イベントやアイデアコンペで発表される作品を含めてかなり広範囲に生じていること、換言すれば「海外の巨匠」よりも「身近な日本のどこかにいる先輩・同級生」のほうがよほど有用な参照対象になっているという同時代の状況を、アイロニーを交えつつレポートしようというものだった（ゆえに特集名がハクスリーの小説をもじっている）。本書座談会での門脇耕三さんの言葉を借りれば典型的な「ガラパゴス化」である。もちろん「影響力の強い先輩」というのはどの時代にもいるものだが、建築専門雑誌が減ったことや、SNSによって学生間での情報流通が圧倒的に容易になったことなど、ゼロ年代特有の事情が確実にこうした状況を後押ししていたとは言えるだろう。

「せんだい」に代表される卒業設計イベントは、各大学内の閉じた評価軸の「外部」として機能すれば、すばらしい。けれど、それが模倣対象の集約されたデータベースとして扱われだすと、もはや大学を超えた別の巨大な「内部」に過ぎなくなってしまう。それでは本末転倒だしつまらない。ともあれ情報にあふれ、その交換コストが飛躍的に下がり、また聴衆に向けて発表するチャンスの多い現状は、肯定的にとらえて然るべきだろう。こうした環境とどのように付き合うのか（積極的にコミットする／あまり気にせずに内省的に思考を育む／など）は結局、プレイヤーであり観客である学生自身の態度と技量に大部分委ねられている。とりあえず大事なのは自分で舵を握っておくことだ。

その意味でこそ本書で紹介される建築家の方々の作品と言葉は示唆に富むだろう。みなさんの作品はいずれも興味深いものだったが、「時代」との付き合い方はさまざまであった。社会や建築界の潮流を嗅覚するどく投射した作品もあれば、そうした潮流自体に批判的な構えをとる作品もある。要するに「何でもあり」であって、唯一、卒業設計の取り組みがその後の活動に通奏低音として多かれ少なかれ流れていることくらいが、共通点だった。逆に言えばそのような長く付き合っていく建築的テーマを発見することこそが卒業設計にとって重要なのだろうと思う。

＊＊

本書は、多忙であるにもかかわらず快く学生時代についてのインタビューに応じてくださった建築家の方々のご協力なしには成立し得ない。本当にどうもありがとうございました。また、座談会にご参加いただいた門脇さんと古澤大輔さん、そして神中さんにも、改めてありがとうございました。

二〇一九年一月

略歴

五十嵐太郎（いがらし たろう）／建築批評家
一九六七年、フランス・パリ生まれ。一九九〇年、東京大学工学部建築学科卒業。一九九二年、東京大学大学院修士課程修了。博士（工学）。現在、東北大学大学院工学系研究科都市・建築学専攻教授。二〇〇八年、ヴェネチアビエンナーレ国際建築展日本館コミッショナー。二〇一三年、あいちトリエンナーレ芸術監督。平成二五年度文化庁芸術選奨文部科学大臣新人賞。著書＝『モダニズム崩壊後の建築』（青土社）ほか。

市川紘司（いちかわ こうじ）／アジア建築史・建築論
一九八五年、東京都生まれ。東北大学大学院工学研究科都市建築学専攻博士後期課程修了。博士（工学）。東京藝術大学美術学部教育研究助手を経て、現在、明治大学理工学部建築学科助教。著書＝『中国的建築処世術』（共著、彰国社）、『ねもはEXTRA 中国当代建築 北京オリンピック、上海万博以後』（編著、フリックスタジオ）ほか。

稲垣淳哉（いながき じゅんや）／建築家
一九八〇年、愛知県生まれ。二〇〇四年、早稲田大学理工学部建築学科卒業。二〇〇六年、同大学大学院修士課程修了。二〇〇七～二〇〇九年、同大学建築学科助手（古谷誠章研究室）を経て、二〇〇九年、Eureka共同主宰。現在、早稲田大学芸術学校准教授。作品＝Dragon Court Village（二〇一四）ほか。

大西麻貴（おおにし まき）／建築家
一九八三年、愛知県生まれ。二〇〇六年、京都大学工学部建築学科卒業。二〇〇八年、東京大学大学院修士課程修了後、大西麻貴＋百田有希／o＋h共同主宰。二〇一一年、東京大学大学院博士課程単位取得退学。現在、横浜国立大学大学院Y-GSA客員准教授。作品＝二重螺旋の家（二〇一一）、Good Job! Center KASHIBA（二〇一六）ほか。

門脇耕三（かどわき こうぞう）／建築家
一九七七年、神奈川県生まれ。二〇〇〇年、東京都立大学工学部建築学科卒業。二〇〇一年、同大学大学院修士課程修了。現在、明治大学専任講師。博士（工学）。作品＝門脇邸（二〇一八）ほか。著書＝『「シェア」の思想／または愛と制度と空間の関係』（共著、LIXIL出版）、『静かなる革命へのブループリント』（共著、河出書房新社）ほか。

島田 陽（しまだ よう）／建築家
一九七二年、兵庫県生まれ。一九九五年、京都市立芸術大学環境デザイン科卒業。一九九七年、同大学大学院修士課程修了。一九九七年、タトアーキテクツ／島田陽建築設計事務所設立。作品＝比叡平の住居（二〇一〇）、六甲の住居（二〇一二）、伊丹の住居（二〇一二）、川西の住居（二〇一三）、The Blend Inn（二〇一六）ほか。

内藤 廣（ないとう ひろし）／建築家
一九五〇年、神奈川県生まれ。一九七四年、早稲田大学理工学部建築学科卒業。一九七六年、同大学大学院修士課程修了。フェルナンド・イゲーラス建築設計事務所（スペイン）、菊竹清訓建築設計事務所勤務を経て、一九八一年、内藤廣建築設計事務所設立。一九九三年、日本建築学会賞（作品）受賞（海の博物館）。二〇〇一～二〇一一年、東京大学にて教授、副学長を歴任。二〇一一年、東京大学名誉教授。

永山祐子（ながやま ゆうこ）／建築家
一九七五年、東京都生まれ。一九九八年、昭和女子大学生活科学部生活環境学科卒業。青木淳建築計画事務所勤務を経て、二〇〇二年、永山祐子建築設計設立。作品＝ルイ・ヴィトン京都大丸（二〇〇四）、木屋旅館（二〇一二）、豊島横尾館（二〇一三）、女神の森セントラルガーデン（二〇一六）ほか。

坂 茂（ばん しげる）／建築家
一九五七年、東京都生まれ。一九七七〜一九八〇年、南カリフォルニア建築大学（SCI-Arc）在学。一九八四年、クーパー・ユニオン卒業。一九八五年、坂茂建築設計設立。一九九五年、NPO法人Voluntary Architects' Network設立。二〇一四年、プリツカー建築賞受賞。二〇一七年、紫綬褒章受章。二〇一五年より慶應義塾大学環境情報学部特別招聘教授。

藤野高志（ふじの たかし）／建築家
一九七五年、群馬県生まれ。一九九八年、東北大学工学部建築学科卒業。二〇〇〇年、同大学大学院博士前期課程修了。清水建設、はりゅうウッドスタジオ勤務を経て、二〇〇六年、生物建築舎設立。作品＝天神山のアトリエ（二〇一一）、鹿手袋の長屋（二〇一四）、貝沢の家（二〇一五）ほか。

藤村龍至（ふじむら りゅうじ）／建築家
一九七六年、東京都生まれ。二〇〇八年、東京工業大学大学院博士課程単位取得退学。二〇〇五年、藤村龍至建築設計事務所（現RFA）設立。東洋大学専任講師を経て、現在、東京藝術大学准教授。作品＝BUIDING K（二〇〇八）、すばる保育園（二〇一八）ほか。著書＝『ちのかたち』（TOTO出版）、『批判的工学主義の建築』（NTT出版）ほか。

古澤大輔（ふるさわ だいすけ）／建築家
一九七六年、東京都生まれ。二〇〇〇年、東京都立大学工学部建築学科卒業。二〇〇二年、同大学大学院修士課程修了。同年、メジロスタジオを共同設立。二〇一三年、リライトDに組織改編。現在、日本大学理工学部助教。SDレビュー朝倉賞受賞（二〇一二）、日本建築学会作品選奨受賞（二〇一二）ほか。作品＝アーツ千代田３３３１（二〇一一）、中央線高架下プロジェクト（二〇一四〜）ほか。

増田信吾＋大坪克亘（ますだ しんご＋おおつぼ かつひさ）
二〇〇七年、増田信吾と大坪克亘により共同設立。作品＝躯体の窓（二〇一四）、LivingPool（二〇一五）ほか。
増田信吾／建築家 一九八二年、東京都生まれ。二〇〇七年、武蔵野美術大学建築学科卒業後、増田信吾＋大坪克亘共同主宰。
大坪克亘／建築家 一九八三年、埼玉県生まれ。二〇〇七年、東京藝術大学建築科卒業後、増田信吾＋大坪克亘共同主宰。

山梨知彦（やまなし ともひこ）／建築家
一九六〇年、神奈川県生まれ。一九八四年、東京藝術大学美術学部建築科卒業。一九八六年、東京大学大学院工学系研究科都市工学専攻修士課程修了後、日建設計入社。二〇一四年、日本建築学会賞（作品）受賞（旧ソニーシティ大崎ビル［現NBF大崎ビル］）。現在、同社常務執行役員、設計部門設計代表。

写真クレジット
＊特記なきものはすべて、各建築家からの提供による。

Nacása and Partners.....145
Nacása and Partners（藤井浩司）.....68中
Ookura Hideki / Kurome Photo Studio.....164
太田拓実.....147
雁光舎（野田東徳）.....67、68上・下
作間敬信.....48
中川敦玲.....33、57、119、123、133、151、203
畑拓.....17、19、87、103、105、171、191
平井広行.....47
増田信吾＋大坪克亘.....200
彰国社編集部.....77

建築文化シナジー
卒業設計で考えたこと。そしていま 3

2019年3月10日 第1版 発行

編　者 五十嵐太郎＋市川紘司
発行者 下出雅徳
発行所 株式会社 彰国社
162-0067 東京都新宿区富久町 8-21
電話 03-3359-3231（大代表）
振替口座 00160-2-173401
http://www.shokokusha.co.jp
印刷 壮光舎印刷株式会社
製本 株式会社ブロケード

ISBN 978-4-395-24012-8 C3352